PART

01

감정평가 및 보상법규 스터디 암기장 1

감정평가 및 보상법규 스터디 암기장 1

01 간접손실보상

잠업사를 운영하던 소유자 한석봉은 휴업이 불가피한 상황이며, 환경정책기본법 제44조 제1항에 따른 손해배상과 아울러 공익사업을 위한 토지 등의 취득 및 보상에 관한 법률상 손실보상을 검토하고 있다. 다음 물음에 답하시오. 40점

(1) 해당 사안처럼 잠업사를 운영하는 공익사업시행지구 밖의 보상에 대하여 설명하시오. 10점

(2) 공익사업을 위한 토지 등의 취득 및 보상에 관한 법률 시행규칙 제64조 제1항 제2호에서 정한 공익사업시행지구 밖 영업손실보상의 요건인 '공익사업의 시행으로 인한 그 밖의 부득이한 사유로 일정 기간 동안 휴업이 불가피한 경우'에 공익사업의 시행 결과로 휴업이 불가피한 경우가 포함되는지 여부를 검토하시오. 5점

(3) 실질적으로 같은 내용의 손해에 관하여 공익사업을 위한 토지 등의 취득 및 보상에 관한 법률 제79조 제2항에 따른 손실보상과 환경정책기본법 제44조 제1항에 따른 손해배상청구권이 동시에 성립하는 경우, 영업자가 두 청구권을 동시에 행사할 수 있는지 여부와 '해당 사업의 공사완료일로부터 1년'이라는 손실보상 청구기간이 지나 손실보상청구권을 행사할 수 없는 경우에도 손해배상청구가 가능한지 여부를 검토하시오. 10점

(4) 공익사업으로 인하여 공익사업시행지구 밖에서 영업을 휴업하는 자가 공익사업을 위한 토지 등의 취득 및 보상에 관한 법률 제34조, 제50조 등에 규정된 재결절차를 거치지 않은 채 곧바로 사업시행자를 상대로 공익사업을 위한 토지 등의 취득 및 보상에 관한 법률 시행규칙 제47조 제1항에 따라 영업손실에 대한 보상을 청구할 수 있는지 여부를 검토하시오. 5점

(5) 공익사업시행지구 밖의 간접손실의 경우 어떤 보상항목이 공익사업을 위한 토지 등의 취득 및 보상에 관한 법령상 손실보상대상에 해당함에도 관할 토지수용위원회가 사실을 오인하거나 법리를 오해함으로써 손실보상대상에 해당하지 않는다고 잘못된 내용의 재결을 한 경우, 피보상자가 제기할 소송과 그 상대방은 무엇인지 검토하시오. 10점

7년 연속 전체 수석 합격자 배출

박문각 감정평가사

박문각
감정평가사

강정훈
감정평가 및 보상법규

I. 논점의 정리

II. 물음 1

1. 간접손실보상의 의의 및 유형		공익사업으로 인하여 사업시행지 밖의 재산권자에게 가해지는 손실 중 공익사업으로 인하여 필연적으로 발생하는 손실을 말한다. 최근 판례는 사회적·경제적 손실은 물론 물리적·기술적 손실도 간접손실의 유형으로 보아 피수용자 권익보호를 한층 강화하였다.
2. 헌법 제23조 제3항 포함 여부	1) 학설	헌법 제23조 제3항은 공용침해로 인하여 재산권자에게 직접적으로 발생한 손실만을 보상한다는 <부정설>, 간접손실도 적법한 공용침해로 필연적으로 발생하는 손실이라는 <긍정설>이 있다.
	2) 판례 및 검토	판례는 간접손실을 헌법 제23조 제3항에서 규정한 손실보상의 대상이라고 판시하였다. 간접손실도 적법한 공용침해로 인하여 예견되는 통상의 손실이고 헌법 제23조 제3항을 손실보상에 관한 일반적 규정으로 보아 간접손실을 헌법 제23조 제3항의 손실에 포함시키는 것이 타당하다고 판단된다.
3. 간접손실보상의 법적 성질		간접손실보상도 토지보상법상 손실보상의 일반적 논거가 적용된다. 학설은 <손해배상설>, <손실보상설>, <결과책임설> 등이 있다. 생각건대, 토지보상법에 따른 적법한 공권력의 행사로 인한 침해인바 손실보상설이 타당하다.
4. 간접손실보상의 성격		<사후적 보상>의 성격을 갖고, 간접적인 원인행위에 의해 발생한 특별한 희생을 보상하므로 보상의 내용은 <재산권 보장>이며 침해가 있기 전의 생활상태의 회복을 위하여 인정되므로 <생활보상>의 성격을 갖는다.
5. 간접손실보상의 근거		① 이론적 근거는 공익사업시행지구 밖 피침해자의 특별한 희생에 대한 보상과 인간다운 생활을 유지할 수 있도록 회복시키기 위한 생활보상에 있다. ② 헌법적 근거는 헌법 제23조 제3항의 재산권 보

		상 및 제34조에 따른 인간다운 생활에 있다. ③ 토지보상법 근거는 법 제79조 및 동법 시행규칙 제59조 내지 제65조에 있다.
6. 간접손실 보상의 요건	짧은 버전	① 적법한 공익사업의 시행으로 인한 간접손실로서 손실의 발생을 예견가능하고 그 범위를 구체적으로 특정할 수 있을 것, ② 특별한 희생일 것, ③ 보상규정이 존재할 것을 요건으로 한다.
	1) 간접손실의 발생	적법한 공익사업의 시행으로 공익사업시행지구 밖 토지소유자 등이 입은 손실이어야 한다. 판례는 그 손실의 발생이 예견할 수 있고, 그 손실의 범위가 구체적으로 특정될 수 있어야 한다고 판시하였다.
	2) 특별한 희생의 발생	사회적 제약을 넘는 손실로서 특별한 희생이어야 한다. 구별기준은 인적범위의 특정성이라는 <형식적 기준설>과 침해의 본질과 강도라는 <실질적 기준설>이 있다. 한 가지 기준으로는 불충분하므로 양자를 모두 고려함이 타당하다.
	3) 보상규정의 존재	토지보상법 제79조 제2항은 '공익사업시행지 밖 토지 등이 본래의 기능을 다할 수 없는 경우'라 하여 동법 시행규칙 제59조 내지 제65조에 간접손실보상을 구체적으로 규정하고 있다.
		사안의 경우 보상규정 토지보상법 시행규칙 제64조에 따라 공익사업시행지구 밖에서 영업을 하고 있는 자가 공익사업 시행으로 인하여 '그 밖의 부득이한 사유로 인하여 일정기간 동안 휴업하는 것이 불가피한 경우' 그 손실을 보상하도록 규정한다.

III. 물음 2

1. 보상법률주의 및 법정평가 보상주의	헌법 제23조 제3항은 '공공필요에 의한 재산권의 수용, 사용 또는 제한 및 그에 대한 보상은 법률로써 하되 정당한 보상을 지급하여야 한다.'고 규정하고 토지보상법은 이에 따른 구체적인 손실보상의 기준을 규정하므로 우리 법제는 <보상법률주의>

	와 <법정평가 보상주의>를 취한다. 이하 사안의 손실이 토지보상법상 손실보상대상에 해당하는지 관련 규정 및 판례를 근거로 검토한다.
2. 관련 규정 (토지보상법 칙 제64조)	토지보상법 시행규칙 제64조 제1항 제2호는 진출입로의 단절, 그 밖의 부득이한 사유로 인하여 일정한 기간 동안 휴업하는 것이 불가피한 경우 그 영업자의 청구에 의하여 해당 영업을 공익사업시행지구에 편입되는 것으로 보아 보상하여야 한다고 규정하고 있다.
3. 관련 판례 (2018두227)	판례는 공익사업시행지구 밖 영업손실은 그 발생원인 등이 다양하므로 '그 밖의 부득이한 사유'라는 추상적인 일반조항은 그러한 손실의 특성을 반영한 것이며 이는 공익사업의 시행 결과, 즉 그 공익사업의 시행으로 설치되는 시설의 형태・구조・사용 등에 기인하여 휴업이 불가피한 경우도 포함한다고 판시하였다.
4. 사안의 해결	공익사업시행지구 밖 영업손실보상의 특성과 헌법상 '정당보상 원칙'에 비추어 토지보상법 시행규칙 제64조에 따른 '그 밖의 부득이한 사유'는 공익사업의 시행 또는 시행 당시 발생한 사유뿐만 아니라 시행의 결과도 포함한다고 판단된다. 따라서 사안의 甲의 손실은 간접손실보상대상에 해당한다.

IV. 물음 3

1. 영업자의 청구권 동시 행사 가능 여부	1) 관련 판례	판례는 토지보상법 손실보상과 환경정책기본법에 따른 손해배상청구권은 근거 규정과 요건・효과를 달리하는 것으로, 각 요건이 충족되면 성립하는 별개의 청구권이다. 다만, 양자의 청구권을 동시에 행사할 수 있다고 본다면 이중배상의 문제가 발생하므로, 당사자는 어느 하나만 선택적으로 행사할 수 있다고 판시하였다.
	2) 검토	두 개의 청구권은 별개의 청구권으로 개별법령에서 규정하고 있는 행사요건을 충족하였다면 동시에 성립할 수 있다. 다만 양자 동시 행사 시 이중배상의

		문제가 발생하므로 선택적으로 청구할 수 있다고 판단함이 타당하다.
2. 청구기간의 경과 이후 손해배상 청구 가능성	1) 관련 판례	판례는 토지보상법 제79조에 따른 손실보상 청구기간이 경과하여 손실보상청구권을 더 이상 행사할 수 없는 경우에도 손해배상의 요건이 충족되는 이상 여전히 손해배상청구는 가능하다고 판시하였다.
	2) 검토	양 청구권은 별개의 청구권으로 선택적으로 행사할 수 있다. 따라서 손실보상청구권을 행사할 수 없는 경우라도 손해배상청구의 요건과 행사 기간 범위 내라면 여전히 손해배상청구는 가능하다고 보는 것이 타당하다.

V. 물음 4

1. 관련 규정 (토지보상법 제80조)	제79조 제1항 및 제2항에 따른 비용 또는 손실이나 토지의 취득에 대한 보상은 사업시행자와 손실을 입은 자가 협의하여 결정하고 협의가 성립되지 아니하였을 때는 사업시행자나 손실을 입은 자는 대통령령으로 정하는 바에 따라 토지수용위원회에 재결을 신청할 수 있다.
2. 관련 판례 (2018두227)	판례는 동법 제34조, 제50조 등의 재결절차를 거친 다음 그 재결에 대하여 불복이 있는 때에 동법 제83조, 제85조에 따라 권리구제를 받을 수 있을 뿐이고 이러한 재결절차를 거치지 않은 채 곧바로 사업시행자를 상대로 손실보상을 청구하는 것은 허용되지 않는다고 판시하였다.
3. 사안의 해결	토지보상법의 입법취지와 제83조 및 제85조에서 재결전치주의 규정을 두고 있다는 점을 고려하여 재결을 거치지 않은 채 곧바로 사업시행자를 상대로 손실보상을 청구하는 것은 허용되지 않는다고 봄이 타당하다.

VI. 물음 5

1. 관련 규정 (토지보상법 제85조 제2항)	제기하려는 행정소송이 보상금의 증감에 관한 소송인 경우 그 소송을 제기하는 자가 토지소유자 또는

		관계인일 때에는 사업시행자를, 사업시행자일 때에는 토지소유자 또는 관계인을 각각 피고로 한다.
2. 관련 판례 (2018두227)		어떤 보상항목이 토지보상법상 손실보상대상에 해당함에도 관할 토지수용위원회가 사실을 오인하거나 법리를 오해함으로써 손실보상대상에 해당하지 않는다고 잘못된 내용의 재결을 한 경우에는 피보상자는 사업시행자를 상대로 보상금증감청구소송을 제기하여야 한다.
3. 사안의 해결	1) 소송의 형태	손실보상대상에 해당하지 않는다는 잘못된 내용의 재결에 대한 불복은 사실상 수용자체가 아닌 손실보상금에 대한 불복이라고 볼 수 있다. 따라서 분쟁의 일회적 해결을 위하여 토지보상법 제85조 제2항의 '보상금증감청구소송'을 제기해야 한다.
	2) 소송의 상대방	보상금증감청구소송은 형식적 당사자소송으로서 토지보상법 제85조 제2항에 따라 피보상자가 소송을 제기하는 경우 사업시행자를 피고로 하여야 한다. 따라서 甲은 사업시행자를 상대로 소송을 제기해야 한다.

손실보상규정 흠결 시 간접손실보상 가능 여부		
1. 문제점		사안에서 甲의 간접손실은 토지보상법 제79조 제2항 및 해당 조문의 위임을 받은 동법 시행규칙 제59조 내지 제65조에서 규정하고 있지 아니하므로 손실보상규정 흠결 시 간접손실보상 가능 여부가 문제된다.
2. 토지보상법 제79조 제4항 적용 여부		토지보상법 제79조 제4항이 간접손실에 관한 <개괄수권조항>인지 <일반근거조항>인지 견해가 대립한다. 법률우위의 원칙에 따라 법률에 근거 없이 손실보상의 적용범위를 확장할 수 없다고 판단되므로 <개괄수권조항>의 관점에서 이하 검토한다.
	1) 학설	토지보상법 시행규칙 제59조 이하에서 규정하지 않은 간접손실은 보상의 대상이 아니라는 <보상부정설>, 헌법 제23조 제3항을 직접 근거로 보상한다는

		<직접적용설>, 적법한 공익사업의 비의도적 침해도 보상해야 한다는 <수용적 침해이론>, 명문보상규정이 없는 경우 손해배상을 청구해야 한다는 <손해배상설> 등이 있다.
3. 손실보상규정 흠결 시 간접손실보상 가능 여부	2) 관련 판례	명문에 근거법령이 없더라도 ① 공익사업의 시행으로 인하여 사업지 이외의 토지소유자가 입은 손실이고, ② 그 손실의 범위를 구체적으로 특정할 수 있고, ③ 손실이 발생하리라는 것을 예견할 수 있다면, ④ 헌법 제23조 및 관련 규정을 유추적용하여 보상할 수 있다고 판시하였다.
	3) 검토	간접손실보상도 헌법 제23조 제3항의 손실보상의 범주에 포함되므로 예견가능성, 특정가능성이 인정된다면 헌법 제23조 제3항 및 관련 규정을 유추적용하여 손실보상을 청구할 수 있다고 판단된다.
4. 손실보상규정 흠결 시 간접손실보상 가능 여부 (법 제79조 제2항 중심 목차)	1) 학설	토지보상법 제79조 제2항을 간접손실보상의 일반근거조항으로 보고 동법 시행규칙 제59조 이하의 규정을 예시적 열거로 보아 보상 가능하다는 견해, 토지보상법 제79조 제2항의 직접적인 효력을 부정하고 동법 시행규칙 제59조 이하의 규정을 제한적 열거로 보아 입법보상의 흠결이라는 견해가 있다.
	2) 관련 판례	명문에 근거법령이 없더라도 ① 공익사업의 시행으로 인하여 사업지 이외의 토지소유자가 입은 손실이고, ② 그 손실의 범위를 구체적으로 특정할 수 있고, ③ 손실이 발생하리라는 것을 예견할 수 있다면, ④ 헌법 제23조 및 관련 규정을 유추적용하여 보상할 수 있다고 판시하였다.
	3) 검토	간접손실도 적법한 공용침해로 인하여 예견되는 통상의 손실이므로 헌법 제23조에 따른 정당보상을 위해 토지보상법 제79조 제2항을 간접손실보상의 일반근거조항으로 보아 토지보상법 시행규칙에 간접손실보상에 관한 명시적인 규정이 없더라도 토지보상법 제79조 제2항을 직접 근거로 하여 손실보상 청구할 수 있다고 봄이 타당하다.

02 감정평가사 징계절차상 하자 및 하자의 치유

국토교통부장관이 감정평가 및 감정평가사에 관한 법률(이하 '감정평가법')을 위반한 감정평가법인에게 업무정지 6개월의 처분을 행하였다. 이에 대응하여 해당 감정평가법인은 위 처분에는 이유가 제시되어 있지 않아 위법하다고 하면서 업무정지처분 취소소송을 제기하였다. 그러나 국토교통부장관은

(1) 감정평가법에 청문규정만 있을 뿐 이유제시에 관한 규정이 없고,

(2) 취소소송 심리 도중에 이유를 제시한 바 있으므로 그 흠은 치유 내지 보완되었다고 주장한다.

이 경우 국토교통부장관의 주장에 관하여 검토하시오. 20점

I. 논점의 정리

II. 물음 1

1. 업무정지처분의 법적 성질		업무정지처분이란 감정평가법인의 업무수행을 금지시키는 부작위의무를 부과하는 것을 말한다. 강학상 하명이며 감정평가법 제32조의 법 문언상 재량행위이다.
2. 업무정지처분의 절차상 하자 여부	1) 이유제시의 의의 (행정절차법 제23조)	행정청이 처분을 할 때 그 근거와 이유를 제시하는 것을 말한다. 행정 결정의 신중성과 공정성 도모에 취지가 있다. 감정평가법상 명문 규정이 없으므로 행정절차법 제23조에 따른다.
	2) 이유제시의 생략사유	행정절차법 제23조는 ① 신청 내용을 모두 그대로 인정하는 처분인 경우, ② 단순·반복적인 처분 또는 경미한 처분으로서 당사자가 그 이유를 명백히 알 수 있는 경우, ③ 긴급히 처분을 할 필요가 있는 경우 이유제시를 생략할 수 있다고 규정한다.
	3) 이유제시의 정도	처분의 근거와 이유를 상대방이 이해할 수 있을 정도로 구체적으로 작성해야 하며 판례는 이유제시 누락, 불충분 모두 취소사유로 보았다. 다만 신청을 전제로 하는 거부처분의 경우 침해적 처분에 비하여 구체적 정도가 완화될 수 있다고 판시하였다.

	4) 검토	사안의 경우 업무정지처분에 있어서 이유제시를 생략할 수 있는 사유가 존재하지 않는다고 판단된다. 따라서 국토교통부장관은 업무정지처분을 하면서 그 처분의 근거와 이유를 상대방이 이해할 수 있을 정도로 구체적으로 작성해야 한다. 따라서 이를 생략한 절차상 하자가 존재한다.
3. 업무정지처분의 위법성 및 그 정도		사안의 업무정지처분은 이유제시에 관한 <절차상 하자>가 인정된다. 절차상 하자의 독자적 위법성에 관하여 학설이 대립하나 법률적합성의 원칙에 따라 독자적 위법성을 긍정함이 타당하다. 위법의 정도는 중대명백설에 따라 <취소사유>에 해당한다.

III. 물음 2

1. 하자의 치유의 의의 및 취지	하자의 치유란 성립 당시의 하자를 사후에 보완하여 행정행위의 효력을 유지하는 것을 말한다. 행정・소송경제와 권리구제 요청 조화에 취지가 있다.
2. 하자의 치유 인정가능성	학설은 <부정설>, <긍정설>, <제한적 긍정설>이 있다. 판례는 하자 있는 행정행위의 치유는 법치주의의 관점에서 원칙적으로 허용되지 않으나, 국민의 권리와 이익을 침해하지 않는 범위에서 구체적 사정에 따라 합목적적으로 인정해야 한다고 판시하였다. 법적 안정성과 행정경제의 관점에서 제한적으로 긍정함이 타당하다.
3. 하자의 치유 인정범위	판례는 하자치유의 인정 범위에 대해 행정행위의 위법이 취소사유 또는 절차상, 형식상 하자에 해당하는 경우 하자의 치유가 가능하다고 보았다. 다만 위법이 무효사유이거나 내용상 하자에 해당하는 경우 하자치유가 불가능하다고 판시하였다.
4. 하자의 치유 인정시기	학설은 <쟁송제기 전>, <소송제기 전>, <판결 시>라는 견해가 대립한다. 판례는 처분에 대한 불복 여부의 결정 및 불복신청에 편의를 줄 수 있는 상당한 기간 내라고 판시하였으므로 쟁송제기 전의 입장이다. 국민의 권리구제의 측면에서 판례의 태도가 타당하다.
5. 사안의 해결	이유제시 누락은 절차상 하자로 하자의 치유가 가능하나 취소소송 도중에 이유제시의 보완을 하였으므로 하자의 치유가 인정되지 않는다. 따라서 국토교통부장관의 주장은 타당하지 않다.

03 감정평가실무기준의 구속력과 보상평가

「공익사업을 위한 토지 등의 취득 및 보상에 관한 법률」(이하 '토지보상법'이라 한다)에 따라 도로확장건설을 위해 사업인정을 받은 A는 해당 지역에 위치한 甲의 토지를 수용하고자 甲과 협의를 시도하였다. A는 甲과 보상액에 관한 협의가 이루어지지 않자 토지보상법상의 절차에 따라 관할 토지수용위원회에 재결을 신청하였다. 그런데 관할 토지수용위원회는 「감정평가에 관한 규칙(국토교통부령)」에 따른 '감정평가 실무기준(국토교통부 고시)'과는 다르게 용도지역별 지가변동률이 아닌 이용상황별 지가변동률을 적용한 감정평가사의 감정결과를 채택하여 보상액을 결정하였다. 그 이유로 해당 토지는 이용상황이 지가변동률에 더 큰 영향을 미친다는 것을 들었다. 甲은 보상액 결정이 '감정평가 실무기준(국토교통부 고시)'을 따르지 않았으므로 위법이라고 주장한다. 甲의 주장은 타당한지를 검토하시오. 20점

Ⅰ. 논점의 정리

Ⅱ. 감정평가실무기준의 법규성

1. 감정평가실무기준의 의의 및 취지		감정평가실무기준은 감정평가에 관한 규칙 제28조의 위임을 받아 감정평가의 구체적 기준을 정한 것을 말한다. 이는 구체적 기준을 준수하여 감정평가의 공정성과 신뢰성을 제고하는 데 취지가 있다.
2. 감정평가실무기준의 법규성	1) 문제점	감정평가실무기준은 국토교통부 고시로 형식은 행정규칙이지만 감정평가에 관한 규칙에 위임규정을 두고 있어 법령보충적 행정규칙의 성질을 갖는다. 법령보충적 행정규칙의 법규성 여부에 따라 위법 여부가 결정되므로 이하 학설 및 판례를 근거로 법규성을 검토한다.
	2) 학설	형식적 측면을 기준으로 보는 <행정규칙설>, 실질적 측면을 기준으로 보는 <법규명령설>, 상위 규범의 내용을 구체화하는 행정규칙이라는 <규범구체화설>, 헌법에 명시된 형식이 아니라면 무효라는 <위헌무효설>이 있다.

	3) 관련 판례	① 판례는 법령보충적 행정규칙에 대하여 법령의 수권 범위 내에서 상위법령과 결합하여 대외적 구속력을 갖는다고 판시하였다. ② 다만 감정평가실무기준의 경우 내부적 기준을 정한 것에 불과하여 일반 국민이나 법원을 구속하는 것이 아니라고 판시하였다.
	4) 검토	감정평가실무기준은 감정평가에 관한 규칙의 위임범위 내에서 감정평가에 관한 구체적 기준을 규정하고 있으므로 상위법령과 결합하여 대외적 구속력을 갖는다고 보는 것이 타당하다. 다만 감정평가사의 재량영역을 존중하여 내부적 기준이라는 견해도 일면 타당한바, 이하 양자를 검토한다.

III. 甲주장의 타당성

1. 보상법률주의 및 법정평가 보상주의		헌법 제23조 제3항은 '공공필요에 의한 재산권의 수용, 사용 또는 제한 및 그에 대한 보상은 법률로써 하되 정당한 보상을 지급하여야 한다.'고 규정하고 토지보상법은 이에 따른 구체적인 손실보상의 기준을 규정하므로 우리 법제는 <보상법률주의>와 <법정평가 보상주의>를 취한다. 이하 실무기준의 법규성 여부에 따른 甲주장의 타당성을 검토한다.
2. 甲주장의 타당성	1) 법규성을 인정하지 않는 경우	감정평가 실무기준이 일반 국민이나 법원을 구속하지 않으므로 감정평가사가 감정평가 실무기준 외의 다른 법령의 기준을 준수하여 토지를 평가하였다면 해당 감정평가가 바로 위법을 구성하지는 않는다. 따라서 甲주장의 타당성은 인정되지 않는다.
	2) 법규성을 인정하는 경우	감정평가 실무기준의 대외적 구속력이 인정되므로 감정평가 실무기준을 따르지 않은 보상액 산정은 위법을 구성한다. 따라서 甲주장의 타당성은 인정된다.

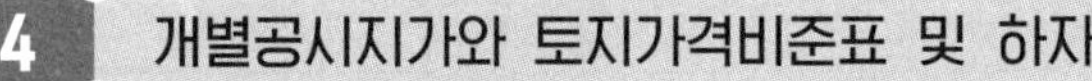

04 개별공시지가와 토지가격비준표 및 하자의 치유

관할 A시장은 「부동산 가격공시에 관한 법률」에 따라 甲소유의 토지에 대해 공시기준일을 2018.1.1.로 한 개별공시지가를 2018.6.28. 결정 · 공시하고('당초 공시지가') 甲에게 개별 통지하였으나, 이는 토지가격비준표의 적용에 오류가 있는 것이었다. 이후 甲소유의 토지를 포함한 지역 일대에 개발 사업이 시행되면서 관련법에 의한 부담금 부과의 대상이 된 甲의 토지에 대해 A시장은 2018.8.3. 당초 공시지가에 근거하여 甲에게 부담금을 부과하였다. 한편 甲소유 토지에 대한 당초 공시지가에 이의가 있는 인근 주민 乙은 이의신청기간이 경과한 2018.8.10. A시장에게 이의를 신청하였고, A시장은 甲소유 토지에 대한 당초 공시지가를 결정할 때 토지가격비준표의 적용에 오류가 있었음을 이유로 「부동산 가격공시에 관한 법률」 제12조 및 같은 법 시행령 제23조 제1항에 따라 개별공시지가를 감액하는 정정을 하였고, 정정된 공시지가는 2018.9.7. 甲에게 통지되었다. 다음 물음에 답하시오. (아래 설문은 각각 별개의 독립된 상황임) **40점**

(1) 甲은 정정된 공시지가에 대해 2018.10.22. 취소소송을 제기하였다. 甲의 소송은 적법한지를 검토하시오. **15점**

(2) 만약 이의신청기간이 경과하지 않은 상태에서 甲이 이의신청을 하였고, 행정기본법 제36조 제4항이 시행되는 것을 전제로 甲이 이의신청 결과를 통지받은 후 권리구제 방안을 논술하시오. **10점**

(3) 만약, A시장이 당초 공시지가에 근거하여 甲에게 부담금을 부과한 것이 위법한 것이더라도, 이후 A시장이 토지가격비준표를 제대로 적용하여 정정한 개별공시지가가 당초 공시지가와 동일하게 산정되었다면, 甲에 대한 부담금 부과의 하자는 치유되는지를 검토하시오. **15점**

I. 논점의 정리

II. 물음 1

1. 개별공시지가의 법적 성질	1) 의의 및 취지	개별공시지가란 시장·군수·구청장이 부담금의 부과 등 일정한 행정목적에 활용하기 위하여 공시지가를 기준으로 일정한 절차에 따라 결정·공시한 개별토지의 단위면적당 가격이다. 과세행정의 적정화에 취지가 있다.
	2) 법적 성질	학설은 <행정행위설>, <행정규칙설>, <사실행위설> 등이 있다. 판례는 과세의 기준이 되어 국민의 권리·의무 등 법률상 이익에 직접적으로 영향을 주므로 처분이라고 판시하였다. 행정목적 등을 고려하여 처분성을 인정함이 타당하다.
2. 개별공시지가 정정의 효력 (법 제12조)	1) 의의 및 취지	개별공시지가에 틀린 계산, 오기 등 명백한 오류가 있는 경우 이를 직권으로 정정할 수 있는 제도이다. 이는 개별공시지가의 적정성을 담보하는 데 취지가 있다.
	2) 효력	부동산공시법 제12조에 따라 개별공시지가가 정정된 경우 새로이 개별공시지가가 결정·공시된 것으로 본다. 판례는 정정·결정된 개별공시지가가 소급하여 효력을 발생시킨다고 판시하였다.
3. 취소소송의 적법성	1) 취소소송의 의의 및 소송요건	취소소송이란 행정청의 위법한 처분 등을 취소 또는 변경하는 소송이다. 취소소송의 소송요건은 대상적격, 원고적격, 협의소익, 제소기간, 관할, 피고적격 등이 있으며 이하 대상적격, 원고적격, 제소기간을 중심으로 검토한다.
	2) 대상적격 (행정소송법 제19조)	취소소송의 대상이 되는 처분이란 행정청이 행하는 구체적 사실에 관한 법집행으로서의 공권력 행사 또는 그 거부와 그 밖에 이에 준하는 행정작용으로서 행정심판에 대한 재결을 의미한다. 개별공시지가결정은 처분성이 인정되므로 대상적격을 충족한다.

	3) 원고적격 (행정소송법 제12조)	원고적격이란 본안판결을 받을 수 있는 자격으로 행정소송법 제12조 제1문은 '법률상 이익이 있는 자'라고 규정한다. 사안의 경우 개별공시지가가 결정 • 공시된 토지의 소유자에게 법률상 이익이 인정된다.
	4) 제소기간 (행정소송법 제20조)	취소소송의 제소기간은 처분이 있음을 안 날로부터 90일, 있은 날로부터 1년이다. 사안의 경우 당초 개별공시지가 결정 • 공시일인 <2018.6.28.>에 정정된 개별공시지가의 효력이 발생하므로 해당 결정 • 공시일을 '안 날'로 보아야 한다. <2018.10.22.>는 90일을 초과한 시점이므로 제소기간에 위법이 있다.
4. 소송의 적법성		사안은 개별공시지가 결정의 처분성이 인정되므로 대상적격을 충족하고 토지소유자 甲에게 원고적격이 인정된다. 다만, 제소기간에 위법이 존재하므로 취소소송의 소송요건을 갖추지 못하여 위법하다. 따라서 취소소송은 각하될 것이다.

III. 물음 2

1. 부동산공시법상 이의신청 (법 제11조)	1) 의의 및 취지	부동산공시법 제11조에 따라 개별공시지가에 대하여 이의가 있는 자가 시장 • 군수 • 구청장에게 이의를 신청하면 시장 • 군수 • 구청장은 이를 심사하는 제도이다. 공시지가의 적정성 담보 및 국민의 권익보호에 취지가 있다.
	2) 법적 성질	학설은 <강학상 이의신청>, <특별법상 행정심판>이라는 견해가 있다. 판례는 개별공시지가에 대한 이의신청을 제기한 이후에도 별도로 행정심판을 제기할 수 있다고 판시하였다. 생각건대, 부동산공시법상 취지를 고려하여 강학상 이의신청으로 봄이 타당하다.
2. 권리구제방안	1) 관련 규정 (행정기본법 제36조 제4항)	이의신청에 대한 결과를 통지받은 후 행정심판 또는 행정소송을 제기하려는 자는 그 결과를 통지받은 날부터 90일 이내에 행정심판 또는

		행정소송을 제기할 수 있다.
	2) 행정심판	부동산공시법상 이의신청은 강학상 이의신청에 해당하므로 이의신청결과를 통지받은 후 행정심판 청구가 가능하다. 행정기본법 제36조 제4항에 따라 이의신청결과를 통지받은 날로부터 90일 이내로 관할 행정심판위원회에 취소심판을 청구할 수 있다.
	3) 행정소송	개별공시지가는 행정소송의 대상이 되는 처분인바 이의신청의 결과를 통지받은 날로부터 90일 이내에 취소소송을 제기할 수 있다. 행정소송법 제18조에 따른 행정심판 임의주의 및 동법 제23조에 따른 집행부정지 원칙이 적용된다.

IV. 물음 3

1. 하자의 치유의 의의 및 취지	하자의 치유란 성립 당시의 하자를 사후에 보완하여 행정행위의 효력을 유지하는 것을 말한다. 행정·소송경제와 권리구제 요청 조화에 취지가 있다.
2. 하자의 치유 인정가능성	학설은 <부정설>, <긍정설>, <제한적 긍정설>이 있다. 판례는 긍정설의 입장이나, 부담금 부과처분과 관련하여 적법하게 정정 공시된 개별공시지가 결정이 종전 공시지가 결정의 내용과 동일하다는 사정만으로 위법한 개별공시지가 결정에 기초한 개발부담금 부과처분이 적법하게 될 수 없다고 판시하였다.
3. 하자의 치유 인정범위	판례는 하자치유의 인정범위에 대해 행정행위의 위법이 취소사유 또는 절차상, 형식상 하자에 해당하는 경우 하자의 치유가 가능하다고 보았다. 다만 위법이 무효사유이거나 내용상 하자에 해당하는 경우 하자치유가 불가능하다고 판시하였다.
4. 하자의 치유 인정시기	학설은 <쟁송제기 전>, <소송제기 전>, <판결 시>라는 견해가 대립한다. 판례는 처분에 대한 불복 여부의 결정 및 불복신청에 편의를

		줄 수 있는 상당한 기간 내라고 판시하였으므로 쟁송제기 전의 입장이다. 국민의 권리구제의 측면에서 판례의 태도가 타당하다.
5. 사안의 경우	1) 토지가격비준표 적용 오류의 하자의 종류 및 정도	판례는 토지가격비준표 적용 오류를 <내용상 하자>라고 판시하였다. 토지가격비준표 적용의 오류는 중대명백설에 따라 중대하지만 일반인의 식견에서 명백하다고 볼 수 없으므로 <취소사유>이다.
	2) 부담금 부과처분의 하자의 치유 인정 여부	상기 검토한 바에 따라 토지가격비준표 적용의 오류는 취소사유이나 내용상 하자이므로 하자의 치유가 인정될 수 없다. 생각건대, 위법한 개별공시지가가 적법하게 정정된다고 하여 해당 부담금 부과처분이 재산출된다고 볼 수 없으므로 하자의 치유를 부정한 판례의 태도가 타당하다.

05 공익사업으로 인한 손실보상의 범위 및 권리구제

국토교통부장관은 전국을 철도로 90분 이내에 연결하기 위한 기본계획을 수립하였다. 이 계획에 기초하여 C공단 C이사장은 A지역과 B지역을 연결하는 철도 건설사업에 대하여 「공익사업을 위한 토지 등의 취득 및 보상에 관한 법률」(이하 "토지보상법") 제20조에 따른 국토교통부장관의 사업인정을 받았다. P는 B-3공구 지역에 임야 3,000제곱미터를 소유하고 장뇌삼을 경작하고 있으며, 터널은 P소유 임야의 한 가운데를 통과한다. C공단의 C이사장은 국토교통부장관이 제정한 K지침에 따라 P에 대하여 "구분지상권"에 해당하는 보상으로 900만원(제곱미터 당 3,000원 기준)의 보상금을 책정하고 협의를 요구하였다. P는 장뇌삼 경작임야에 터널이 건설되고 기차가 지나다닐 경우 농사가 불가능하다고 판단하여 사업시행자 C 이사장의 협의를 거부하였다. 이하 물음에 답하시오. 40점

(1) P는 본인 소유 토지의 전체를 C이사장이 수용하여야 한다고 주장한다. 보상에 관하여 2인 이상의 감정평가법인등을 통해 보상 복수평가를 하지 아니하고, 국토교통부 지침에 따라 보상액을 결정한 사업시행자 C이사장의 결정이 타당한지를 검토하시오. 또한 사업인정의 범위를 넘는 전체를 수용해 달라는 피수용자 P의 주장이 타당한지, 특별한 희생 관점에서 검토하시오. 20점

(2) 토지보상법상 토지소유자 P가 주장할 수 있는 권리와 토지소유자가 이를 관철시키기 위한 토지보상법상의 권리구제수단에 관하여 논술하시오. 20점

〈물음 1〉

I. 논점의 정리

II. C이사장 결정의 타당성

1. 보상법률주의 및 법정평가보상주의	헌법 제23조 제3항은 '공공필요에 의한 재산권의 수용, 사용 또는 제한 및 그에 대한 보상은 법률로써 하되 정당한 보상을 지급하여야 한다.'고 규정하고 토지보상법은 이에 따른 구체적인 손실보상의 기준을 규정하므로 우리 법제는 <보상법률주의>와 <법정평가 보상주의>를 취한다.

2. K지침이 행정규칙인지	행정규칙이란 행정청 내부의 사무처리기준으로 제정된 규범을 말한다. K지침은 국토교통부장관이 제정한 보상과 관련된 내부적 사무처리기준으로 판단되는바 행정규칙으로 볼 수 있다.
3. 행정규칙의 대외적 구속력 인정 여부	① 학설은 법규성을 부정하는 비법규설, 법규성을 인정하는 법규설, 자기구속의 법리를 매개로 법규성을 인정하는 준법규설이 있다. ② 판례는 행정규칙의 법규성을 인정하지 않는다. ③ 행정규칙의 법규성을 인정하는 것은 법률의 법규창조력에 반하는바, 비법규설이 타당하다.
4. 소결	사안의 K지침은 행정규칙으로서 행정청의 내부적 사무처리기준으로 법규성이 인정되지 않는바, 이를 기초로 보상액을 산정한 C이사장의 결정은 타당성이 없다고 판단된다.

III. 피수용자 P 주장의 타당성

1. 헌법상 정당보상의 의미	① 헌법 제23조 제3항에서는 공공필요에 의한 재산권의 수용, 사용 또는 제한 및 그에 대한 보상은 법률로써 하되, 정당한 보상을 지급해야 한다고 규정한다. ② 학설은 완전보상설, 상당보상설 등이 대립하며 ③ 판례는 피침해재산의 객관적 가치를 완전히 보상한다는 완전보상의 입장을 취한다. ④ 재산권 보장의 관점에서 완전보상설이 타당하다.
2. 손실보상의 의의 및 요건	공공필요에 의한 적법한 공권력 행사에 의해 개인의 재산권에 가해진 특별한 희생에 대해 사유재산권 보장과 공평부담의 견지에서 행정주체가 행하는 조절적 전보를 말한다. 요건으로는 공공필요, 적법한 공권력의 행사, 특별한 희생, 보상규정의 존재가 있다.
3. 특별한 희생 발생 여부	① 학설은 실질적 기준설, 형식적 기준설이 대립하며 ② 판례는 양자를 종합적으로 고려하여야 한다고 본다. ③ 사안의 경우 지하공간 사용으로 인하여 농사가 불가능하게 되었으므로 수인한도를 넘는 특별한 희생에 해당한다고 판단된다.

4. 보상규정의 존재		사안의 경우 토지보상법 제72조의 사용하는 토지의 매수청구, 동법 제74조의 잔여지 매수 및 수용청구, 동법 제79조의 공익사업시행지구 밖 토지의 손실보상에 관한 규정을 적용할 수 있다고 판단된다.
5. 사안의 해결	1) 완전수용의 관점	완전수용은 요건이 3요건으로 사용 중에 수용토록 하는 측면에서 한계가 있는 논리이다.
	2) 잔여지수용의 관점	원래 출제자의 출제의도는 수직적 의미의 잔여지를 출제하였다고 하지만 아직까지 학계에서는 수직적 의미의 잔여지는 정립이 되어 있지 않아 공용수용의 법리로 사안을 해결하면 무난하리라 본다.
	3) 간접손실보상의 관점	공익사업시행지구 밖의 간접손실도 일면 타당성이 있으나 지표를 중심으로 지하공간 사용에 대한 부분이 과연 공익사업시행지구 밖이라고 볼 수 있는지 여부도 논란이 있어 공용수용의 법리가 가장 타당한 법리 구성이라고 보여진다.

〈물음 2〉

I. 논점의 정리

II. 토지소유자 P가 주장할 수 있는 권리

1. 재결신청청구권 (법 제30조)	협의 불성립 시 피수용자는 토지보상법 제30조에 따른 재결신청구권을 사업시행자에게 행사할 수 있다. 판례에 따르면 ① 사업시행자가 협의기간을 통지하지 않은 경우, ② 협의 불성립이 명백한 경우, ③ 손실보상대상에서 제외한 채 협의하지 않은 경우 재결신청청구가 가능하다고 판시하였다.
2. 재결신청권 (법 제80조)	공익사업시행지구 밖 토지의 손실보상은 사업시행자와 손실은 입은 자가 협의하여 결정하되 협의가 불성립하는 경우 손실을 입은 자는 관할 토지수용위원회에 직접 재결을 청구할 수 있다.
3. 쟁송제기권 (법 제83조, 제85조)	피수용자 P는 토지수용위원회의 재결에 불복할 경우 토지보상법에 따른 이의신청 및 취소소송, 보상금증감청구소송 등의 제기가 가능하다.

III. P주장의 관철을 위한 권리구제 수단

1. 토지보상법상 이의신청		피수용자가 관할 토지수용위원회의 재결에 이의가 있는 경우 관할 토지수용위원회를 거쳐 중앙토지수용위원회에 이의를 제기할 수 있다. 이의신청은 임의적 절차로 토지보상법 제88조에 따라 집행부정지의 원칙을 따른다.
2. 취소소송		피수용자는 관할 토지수용위원회의 재결에 불복하는 경우 법 제85조 제1항에 따른 취소소송을 제기할 수 있다. 판례는 취소소송에서 해당 재결이 당연무효인 경우 무효확인에 대한 소구를 포함한다고 판시하고 있다.
3. 보상금증감 청구소송	1) 문제점	잔여지수용청구를 거부한 토지수용위원회의 재결에 대하여 보상금증감청구소송으로 다툴 수 있는지 문제된다. 이는 심리범위의 문제로 이하 학설과 판례를 근거로 검토한다.
	2) 학설	취소소송설, 손실보상설, 보상금증감청구소송설
	3) 관련 판례 (2008두822)	구 '공익사업을 위한 토지 등의 취득 및 보상에 관한 법률'(2007.10.17. 법률 제8665호로 개정되기 전의 것) 제74조 제1항에 규정되어 있는 잔여지 수용청구권은 손실보상의 일환으로 토지소유자에게 부여되는 권리로서 그 요건을 구비한 때에는 잔여지를 수용하는 토지수용위원회의 재결이 없더라도 그 청구에 의하여 수용의 효과가 발생하는 형성권적 성질을 가지므로, 잔여지 수용청구를 받아들이지 않은 토지수용위원회의 재결에 대하여 토지소유자가 불복하여 제기하는 소송은 위 법 제85조 제2항에 규정되어 있는 '보상금의 증감에 관한 소송'에 해당하여 사업시행자를 피고로 하여야 한다.
	4) 검토	잔여지수용재결 거부에 대해서는 보상금증감청구소송으로 사업시행자를 피고로 하여야 한다.

06 농업손실보상청구권 & 재결신청청구의 거부에 관한 권리구제

국토교통부장관은 2009.11.19. 한국수자원공사를 사업시행자로 하고, 사업시행지를 '창원시 ○○면, 밀양시 △△면 □□읍 일대 9,499,000㎡'로, 사업시행기간을 '2009.11.부터 2011.12.까지'로 하는 '◇◇◇◇◇◇ ◇◇공구(☆☆☆ · ☆☆☆지구) 사업'(이하 '이 사건 사업'이라 한다) 실시계획의 승인을 고시하였고(국토교통부 고시 제2019-1101호), 이 사건 사업시행기간은 이후 '2021.12.까지'로 연장되었다. 피수용자 갑과 피수용자 갑의 형 을은 이 사건 사업시행지 내 창원시 소재1 하천 87,383㎡ 및 창원시 소재2 하천 5,137㎡(이하 위 각 하천을 통틀어 '이 사건 각 토지'라 한다)의 각 1/2 지분을 공유하고 있었는데, 대한민국은 2011.4.7. 피수용자와 피수용자 형으로부터 이 사건 각 토지에 대한 지분전부이전등기를 마쳤다. 피수용자는 2017.10.11. 사업시행자에게 이 사건 각 토지의 수용과 관련하여 농업손실보상을 받기 위한 재결신청을 청구하였으나, 사업시행자는 2018.1.5. 원고에게 '공익사업을 위한 토지 등의 취득 및 보상에 관한 법률(이하 '토지보상법'이라 한다) 제28조 및 한국수자원공사법 제24조에 따라 사업시행자의 재결신청 권한이 이미 시효가 만료되어 이를 수용할 수 없다'고 회신하였다. 다음 물음에 답하시오. 20점 (출처 : 서울행정법원 2018.5.25. 선고 2018구합54033 판결[수용재결신청청구거부처분취소])

(1) 공익사업으로 농업의 손실을 입게 된 자가 토지보상법 제34조, 제50조 등에 규정된 재결절차를 거치지 않은 채 곧바로 사업시행자를 상대로 손실보상을 청구할 수 있는지 여부를 검토하시오. 10점

I. 논점의 정리

II. 물음 1

1. 농업손실보상의 의의 및 성격	공익사업시행지구에 편입되는 농지에 대하여 실제 재배하는 농작물 보상과는 별도로 농민의 편입농지에서 영농을 계속하지 못함에 따른 농업의 손실보상을 말한다. 이는 합리적인 기대이익의 상실에 대한 보상으로 일실손실보상이며 생활보상의 성격도 갖는다.
2. 농업손실보상의 법적 성질	학설은 금전지급청구권으로 보는 <사권설>, 공용침해로 인해 발생하는 권리라는 <공권설>이 대립한다. 판

		례는 손실보상의 일종으로 공법상의 권리라고 하였다. 생각건대, 손실보상은 공법상 원인을 이유로 이루어지므로 공권으로 봄이 타당하다.
3. 농업손실 보상의 대상	1) 물적 대상	농지법 제2조 제1호 가목 및 동법 시행령 제2조 제3항 제2호 가목에 해당하는 토지로서 ① 사업인정고시일 등 이후부터 농지로 이용되는 토지 ② 토지이용계획 · 주위환경 등으로 보아 일시적으로 농지로 이용되고 있는 토지 ③ 타인소유의 토지를 불법으로 점유하여 경작하고 있는 토지 ④ 농민이 아닌 자가 경작하고 있는 토지 ⑤ 토지의 취득에 대한 보상 이후에 사업시행자가 2년 이상 계속하여 경작하도록 허용하는 토지는 농지로 보지 아니한다.
	2) 지급대상	토지보상법 시행규칙 제48조 제4항에 따라 자경농지가 아닌 농지의 경우 농지의 소유자가 해당 지역에 거주하는 농민인 경우 실제 경작자와의 협의에 따라 보상한다. 협의 불성립의 경우 농지소유자에게는 동조 제1항에 따라 산정된 보상금의 50%를 보상하고 나머지 금액을 경작자에게 보상한다.
4. 권리구제	1) 재결전치 주의	판례는 토지보상법 제77조 제2항에 따라 농업손실에 대한 보상을 받기 위해서는 동법 제34조, 제50조 등에 규정된 재결절차를 거친 다음 그 재결에 대하여 불복이 있을 때에 비로소 동법 제83조, 제85조에 따라 권리구제를 받을 수 있다고 판시하였다.
	2) 소송의 형태	판례는 농업손실보상청구권은 손실보상의 일종으로 공법상의 권리임이 분명하므로 그에 관한 쟁송은 민사소송이 아닌 '행정소송절차'에 의하여야 할 것이라고 판시하였다.
	3) 검토	농업손실보상청구권은 공법상 권리에 해당하므로 민사소송이 아닌 행정소송절차에 의하여야 함이 타당하다. 이 경우 토지보상법에 따른 재결절차를 거친 후 제83조, 제85조에 따라 권리구제를 받을 수 있으므로 재결절차를 거치지 않은 채 곧바로 사업시행자를 상대로 손실보상을 청구할 수는 없다고 판단된다.

07 대집행

피수용자 甲은 울산 남구 상개동 154-46 토지가 분할되기 전에 위 토지상에 일반건축물대장에 등록된 주택 2동 등 모두 주택 4동의 건물을 보유하고 있었다. 공익사업을 위한 토지 등의 취득 및 보상에 관한 법률(이하 '토지보상법')상 울산시(사업시행자)는 울산시가지철도이설사업(공익사업)을 위하여 분할 전의 위 울산 남구 상개동 154-46 대 357㎡ 중 136㎡를 철도부지로 편입하기로 하여, 위 토지는 울산 남구 상개동 154-46 대 221㎡와 같은 동 154-50 대 136㎡로 분할되었다. 울산시는 울산 남구 상개동 154-46 대 221㎡는 위 사업에 편입하지 아니하고 피수용자 甲의 소유로 둔 채, 위 상개동 154-50 대 136㎡를 철도부지로 편입하고, 분할 전의 위 상개동 154-46 지상에 있던 주택 등 지장물 일체를 매수하기로 하여, 2021.3.1. 위 154-50 토지에 대한 보상금을 16,320,000원으로, 분할 전의 위 상개동 154-46 지상에 있던 주택 등 지장물 일체에 대한 보상금을 28,980,550원으로, 주거이전비, 이사비, 영업권등에 대한 보상금을 합계 7,328,720원으로 각 정하였고, 피수용자 甲은 그 무렵 위 보상금 합계 52,629,270원(= 16,320,000원 + 28,980,550원 + 7,328,720원) 전액을 울산시로부터 지급받았다. 피수용자 甲은 울산시에 대하여 보상금을 청구할 당시 울산시가 지장물 등에 대한 철거를 요구하는 때에는 아무런 이의 없이 요구하는 일시 등에 조건 없이 응하겠다는 서약서(철거약정서)를 제출하였다. 울산시는 피수용자 甲을 이주대책 대상자로 선정하여 원고에게 울산 남구 무거동 1 187-11 대 197.3㎡를 택지로 분양하여 주었다(대법원 2006.10.13. 선고 2006두7096 판결). 다음 물음에 답하시오. 40점

(1) 피수용자 甲의 토지와 같이 공익사업이 행해지게 되면 선적인 공익사업(도로, 철도, 하천 등)의 경우에는 지방자치단체에 의하여 직권 분할되는 등 억울함이 많게 된다. 이에 토지보상법상 확장수용에 대하여 설명하고, 권리구제를 검토하시오. 20점

(2) 피수용자 甲은 수용재결에서 결정된 보상금액에 만족하지 못하여 각 건물부분을 신체로서 점유하고 토지 및 건물의 인도·이전을 거부하고 있다. 토지보상법상 협의로 철거 약정을 하였음에도 이에 대하여 공익 사업시행자 울산시는 대집행으로 그 이행을 구할 수 있는지, 즉 사람이 신체로써 점유를 수반하는 경우 토지 및 건물의 인도·이전의무가 대집행의 대상이 되는지를 검토하시오. 20점

I. 물음 1에 대하여(확장수용과 권리구제)

1. 확장수용의 의의 및 취지		확장수용이란 사업의 필요를 넘는 재산권의 수용을 말한다. 수용은 최소필요한도의 범위 내에서 하는 것이 원칙이나, 피수용자의 권리보호 및 사업의 원활한 시행을 위하여 취지가 인정된다.
2. 확장수용의 법적 성질		확장수용은 공용수용에 있어서 하나의 특수한 예이기는 하나, 그 본질에 있어서는 일반의 공용수용과 다른 점이 없으므로 공용수용의 성질을 갖는다.
3. 확장수용의 종류	1) 완전수용 – 사용하는 토지의 매수청구 (토지보상법 제72조)	완전수용이란 토지를 사용함으로써 족하지만 토지소유자가 받게 되는 토지이용의 현저한 장애 내지 제한에 따른 수용보상을 가능하게 하기 위해 마련된 제도이다. 따라서 완전수용은 사용에 갈음하는 수용이라고도 하며, 토지보상법 제72조에 근거를 두고 있다. 사업인정 후 토지의 사용기간이 3년 이상인 경우, 토지의 사용으로 인하여 토지의 형질이 변경되는 경우, 사용하고자 하는 토지에 그 토지소유자의 건축물이 있는 때를 요건으로 한다.
	2) 잔여지 수용 – 잔여지 등의 매수 및 수용 청구 (토지보상법 제74조)	잔여지수용이란 동일한 소유자에 속하는 일단의 토지의 일부가 취득됨으로 인하여 잔여지를 종래의 목적에 사용하는 것이 현저히 곤란한 경우 토지소유자의 청구에 의해 일단의 토지의 전부를 매수하거나 수용하는 것을 말한다. 토지보상법 제74조에서는 동일한 소유자의 토지일 것, 일단의 토지 중 일부가 편입될 것, 잔여지를 종래의 목적으로 이용하는 것이 현저히 곤란한 것을 요건으로 규정하고 있다.
	3) 이전수용 – 건축물 등 이전에 갈음하는 수용 (토지보상법 제75조)	수용 또는 사용할 토지의 정착물 또는 공익사업에 공용되는 사업시행자 소유의 토지에 정착한 타인의 입목, 건축물, 물건 등은 이전비를 보상하고 이전하는 것이 원칙이다. 그러나 물건의 성질상 이전이 불가능하거나, 이전비가 그 정착물의 가격을 초과하는 수도 있다. 이와 같이 토지상의 정착물을 이전할 수 없거나 경제적으로 이전의 실익이 없는 경우에 사업시행자의 청구에 의하여 정착물을 이전에 갈음하여 수용하는 것을 이전수용이

		라고 한다. "이전에 갈음하는 수용"이라고도 하며, 토지보상법 제75조에 근거를 두고 있다.
	4) 잔여 건축물의 수용(토지보상법 제75조의2)	잔여 건축물의 수용이란 동일한 소유자에게 속하는 일단의 건축물의 일부가 협의에 의하여 매수되거나 수용됨으로 인하여 잔여 건축물을 종래의 목적에 사용하는 것이 현저히 곤란한 때에는 그 건축물소유자는 사업시행자에게 잔여 건축물을 매수하여 줄 것을 청구하는 것을 말한다.
4. 토지보상법상 확장수용의 권리구제	1) 개설	확장수용청구권은 그 법적 성질이 공권이며, 현행 토지보상법의 체계상 확장수용은 토지수용위원회의 재결에 의해 이루어진다. 따라서 확장수용에 대한 불복은 토지보상법 제83조 내지 제85조 규정의 적용을 받는다. 확장수용의 요건 충족 시 토지소유자는 사업시행자에게 매수청구를 하고(이전수용은 매수청구권이 없음), 협의 불성립 시 토지소유자는 사업의 공사완료일까지 토지수용위원회에 수용을 청구할 수 있다. 토지수용위원회가 수용청구를 거부한 경우 이에 대한 불복으로 이의신청을 거쳐 행정소송을 제기할 수 있다. 이때 항고소송을 제기하지 아니하고 보상금증감청구소송을 제기할 수 있는지 여부에 대하여 논란이 있다.
	2) 이의신청(토지보상법 제83조) – 특별법상 행정심판	확장수용의 재결이나 확장수용의 거부에 이의가 있는 자는 토지보상법 제83조에 의거 재결서 정본을 받은 날부터 30일 이내에 이의신청을 할 수 있다. 행정소송법 제18조 및 토지보상법 제83조의 규정상 이의신청은 임의적 절차로 해석된다. 따라서 이의신청을 거치지 않고 바로 행정소송의 제기가 가능하다.
	3) 확장수용에 대한 행정소송의 형태(보상금증감청구소송의 가능성)	'공익사업을 위한 토지 등의 취득 및 보상에 관한 법률'(2007.10.17. 법률 제8665호로 개정되기 전의 것) 제74조 제1항에 규정되어 있는 잔여지수용청구권은 손실보상의 일환으로 토지소유자에게 부여되는 권리로서 그 요건을 구비한 때에는 잔여지를 수용하는 토지수용위원회의 재결이 없더라도 그 청구에 의하여 수용의 효과가 발생하는 형성권적 성질을 가지므로, 잔여지수용

	(대법원 판례)	청구를 받아들이지 않은 토지수용위원회의 재결에 대하여 토지소유자가 불복하여 제기하는 소송은 위 법 제85조 제2항에 규정되어 있는 '보상금의 증감에 관한 소송'에 해당하여 사업시행자를 피고로 하여야 한다. (출처 : 대법원 2010.8.19. 선고 2008두822 판결 [토지수용이의재결처분취소등])
	4) 소결	실질적인 분쟁의 당사자를 소송의 당사자로 하여 소송을 원만히 수행하려는 보상금증감청구소송의 제도적 취지, 보상의 범위에 따라 보상금액이 달라지는 사정 등을 고려하여 보상금증감청구소송이 보상의 범위까지 포함한다고 보는 보상금증감청구소송설이 타당하다고 판단된다.

II. 물음 2에 대하여(대집행 권리구제)

1. 대집행의 의의		대집행이란 공법상 대체적 작위의무의 불이행이 있는 경우에 해당 행정청이 스스로 의무자가 행할 행위를 하거나 제3자로 하여금 이를 행하게 하고 그 비용을 의무자로부터 징수하는 것을 말한다.
2. 대집행의 요건	1) 행정대집행법 제2조	공법상 대체적 작위의무를 의무자가 이행하지 아니하는 경우, 다른 수단으로써 그 이행을 확보하기 곤란하고, 그 불이행을 방치함이 심히 공익을 해할 것으로 인정되는 경우 대집행이 가능하며 그 비용을 의무자로부터 징수할 수 있다.
	2) 토지보상법 제89조	이 법 또는 이 법에 따른 처분으로 인한 의무를 이행하여야 할 자가 정하여진 기간 이내에 의무를 이행하지 아니하거나 완료하기 어려운 경우, 그 의무를 이행하게 하는 것이 현저히 공익을 해친다고 인정되는 경우에는 사업시행자는 행정청에 대집행을 신청할 수 있다.
	3) 행정기본법 제30조 제1항 제1호	행정대집행 : 의무자가 행정상 의무(법령 등에서 직접 부과하거나 행정청이 법령 등에 따라 부과한 의무를 말한다. 이하 이 절에서 같다)로서 타인이 대신하여 행할 수 있는 의무를 이행하지 아니하는 경우 법률로 정하는 다른 수단으로는 그 이행을 확보하기 곤란하고 그 불이행을 방치하면 공익을 크게 해칠 것으로 인정될 때에 행

		정청이 의무자가 하여야 할 행위를 스스로 하거나 제3자에게 하게 하고 그 비용을 의무자로부터 징수하는 것
3. 인도·이전 의무가 대집행의 대상인지	1) 문제점	인도·이전 의무는 비대체적 작위의무인데 토지보상법 제89조에서는 의무로 규정하고 있으므로 행정대집행법의 특례규정으로 보아 대집행을 실행할 수 있는지 문제된다.
	2) 학설	토지보상법 제89조는 수용자 본인이 인도한 것과 같은 법적 효과 발생을 목적으로 하므로 대집행을 긍정하는 견해와 토지보상법 제89조의 의무도 대체적 작위의무에 한정된다고 보아 부정하는 견해가 대립한다.
	3) 관련 판례	(97누157) : 대체적 작위의무 관점 도시공원시설인 매점점유자의 점유이전의무는 그것을 강제적으로 실현함에 있어 직접적인 실력행사가 필요한 것이지 대체적 작위의무에 해당하는 것은 아니어서 대집행의 대상이 되는 것은 아니라고 판시하였다. (2006두7096) : 공법상 의무 관점 협의취득 시 건물소유자가 매매대상 건물에 대한 철거의무를 부담하겠다는 취지의 약정을 하였더라도 이러한 철거의무는 공법상의 의무가 될 수 없으므로 대집행의 방법으로 실현할 수 없다고 판시하였다. → 협의의 법적 성질이 사법상 계약이라는 내용을 전술
	4) 검토	대집행은 국민의 권익 침해 개연성이 높은 점, 법률유보의 원칙을 고려하여 법적 근거 없이 대집행의 대상을 비대체적 작위의무로까지 확대해석할 수 없다. 따라서 사람이 신체로써 점유를 수반하는 경우에는 대집행의 대상이 되지 않는다고 보는 것이 타당하다.
4. 철거의무가 대집행의 대상인지	1) 문제점	철거의무는 토지보상법 또는 토지보상법에 의한 처분으로 인한 의무에 해당하지 않으므로 이에 대한 이행을 대집행의 방법으로 실행할 수 있는지 문제된다.
	2) 학설	대집행 실행을 위해 필요한 한도 내에서 실력으로 저항을 배제하는 것은 명문 근거가 없이도 인정한다는 <긍정설>, 신체에 대한 물리력 행사는 대집행에 포함한다

		고 볼 수 없어 별도의 법률상 근거가 필요하다는 <부정설>이 대립한다.
	3) 관련 판례	철거의무는 토지보상법 제89조에서 정한 '이 법 또는 이 법에 의한 처분으로 인한 의무'에 해당하지 아니하므로 위 철거의무에 대한 강제적 이행은 대집행의 방법으로 실현할 수 없다고 판시하였다.
	4) 검토	대집행은 국민의 권익 침해의 개연성이 높으므로 토지보상법 제89조의 의무를 법치행정의 원리상 명확한 근거 없이 확대해석할 수 없으므로 직접강제의 대상이 되는 철거의무를 대집행의 대상이 되지 않는다고 봄이 타당하다.
5. 직접강제의 도입 가능성		직접강제란 의무자가 의무를 불이행할 때 행정청이 직접 의무자의 신체나 재산에 실력을 가하여 의무자가 직접의무를 이행한 것과 같은 상태를 실현하는 것을 말한다. 직접강제는 당사자의 권익침해의 정도가 크기 때문에 개별법상 엄격한 근거를 요하므로 토지보상법 및 대집행규정에서 명문으로 규정하지 않는 한, 인정하지 않음이 타당하다.

1. 대행의 의의 및 요건	대행이란 토지나 물건을 인도 또는 이전하여야 할 자가 고의나 과실 없이 그 의무를 이행할 수 없거나 사업시행자가 과실 없이 의무자를 알 수 없는 경우 사업시행자의 청구에 의하여 시장 등이 토지나 물건의 인도 또는 이전을 대행하고 이로 인한 비용을 의무자의 부담으로 하는 것을 말한다.
2. 대행의 법적 성질 (대집행의 법적 성질도 권력적 사실행위, 판례는 긍정함)	행정대집행의 일종으로 보는 견해가 우세하며 직접강제를 인정한 것으로 볼 수 없다. 따라서 권력적 사실행위로서 <처분성>을 긍정함이 타당하다.
3. 대행의 대상	토지물건의 인도・이전의무는 토지보상법상 수용재결의 효과에 따라 토지소유자 및 관계인과 그 밖의 제3자에게 부여된 별도의 의무이다. 따라서 대행의 대상에 해당한다.

08 도시정비법상 현금청산대상자(세입자)의 인도이전의무와 주거이전비

토지보상법 제78조에서 정한 주거이전비, 이주정착금, 이사비(이하 '주거이전비 등'이라 한다)도 도시정비법 제49조 제6항 단서에서 정한 '토지보상법에 따른 손실보상'에 해당한다. 그러므로 주택재개발사업의 사업시행자가 공사에 착수하기 위하여 현금청산대상자나 세입자로부터 정비구역 내 토지 또는 건축물을 인도받기 위해서는 협의나 재결절차 등에 의하여 결정되는 주거이전비 등도 지급할 것이 요구된다. 도시정비법은 주택재개발 보상에 관하여 토지보상법을 준용한다. 다음 물음에 답하시오. 10점

(1) 만일 사업시행자와 현금청산대상자나 세입자 사이에 주거이전비 등에 관한 협의가 성립된다면 사업시행자의 주거이전비 등 지급의무와 현금청산대상자나 세입자의 부동산 인도의무는 동시이행의 관계에 있는지, 재결절차 등에 의할 때에는 주거이전비 등의 지급절차가 부동산 인도에 선행되어야 하는지 검토하시오. 5점 (2019다207813)

(2) 이때 현금청산대상자나 임차인 등이 수용개시일까지 수용대상 부동산을 인도하지 않은 경우, 토지보상법 제43조, 제95조의2 제2호 위반죄로 처벌할 수 있는지 여부를 검토하시오. 5점 (2019도13010)

I. 논점의 정리

II. 물음 1

1. 주거이전비의 의의 및 취지	주거이전비란 공익사업의 시행으로 주거용 건축물이 공익사업에 편입되어 생활의 근거를 상실한 자에게 주거이전에 필요한 비용을 보상하는 것을 말한다. 이는 생활보상의 일환으로 국가의 적극적이고 정책적인 배려에 취지가 있다.
2. 관련 규정 (토지보상법 제43조)	토지보상법 제43조는 토지소유자 및 관계인과 그 밖에 토지소유자나 관계인에 포함되지 아니하는 자로서 수용하거나 사용할 토지나 그 토지에 있는 물건에 관한 권리를 가진 자는 수용 또는 사용의 개시일까지 그 토지나

	물건을 사업시행자에게 인도하거나 이전하여야 한다고 규정한다.
3. 관련 판례	판례는 협의취득의 경우 주거이전비 지급의무와 부동산 인도 의무가 동시이행 관계이고 재결에 의한 경우 사전보상원칙에 따라 주거이전비 지급절차가 부동산 인도에 선행되어야 한다고 판시하였다.
4. 사안의 해결	주거이전비의 취지 및 세입자의 불안정한 법적 지위를 고려하여 주거이전비 지급이 부동산 인도의무와 동시이행관계 또는 선행의무라고 봄이 타당하다. 따라서 세입자乙은 주거이전비 미지급을 이유로 부동산의 인도를 거절할 수 있다고 판단된다.

III. 물음 2

1. 관련 규정 (토지보상법 제95조의2)	토지보상법 제95조의2는 동법 제43조를 위반하여 토지 또는 물건을 인도하거나 이전하지 아니한 자는 1년 이하의 징역 또는 1천만원 이하의 벌금에 처한다고 규정하고 있다.
2. 관련 판례	판례는 도시정비법에 따라 주거이전비 등의 미지급을 이유로 부동산의 인도를 거절할 수 있고 이러한 경우 수용의 개시일까지 수용대상 부동산을 인도하지 않았다고 해서 토지보상법 제43조, 제95조의2 제2호 위반죄로 처벌해서는 안 된다고 판시하였다.
3. 사안의 해결	주거이전비 미지급을 이유로 세입자乙이 부동산의 인도를 거부할 수 있다고 판단되므로, 이는 토지보상법 제43조에 따른 위법이라고 판단되지 않는바, 동법 제95조의2 제2호 위반죄로 처벌할 수 없다고 판단된다.

09 미지급용지

공익사업을 위한 토지 등의 취득 및 보상에 관한 법률 시행규칙 제25조 미지급용지에 대하여 설명하시오. 10점

Ⅰ. 미지급용지의 취득절차

1. 미지급용지의 의의 및 취지		미지급용지란 종전에 시행된 공익사업의 부지로서 보상금이 지급되지 않은 토지를 말하며 현황평가의 예외에 해당한다. 이는 피수용자의 불이익 방지에 취지가 있다.
2. 미지급 용지의 평가 기준	1) 이용상황 (토지보상법 칙 제25조)	종전의 공익사업에 편입될 당시의 이용상황을 상정하여 평가하되 종전의 공익사업에 편입될 당시의 이용상황을 알 수 없는 경우에는 편입될 당시의 지목과 인근토지의 이용상황 등을 참작하여 평가한다.
	2) 공법상 제한	용도지역 등 공법상 제한은 종전사업 및 해당 사업을 직접 목적으로 변경된 경우를 제외하고는 가격시점을 기준으로 평가한다.
	3) 이용상황이 변경되어 거래가격이 상승된 경우	단, 판례는 토지의 현실적인 이용상황을 변경시킴으로써 토지의 거래가격이 상승된 경우까지 토지보상법 시행규칙 제25조에 규정된 미지급용지의 법리가 적용되지는 않는다고 판시하였다.
3. 미지급용지에 대한 국가 등의 점유시효취득 인정 여부		종전 판례는 국가 등 점유를 자주점유로 보아 민법상 토지의 시효취득을 인정하였다. 하지만 최근 전원합의체판결로 악의의 무단점유자에게는 시효취득이 인정되지 않는다고 판시하였다. 시효취득이 인정되면 토지소유자의 재산권에 중대한 침해가 발생하므로 부정함이 타당하다.

10 법원 감정에 있어서 감정평가사가 아닌 자가 감정평가를 할 수 있는지

2014.10.24. 수원지방법원에 2014구합0000호로 한국토지주택공사를 상대로 토지 등의 수용에 따른 손실보상금 증액 청구를 하였는데, 그 사건의 주된 쟁점은 이 사건 산양삼의 손실보상액을 산정하는 것이었다. 2015.3.13. 이 사건 산양삼의 손실보상액 등에 관한 감정신청을 하면서 법원에 위촉된 산양삼 분야 전문 감정인이나 산림청 산하 한국임업진흥원에서 추천하는 감정인을 선정해 달라고 하였고, 법원은 2015.4.8. 감정을 채택하면서 법원행정처 특수분야 전문가 명단에 등재되어 있던 홍길동을 감정인으로 지정하였다. 법원은 2015.5.21. 홍길동 회사에 감정촉탁을 하였는데, 구체적인 감정사항은 ① 이 사건 산양삼에 대한 가격시점 당시 수량, ② 이 사건 산양삼의 품종, 원산지 등, ③ 이 사건 산양삼이 적정 수확기에 달할 경우 예상총수입의 현가액 등, ④ 이 사건 산양삼의 정당한 손실보상액이었다. 한편 홍길동은 2013.3.14. 법원행정처 특수분야 전문가 명단에 농업 분야 전문가로 등재되어 있었고, 그 무렵부터 법원으로부터 감정인으로 지정되어 2~3회 산양삼 등에 대한 감정을 수행한 적이 있었다. 홍길동은 산양삼 표본 조사를 한 후 2015.7.15. 법원에 이 사건 산양삼에 대한 감정서를 제출하였다. 다음 물음에 답하시오. 20점 (출처 : 대법원 2021.10.14. 선고 2017도10634 판결)

(1) 감정평가 및 감정평가사에 관한 법률상 감정평가사 자격을 갖춘 사람만이 감정평가업을 독점적으로 영위할 수 있도록 한 취지를 설명하시오. 10점

(2) 감정평가사가 아닌 사람이더라도 그 감정사항에 포함된 토지 등의 감정평가를 할 수 있는지 여부와 이러한 행위가 형법 제20조의 정당행위에 해당하여 위법성이 조각되는지 여부를 검토하시오. 10점

I. 논점의 정리

II. 물음 1

1. 감정평가 및 감정평가업의 의의	감정평가란 토지 등의 경제적 가치를 판정하여 그 결과를 가액으로 표시하는 것을 말한다. 감정평가업이란 타인의 의뢰에 따라 일정한 보수를 받고 토지 등의 감정평가를 업으로 행하는 것을 말한다.

2. 감정평가사의 직무 (법 제4조)		감정평가사는 타인의 의뢰를 받아 토지 등을 감정평가하는 것을 그 직무로 한다. 감정평가사는 공공성을 지닌 가치평가 전문직으로서 공정하고 객관적으로 그 직무를 수행한다.
3. 감정평가업의 취지	1) 관련 규정 (법 제1조)	감정평가법 제1조에 따른 감정평가법의 목적은 공정한 감정평가를 도모함으로써 국민의 재산권을 보호하고 국가경제발전에 기여함에 있다.
	2) 관련 판례 (2017도10634)	판례는 감정평가사 자격을 갖춘 사람만이 감정평가업을 독점적으로 영위할 수 있도록 한 취지는 감정평가업무의 전문성, 공정성, 신뢰성을 확보해서 재산과 권리의 적정한 가격형성을 보장하여 국민의 권익을 보호하기 위한 것이라고 판시하였다.
	3) 검토	감정평가법의 입법목적 및 감정평가업무의 공공성, 사회성이 강조되는 점을 고려하면 판례의 태도에 따라 재산과 권리의 적정한 가격형성을 보장하여 국민의 권익을 보호하기 위함에 취지가 있다고 판단된다.

III. 물음 2

1. 감정평가법인등의 업무 (법 제10조)		부동산공시법, 자산재평가법 및 다른 법령에 따른 토지 등의 감정평가, 법원에 계속 중인 소송 또는 경매를 위한 토지 등의 감정평가, 타인의 의뢰에 따른 토지 등의 감정평가, 감정평가와 관련된 상담 및 자문, 토지 등의 이용 및 개발 등에 대한 조언이나 정보 등의 제공, 상기 업무에 부수되는 업무를 규정하고 있다.
2. 감정평가사가 아닌 자가 감정평가를 할 수 있는지 여부	1) 관련 판례 (2017도10634)	판례는 감정평가업자가 아닌 사람이더라도 감정사항에 포함된 토지 등의 감정평가를 할 수 있고, 이러한 행위는 법령에 근거한 법원의 적법한 결정이나 촉탁에 따른 것으로 형법상 정당행위이므로 위법성이 조각된다고 판시하였다.

	2) 검토	감정평가사가 아닌 자의 감정평가행위를 형법상 정당행위로서 위법성이 조각된다고 본다면 자격 있는 자에게 감정평가업을 영위할 수 있는 자격을 부여하여 국민의 재산권 보호 및 국가경제발전을 도모한다는 감정평가법의 입법취지에 반하게 된다. 따라서 감정평가사가 아닌 자가 감정평가를 할 수 없다고 봄이 타당하다.
3. 사안의 해결		감정평가에 관한 규칙 제9조에 따라 감정평가법인등은 필요한 경우 관련 전문가에 대한 자문 등을 거쳐 감정평가할 수 있다는 점, 감정평가법의 입법취지를 고려하면 법원의 심리절차에서 감정평가사가 아닌 자가 감정을 하는 것은 사회상규에 위배되는 행위로 형법 제20조의 정당행위에 해당할 수 없다고 판단된다.

11 별표 3의 법적 성질 및 업무정지처분 위법성

甲은 2014.3.경 감정평가사 자격을 취득한 후, 2015.9.2.부터 2017.8.3.까지 '乙 감정평가법인'의 소속 감정평가사였다. 또한 甲은 2015.7.7.부터 2017.4.30.까지 '수산업협동조합 중앙회'(이하 '수협'이라 함)에서 상근계약직으로 근무하였다. 관할 행정청인 국토교통부장관 A는 甲이 위와 같이 수협에 근무하면서 일정기간 동안 동시에 乙 감정평가법인에 등록하여 소속을 유지하는 방법으로 감정평가사 자격증을 대여하거나 부당하게 행사했다고 봄이 상당하여, 「감정평가 및 감정평가사에 관한 법률」(이하 '감정평가법'이라 함) 제27조가 규정하는 명의대여 등의 금지 또는 자격증 부당행사 금지에 위반하였다는 것을 이유로 징계처분을 내리고자 한다. 국토교통부장관 A가 甲에게 대하여 위와 같은 사유로 감정평가법령상의 징계를 하고자 하는 경우, 징계절차에 관하여 설명하고, 1차 처분에서 업무정지 2년의 징계처분을 한다면 그 징계처분이 합당한지 검토하시오. 20점

I. 논점의 정리

II. 감정평가사 징계절차

1. 감정평가법상 절차	1) 징계의결의 요구 (법 제39조, 영 제34조 제1항)	국토교통부장관은 감정평가사에게 징계사유가 있다고 인정되면 증명서류를 갖추어 징계위원회에 징계의결을 요구해야 한다. 징계의결의 요구는 위반사유가 발생한 날부터 5년이 지나면 할 수 없다.
	2) 징계의결의 사전통지 및 의견진술 (영 제34조 제2항, 제41조)	위원회는 징계의결의 요구를 받으면 징계요구 내용과 징계심의기일을 해당 감정평가사에게 통지하여야 한다. 당사자는 징계위원회에 출석하여 구술 또는 서면으로 자기에게 유리한 사실을 진술하거나 필요한 증거를 제출할 수 있다.
	3) 징계의결 (영 제35조, 제42조)	위원회는 징계의결을 요구받은 날부터 60일 이내에 의결을 하여야 하며 30일의 범위 내에서 한 차례 연장할 수 있다. 회의는 재적위원 과반수의 출석으로 개의하고 출석위원 과반수의 찬성으로 의결한다.

	4) 징계처분 및 통보 (영 제36조)	국토교통부장관은 위원회의 의결에 따라 징계를 하였을 때는 징계사유를 명시하여 당사자와 협회에 각각 서면으로 통보하고 징계내용을 관보에 공고해야 한다.
2. 행정절차법상 절차		행정절차법은 공행정작용의 일반적 절차에 관해 규정하고 있으므로 감정평가사의 국토교통부장관의 처분인 징계도 행정절차법의 적용을 받는다. 따라서 법 제21조 사전통지, 제22조 의견청취, 제23조 처분의 이유제시의 절차를 거친다.

III. 업무정지처분이 위법한지

1. 업무정지처분의 법적 성질		업무정지처분이란 감정평가사의 업무수행을 금지시키는 부작위의무를 부과하는 것을 말한다. 강학상 하명이며 감정평가법 제39조의 법 문언상 재량행위이다.
2. 별표 3의 법규성	1) 문제점	감정평가법 시행령 제29조에 근거한 별표 3은 그 형식은 상위법의 위임에 따른 법규명령이나 그 실질은 제재처분의 내부적 규정으로 행정규칙인바 법규명령 형식의 행정규칙에 해당한다. 이하 별표 3의 법규성을 근거로 해당 업무정지처분의 위법성을 검토한다.
	2) 학설	학설은 규범의 형식을 기준으로 판단하는 <법규명령설>, 규범의 실질과 구체적 타당성을 기준으로 판단하는 <행정규칙설>, 수권여부를 기준으로 판단하는 <수권기준설>이 있다.
	3) 관련 판례 최근 판례 (2003두1684)	종전 판례는 대통령령의 형식을 갖는 경우 법규성을 인정하였고, 부령의 형식인 경우 행정규칙으로 보아 법규성을 인정하지 않았다. 최근 환경영향평가와 관련한 판례에서 가중적 제재처분의 기준이 되는 법규명령의 법규성 여부에 관한 판단을 유보하였으나, 별개의 의견에서 부령인 제재적 처분기준의 법규성을 인정하는 이론적 기초 위에 그 법률상 이익을 긍정하는 것이 법리적으로 더욱 합당하다고 보았다.

	4) 소결		대통령령과 부령 모두 헌법에 따른 위임명령이고, 대통령령이 국무회의 심의를 거친다는 차이가 있을 뿐이므로 법적 효력을 달리 볼만한 근거가 부족하다. 따라서 부령의 경우에도 국민의 권리, 의무에 영향을 미치는 경우 법규성을 인정할 필요가 있다고 판단된다.
3. 업무정지 처분의 위법성	1) 별표 3의 법규성을 인정하는 경우		감경규정에 의하여 별표 3의 기준은 재량성이 확보되므로 재량권 일탈・남용이 있는지가 판단기준이 된다. 사안은 별표 3에서 1차 위반을 1년 내의 업무정지로 규정하고 있고 가중감경의 범위도 벗어나 재량권 일탈・남용이 있다고 판단되므로 위법하다.
	2) 별표 3의 법규성을 인정하지 않는 경우		별표 3은 행정청 내부의 사무처리기준이지만 감정평가법의 징계규정의 취지상 해당 처분의 재량권 일탈・남용이 있었는지를 판단함이 타당하다. 사안의 경우 1차 위반이며 적극적인 부당행사의 행위가 있었다고 보기 어려우므로 2년의 업무정지는 비례의 원칙에 따라 위법하다고 판단된다.
4. 재량권 일탈・남용 여부	1) 개설		별표 3의 법규성 여부와 관계 없이 업무정지처분은 재량행위이므로 행정소송법 제27조에 따라 재량권 일탈・남용 여부를 기준으로 위법성을 판단한다.
	2) 비례의 원칙 (행정기본법 제10조)	(1) 의의 및 근거	행정의 목적과 목적을 실현하기 위한 수단 사이에는 적절한 비례관계가 성립해야 한다는 원칙이다. 헌법 제37조 제2항 및 행정기본법 제10조를 근거로 한다.
		(2) 내용	행정목적을 달성하는 데 유효하고 적절할 것(적합성의 원칙), 행정목적을 달성하는 데 필요한 최소한도에 그칠 것(필요성의 원칙), 행정작용으로 인한 국민의 이익 침해가 그 행정작용

			이 의도하는 공익보다 크지 아니할 것(상당성의 원칙)을 내용으로 하며 단계적 심사를 거쳐 판단한다.
		(3) 검토	사안의 징계처분은 감정평가법상 감정평가의 신뢰성과 공정성을 확보하는 데 유효적절한 수단이라고 판단된다. 다만 2개월의 업무정지처분은 해당 목적을 달성하는 데 필요한 최소한도를 넘는 처분이라고 판단되므로 필요성의 원칙과 상당성의 원칙에 위배되어 비례의 원칙의 위반이 인정된다.
	3) 신뢰보호의 원칙 (행정기본법 제12조)	(1) 의의 및 근거	행정청의 행위를 사인이 신뢰한 경우 보호가치가 있는 신뢰라면 보호되어야 한다는 원칙을 말한다. 행정기본법 제12조 제1항을 근거로 한다.
		(2) 내용	판례는 ① 행정청의 공적인 견해표명이 있을 것, ② 그것을 신뢰한 것에 대해 개인의 귀책사유가 없을 것, ③ 그 개인이 이에 어떠한 행위를 할 것, ④ 행정청이 위 견해표명에 반하는 처분을 함으로써 개인의 이익이 침해되는 결과가 초래될 것, ⑤ 공익 또는 제3자의 이익을 현저히 해할 우려가 없을 것이라고 판시하였다.
		(3) 검토	사안의 경우 국토교통부장관이 견책처분을 하겠다는 공적인 견해표명이 있었다고 보기 어려우므로 보호가치가 있는 신뢰라고 보기 어렵다. 따라서 신뢰보호의 원칙에 위배되지 않는다.
5. 법령보충적 행정규칙의 사법적 통제	1) 항고소송		법규명령은 추상적이고 일반적인 규범으로 일반적으로는 항고소송의 대상이 되는 처분에 해당하지 않는다. 다만 두밀분교폐지조례와 관련한 판

		례에서 처분적 명령의 경우 국민을 직접적으로 구속하는 구체적 규범으로서 항고소송의 대상이 되는 <처분>이라고 판시하였다. 별표 3의 경우 처분적 명령에 해당하므로 항고소송의 대상이 되는 처분으로 봄이 타당하다.
2) 구체적 규범통제	(1) 의의	헌법 제107조 제2항에 근거하여 법규명령의 위헌, 위법 여부가 재판의 전제가 되는 경우에 각급 법원에서 법규명령의 위헌, 위법 여부를 다투는 것을 말한다. 사안의 경우 별표 3의 위법 여부에 따라 재판의 결론이 달라지므로 재판의 전제성이 인정된다.
	(2) 판단기준	① 법률상 수권 규정이 존재할 것, ② 구체적 범위 내 수권일 것, ③ 모법을 과도하게 제한하여 모법의 취지에 어긋나지 아니할 것을 판단기준으로 한다.
	(3) 검토	감정평가법 시행령 제29조의 구체적인 위임 내에서 업무정지 처분에 관하여 구체적인 내부적 기준을 규정하는 점, 그 기준이 위반횟수를 고려하고 있고 가중·감경규정을 두고 있는 점을 종합적으로 고려하면 상위법령의 위임 범위를 넘는 위법이 있다고 판단되지 않는다.
3) 헌법소원		헌법소원의 보충성에 따라 법규명령이 직접 기본권을 침해하고 있고, 항고소송으로 그 위법을 다툴 수 없는 경우 헌법소원을 통하여 그 위법을 다툴 수 있다. 이 경우 과잉금지의 원칙에 따라 법규명령의 위법성을 판단하게 된다.

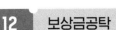

12 보상금공탁

토지보상법상 공탁제도에 대해 설명하고, 공탁에 대한 이의유보를 해야 승복하지 않는 결과를 초래한다고 하는데 아래 대법원 판례를 논평하시오. 10점

대법원 2009.11.12. 2006두15462 판결[손실보상금]

【판시사항】

[1] 토지수용절차에서 보상금 수령 시 사업시행자에 대한 이의유보의 의사표시를 반드시 명시적으로 하여야 하는지 여부(소극)

[2] 도시계획시설사업지구에 편입된 토지 등의 소유자가 수용재결에서 정한 토지 보상금은 이의를 유보하여 수령하였으나 보상금증감에 관한 행정소송을 제기한 후 이의재결에서 증액된 보상금에 대하여는 이의유보의 뜻을 표시하지 않은 채 수령한 사안에서, 묵시적인 이의유보의 의사표시가 있었다고 볼 수 있다고 한 사례

【참조조문】

[1] 공익사업을 위한 토지 등의 취득 및 보상에 관한 법률 제61조, 제83조

[2] 공익사업을 위한 토지 등의 취득 및 보상에 관한 법률 제61조, 제84조

【참조판례】

[1] 대법원 1989.7.25. 선고 88다카11053 판결(공1989, 1445)

【전문】

【원고, 상고인】 원고 (소송대리인 변호사 000)

【피고, 피상고인】 대구광역시장 (소송대리인 법무법인 아성 담당변호사 000)

【원심판결】 대구고법 2006.9.15. 선고 2006누669 판결

【주문】

원심판결을 파기하고, 사건을 대구고등법원에 환송한다.

【이유】

상고이유를 판단한다. 원심판결 이유에 의하면, 원심은 원고가 수용재결에서 정한 토지에 대한 보상금을 이의를 유보하여 수령하였으나 이 사건 소제기 이후 그 판시와 같은 경위로 이의재결에서 증액된 보상금을 이의유보의 뜻을 표시하지 아니한 채 수령한 사실을 인정한 후, 이로써 원고는 이의재결의 결과에 승복한 것으로 보아야 하고 위 보상금을 수령할 당시 이 사건 소송이 계속 중이었다는 사실만으로는 이의유보의 의사표시가 있었다고 볼 수는 없다는 이유로 이 사건 소 중 토지보상금 청구에 관한 부분은 소의 이익이 없는 부적법한 소라고 판단하였다. 우선, 이의재결에서 증액된 보상금의 수령과정에서의 이의유보 의사표시의 존부나 기망 또는 착오에 관한 상고이유의 주장은 원심의 전권사항인 증거의 취사선택이나 사실의 인정을 다투는 취지의 것에 불과하여 적법한 상고이유가 될 수 없다. 그러나 원심이 원고가 이의재결에서 증액된 보상금을 수령할 당시 이의유보의 의사표시가 있었다고 해석할 수 없다는 판단은 수긍하기 어렵다. 원심판결 이유와 기록에 의하면, 원고는 2005.8.2. 수용재결에서 정한 토지에 대한 보상금을 이의유보하에 수령한 후 같은 달 10일 바로 이 사건 소를 제기하고(추후 청구확장을 전제로 잠정적으로 청구금액을 10,000,000원으로 기재하였다) 이어 같은 달 17일 시가감정을 신청하여 2005.9.21. 감정비용 2,285,000원을 예납한 사실, 그 후 약 한달 후인 2005.10.26. 중앙토지수용위원회가 수용재결에서 정한 보상금 외에 2,238,900원을 증액하는 이의재결을 하고 2005.11.23. 원고가 피고로부터 위 증액된 보상금을 수령한 사실, 한편 원고가 이 사건 소송에서 신청한 토지의 시가감정촉탁결과는 위 증액된 보상금을 수령한 다음날인 2005.11.24. 제1심 법원에 도착하였고 그 감정평가액은 이의재결을 거쳐 최종 확정된 보상금보다 57,982,100원을 초과하는 사실, 그 후 원고는 이듬해인 2006.3.14. 실시된 제1심 제2차 변론기일에서 위 시가감정촉탁결과에 따라 청구취지를 확장하였고, 한편 피고 소송대리인은 위 증액된 보상금 수령시로부터 제1심 변론종결(2006.3.15.)에 이르기까지 그 수령사실에 관한 자료를 제출하거나 이의유보 여부와 관련한 주장을 전혀 제출하지 않은 사실(이후 피고 소송대리인은 원심에 제출된 2006.5.26.자 준비서면에서 처음으로 위 증액된 보상금의 수령사실과 수용보상금에 관한 협의성립을 주장하였다)을 알 수 있다. 토지수용절차에서 보상금 수령 시 사업시행자에 대한 이의유보의 의사표시는 반드시 명시적으로 하여야 하는 것은 아니므로(대법원 1989.7.25. 88다카11053 판결 참조), 위와 같이 원고가 이의재결에 따라 증액된 보상금을 수령할 당시 수용보상금의 액수를 다투어 행정소송을 제기하고 상당한 감정비용(그 이후 결정된 이의재결의 증액된 보상금을 초과하는 금액이다)을 예납하여 시가감정을 신청한 점, 원고가 수령한 이의재결의 증액 보상금은 원고가 이 사건 소장에 시가감정을 전제로 잠정적으로 기재한 최초 청구금액의 1/4에도 미치지 못하는 금액인 점, 수용보상금의 증감만을 다투는 행정소송에서 통상 시가감정 외에는 특별히 추가적인 절차비용의 지출이 요구되지는 않으므로 원고로서는 이의재결의 증액 보상금 수령 당시 이 사건 소송결과를 확인하기 위하여 더 이상의 부담되는 지출을 추가로 감수할 필요는 없는 상황이었던 점, 피고 소송대리인도 위와 같은 증액 보상금의 수령에 따른 법률적 쟁점을 제1심에서 즉시 제기하지 아니하고 그로부터 약 6개월이 경과하여 원심에서 비로소 주장하기 시작한 점 등에 비추어 보면, 이미 상당한 금액의 소송비용을 지출한 원고가 이 사건 소장에 기재한 최초 청구금액에도 훨씬 못 미치는 이의재결의 증액분을 수령한 것이 이로써 이 사건 수용보상금에 관한 다툼을 일체 종결하려는 의사는 아니라는 점은 피고도 충분히 인식하였거나 인식할 수 있었다고 봄이 상당하고, 따라서 원고는 위와 같은 소송 진행 과정과 시가감정의 비용지출 등을 통하여 이의재결의 증액 보상금에 대하여는 이 사건 소송을 통하여 확정될 정당한 수용보상금의 일부로 수령한다는 묵시적인 의사표시의 유보가 있었다고 볼 수 있다. 그럼에도 불구하고, 원심이 그 판시와 같은 사정만으로는 원고에게 이의유보의 의사표시가 있었다고 볼 수는 없다고 판단하여 이 사건 소 중 토지보상금 청구에 관한 부분을 소의 이익이 없는 부적법한 소라고 하여 각하하였는바, 이러한 원심의 판단은 토지수용보상금의 수령과정에서 이의유보의 의사표시에 관한 법리를 오해한 위법이 있고, 이러한 위법은 판결에 영향을 미쳤음이 분명하다. 따라서 원심판결을 파기하고, 사건을 다시 심리・판단하게 하기 위하여 원심법원에 환송하기로 하여 주문과 같이 판결한다.

I. 논점의 정리

II. 토지보상법상 공탁제도

1. 공탁의 의의 및 취지	사업시행자가 보상금을 관할 공탁소에 공탁함으로써 보상금 지급에 갈음하게 하는 것을 말한다. 이는 재결실효 방지, 사전보상 원칙의 실현 및 담보물권자의 권익보호에 도모에 취지가 있다.
2. 공탁의 법적 성질	판례는 수령거부 및 수령할 수 없는 때에는 <변제공탁>으로 보고, 중복압류로 지급이 중지된 경우는 <집행공탁>으로 보았다. 생각건대, 공탁은 보상금지급에 갈음하여 재결실효방지를 목적으로 하므로 변제공탁으로 봄이 타당하다.

<table>
<tr><td colspan="2">3. 공탁의 요건
(토지보상법 제40조 제2항)</td><td>보상금을 받을 자가 그 수령을 거부하거나 보상금을 수령할 수 없을 때, 사업시행자의 과실 없이 보상금을 받을 자를 알 수 없을 때, 관할 토지수용위원회가 재결한 보상금에 대하여 사업시행자가 불복할 때, 압류나 가압류에 의해 보상금의 지급이 금지되었을 때 보상금을 공탁할 수 있다.</td></tr>
<tr><td colspan="2">4. 공탁의 절차</td><td>사업시행자는 공탁의 요건 중 어느 하나에 해당하는 경우 수용 또는 사용의 개시일까지 수용하거나 사용하려는 토지 등의 소재지의 공탁소에 보상금을 공탁하여야 한다.</td></tr>
<tr><td colspan="2">5. 공탁의 효과</td><td>① 정당한 공탁의 경우 보상금지급의무를 이행한 것으로 보아 수용 또는 사용의 개시일에 목적물을 취득한다. ② 미공탁의 경우 보상금지급의무를 이행하지 못한 것으로 재결은 실효된다. ③ 하자 있는 공탁은 수용 또는 사용의 개시일까지 하자가 치유된다면 공탁의 효과가 발생한다.</td></tr>
<tr><td colspan="3">III. 공탁에 대한 이의유보</td></tr>
<tr><td colspan="2">1. 하자 있는 공탁금 수령의 효과</td><td>① 공탁금을 수령하면서 이의를 유보하는 경우에는 하자치유는 인정되지 않는다. ② 이의유보를 하지 아니한 경우 하자치유가 인정되어 보상금 수령거부의사를 철회한 것으로 본다.</td></tr>
<tr><td rowspan="2">2. 관련 판례</td><td>1) 묵시적 이의유보를 인정한 판례</td><td>판례는 ① 행정쟁송을 제기하고 상당한 감정비용을 예납하여 시가감정한 점, ② 이의재결 보상금이 청구금액의 1/4 이내에도 미치지 못한 점, ③ 사업시행자도 보상금 수령을 다툼의 종결로 보지 않은 점을 고려하여 묵시적 이의유보가 있다고 판시하였다.</td></tr>
<tr><td>2) 묵시적 이의유보를 부정한 판례</td><td>이의유보의 의사표시는 반드시 명시적으로 하여야 하는 것은 아니나 토지소유자가 공탁물을 수령할 당시 토지소유자가 제기한 이의재결에 대한 행정소송이 계속 중이었다는 사실만으로는 묵시적 이의유보의 의사표시가 있다고 볼 수 없다고 판시하였다.</td></tr>
<tr><td colspan="2">3. 사안의 해결</td><td>의사표시는 반드시 명시적으로 해야 하는 것은 아니므로 개별적 사안의 구체성에 따라 묵시적 의사표시가 있다고 볼만한 사정이 있는 경우 이를 인정함이 타당하다.</td></tr>
</table>

13 사실상 사도

한석봉 기초산업주식회사는 당초 서울 서초구 방배동에서 폐기물수집처리업을 하다가 1994.8.경 관할관청으로부터 폐기물집하장 변경허가 등을 받고 이 사건 각 토지가 있는 곳에서 폐기물처리업을 하기 시작하였는데, 위 변경허가 당시 미관지구라는 이유로 관할관청의 지시에 따라 경인고속도로변으로부터 6m 정도의 간격을 두고 펜스를 설치함으로써, 지목이 잡종지인 이 사건 각 토지는 위 펜스로 나누어져서 이 사건 도로 부분(사실상 사도인지 아닌지는 불분명한 상황임. 이하에서는 이 사건 도로로 칭하되 이 사건 도로는 아래의 사실관계와 같이 신월동 1번지, 2번지, 4번지, 5번지 등은 농로 등과 모두 연접되어 있는 것으로 추정됨)은 위 펜스 밖에 위치하게 되었다. 이 사건 도로 부분의 동쪽으로는 위 도로 부분에 이어 신월정수장 앞쪽으로 경인고속도로를 따라 비포장의 농로가 있었고 이 농로는 신월동 1번지 도로와 연결되어 있었으나, 위 농로는 폐기물운반차량이 통행하기 곤란할 정도로 좁았을 뿐만 아니라 한석봉 기초산업주식회사는 관할관청과의 협의 등에 따라 위 농로를 폐기물운반차량 통행로로 사용하지 않았다. 또 1995년이나 1996년경에는 인근주민들이 위 농로와 신월동 1번지 도로의 연결지점에 말뚝을 박아서 소형차량조차도 위 농로로 통행할 수 없게 되었다(자기의 편익을 위하여 스스로 설치한 도로인지 여부에 대한 판단 실마리).
서울특별시(사업시행자)는, 위 농로가 지나는 신월동 2번지 답 231㎡에 대해서는 그 현황이 사실상의 사도가 아니라 잡종지임을 전제로 감정평가를 하고 그에 따라 손실보상을 하였다. 한석봉 기초산업주식회사는 당초부터 이 사건 각 토지 중 위 신월정수장이 있는 동쪽이 아니라 서쪽에 있는 신월동 3번지 토지에 정문을 설치하여 서쪽의 고강교 및 미도아파트쪽 도로로 출입하였고, 그로 인하여 미도아파트 주민들이 민원을 제기하기도 하였으나 이후 그 민원을 해결함으로써 서쪽 도로로 문제없이 차량이 출입하게 되었는바, 한석봉 기초산업주식회사가 이 사건 도로 부분을 폐기물운반차량 통로로 이용할 필요는 거의 없었다. 홍길동기업이라는 폐기물처리업체가 2003년경 이 사건 각 토지 바로 동쪽에 위치한 신월동 4번지 토지에 입주하여 한석봉 기초산업주식회사의 묵인하에 이 사건 도로 부분 중 일부와 그에 연접한 신월동 5번지 도로를 차량 통행로로 사용해 왔으나, 그 외 불특정 다수의 일반 차량이 이 사건 도로 부분을 통행하거나 한석봉 기초산업주식회사가 이를 허용하였다는 자료는 없다. 한석봉 기초산업주식회사는 이 사건 도로 부분을 차량 주차용이나 재

활용품의 임시 적치장소, 그 외 펜스 중간에 난 쪽문을 통해 한석봉 기초산업주식회사 소속 차량이 우회하는 길 등으로 이용해 왔다(타인의 통행을 제한할 수 없는 도로인지 여부에 대한 판단 실마리).
위 사업시행자는 서울특별시이며, 한석봉 기초산업주식회사(위 사건 도로의 소유자임)는 위 도로 일대가 「공익사업을 위한 토지 등의 취득 및 보상에 관한 법률」(이하 '토지보상법')상 공익사업에 편입되어 수용재결을 통해 2021년 1월 6일 손실보상금 50억원을 받았다(수용의 개시일에 이의유보를 하고 보상금 수령함). 다음 물음에 답하시오. 40점

(1) 토지보상법상 사실상의 사도를 설명하고, 토지보상액 50억원에 대해 불복하고자 하는 한석봉 기초산업주식회사의 행정쟁송상 권리구제 수단을 설명하시오. 20점

(2) 공익사업을 위한 토지 등의 취득 및 보상에 관한 법률 시행규칙 제26조 제1항 제2호에 의하여 '사실상의 사도'의 부지로 보고 인근토지 평가액의 3분의 1 이내로 보상액을 평가하기 위한 요건에 대해서 설명하시오. 5점

(3) 공익사업을 위한 토지 등의 취득 및 보상에 관한 법률 시행규칙 제26조 제2항 제1호에서 규정한 '도로개설 당시의 토지소유자가 자기 토지의 편익을 위하여 스스로 설치한 도로'에 해당하는지 판단하는 기준에 대하여 설명하시오. 5점

(4) 공익사업을 위한 토지 등의 취득 및 보상에 관한 법률 시행규칙 제26조 제2항 제2호가 규정한 '토지소유자가 그 의사에 의하여 타인의 통행을 제한할 수 없는 도로'의 의미 및 그에 해당하는지 판단하는 기준에 대하여 설명하시오. 5점

(5) 위 지문의 이 사건 도로에 대한 사실관계를 토대로 설문3과 설문4에 대하여 '도로개설 당시의 토지소유자가 자기 토지의 편익을 위하여 스스로 설치한 도로'인지, '토지소유자가 그 의사에 의하여 타인의 통행을 제한할 수 없는 도로'인지 구체적으로 검토하시오. 5점

Ⅰ. 논점의 정리

1. 사실상 사도의 의의 및 취지		사실상 사도란 사도법상의 사도 외에 관할 시장 등의 허가를 받지 않고 개설하거나 형성된 사도를 말한다. 사실상 사도는 인근 토지에 비교하여 낮게 평가하는데 이는 화체이론에 근거한 정당보상에 취지가 있다.
2. 토지보상법 시행규칙 제26조 1/3 이내 평가규정의 법규성	1) 문제점	토지보상법 시행규칙 제26조에서 1/3 이내 평가규정이 대외적 구속력이 있는지 여부가 문제된다.
	2) 학설	법규명령설, 행정규칙설, 규범규체화 행정규칙설, 위헌무효설 등
	3) 관련 판례	대법원은 법령보충적 행정규칙을 행정규칙이지만 법규명령과 같은 효력을 갖는 것으로 보기도 하고, 법규명령의 성질을 갖는 것으로 보기도 한다. 헌법재판소는 법령보충적 행정규칙도 행정규칙으로 보며 법령보충적 행정규칙은 그 자체로서 직접적 대외적 구속력을 갖는 것이 아니라 상위법령과 결합하여 상위법령의 일부가 됨으로써 대외적 구속력을 가질 뿐이라고 본다.
	4) 검토	토지보상법 시행규칙 제22조가 상위법령과 결합하여 대외적 구속력이 있는 판례와 같이 토지보상법 시행규칙 제26조에서 1/3 이내 평가규정도 상위법령과 결합하여 대외적 구속력이 있는 법령보충적 행정규칙으로 보는 것이 타당하다고 생각된다.
3. 1/3 이내로 평가의 위법성	1) 관련 규정 (토지보상법 칙 제26조 제2항)	① 도로개설 당시의 토지소유자가 자기 토지의 편익을 위하여 스스로 설치한 도로, ② 토지소유자가 그 의사에 의하여 타인의 통행을 제한할 수 없는 도로, ③ 건축법에 따라 건축허가권자가 그 위치를 지정·공고한 도로, ④ 도로개설 당시의 토지소유자가 대지 또는 공장용지 등을 조성하기 위하여 설치한 도로라고 규정하고 있다.
	2) 관련 판례	판례는 도로의 개설경위, 목적, 주위환경, 인접 토지의 획지면적, 소유관계, 이용상태 등의 제반사정에 비추어 인근 토지에 비하여 낮은 가격으로 보상하여 주어도 될 만한 객관적인 사유가 인정되는 경우에만 인근 토지의 1/3 이내에서 평가하여야 한다고 판시하였다.

	(2013두21687) : 자기 토지의 편익을 위하여 스스로 설치하여 도로부지로 제공된 부분으로 인하여 나머지 부분 토지의 편익 증진 등으로 도로부지로 제공된 부분의 가치를 낮게 평가해도 전체적으로 정당보상의 원칙에 어긋나지 않는다고 볼 만한 객관적인 사유가 존재하는 것을 말한다. (2011두7007) : 타인의 통행을 제한할 수 없는 도로로서 이용상황이 고착되어 해당 토지의 표준적 이용상황으로 원상회복하는 것이 용이하지 않은 상태에 이르러야 할 것으로 단순히 해당 토지가 불특정 다수인의 통행에 장기간 제공되어 왔고 소유자가 용인하였다는 사정만으로는 사실상 사도에 해당된다고 볼 수 없다.
3) 검토	사실상 사도의 근거인 화체이론을 고려하여 단순히 현황도로라는 이유만으로는 사실상 사도라고 볼 수 없고, 구체적 사안에서 인근 토지에 비교해 낮은 가격으로 보상함이 타당한 객관적인 사유가 인정되는 경우 1/3 이내로 평가할 수 있다. or 사안 구체적 포섭

14 사업인정과 수용재결

(1) 甲은 기업도시개발계획승인에 대한 취소소송의 제소기간이 경과한 상태에서 「토지보상법」 제21조 제2항에 따른 중앙토지수용위원회 및 이해관계자의 의견청취절차를 전혀 시행하지 않은 채 기업도시개발계획승인이 발급된 것이 위법함을 이유로 수용재결 취소소송을 제기하려고 한다. 甲의 소송상 청구가 인용될 가능성에 관하여 설명하시오. 20점

(2) 갑은 수용재결 취소소송을 제기하면서, 乙이 기업도시개발계획승인 이후에 재정 상황이 악화되어 수용재결 당시에 이르러 기업도시개발사업을 수행할 능력을 상실한 상태가 되었음에도 수용재결을 한 위법이 있다고 주장한다. 甲의 소송상 청구가 인용될 가능성에 관하여 설명하시오(소송요건은 충족). 10점

(3) 중앙토지수용위원회는 보상금을 산정하면서, X토지는 그 용도지역이 제1종 일반주거지역이기는 하지만 기업도시개발사업의 시행을 위해서 제3종 일반주거지역으로 변경되지 않은 사정이 인정되므로 제3종 일반주거지역으로 변경이 이루어진 상태를 상정하여 토지가격을 평가한다고 설시하였다. 이에 대해 을은 X토지를 제1종 일반주거지역이 아닌 제3종 일반주거지역으로 평가한 것은 공법상 제한을 받는 토지에 대한 보상금 산정에 위법이 있다고 주장하면서 보상금감액청구소송을 제기하고자 한다. 乙의 소송상 청구가 인용될 수 있는 가능성에 관하여 설명하시오(단, 소송요건은 충족된 것으로 본다). 10점

〈물음 1〉

I. 논점의 정리

II. 의견청취절차 하자의 위법성 및 그 정도

1. 토지보상법 및 행정절차법상 절차 규정	1) 의견청취의 의의 및 취지	토지보상법 제21조에서는 사업인정이 있는 경우 국민의 재산권 보장 및 최소침해원칙 달성을 위해 중앙토지수용위원회 협의 및 사업인정에 이해관계가 있는 자의 의견청취절차를 규정하고 있다. 또한 동조 제2항에서는 무분별한 공익사업의 방지 및 국

		민의 재산권 보호를 위하여 별표에 규정된 법률에 따라 사업인정이 있는 것으로 의제되는 공익사업의 허가·인가·승인권자 등은 사업인정이 의제되는 지구지정 및 사업계획승인 등을 하려는 경우에도 의견청취절차를 거쳐야 함을 규정하고 있다.
	2) 관련 규정(토지보상법 제21조, 행정절차법 제22조-생략사유)	기업도시개발특별법은 별표에 규정되어 사업인정이 의제되는 사업으로, 개발계획승인 시 토지보상법을 준용한다. 이외에도 일반법상 지위인 행정절차법에서는 공행정작용 시 당사자 등 이해관계자의 의견청취(제22조)를 규정하고 있다. 따라서 사안에서 의견청취 절차를 시행하지 않은 것은 토지보상법 제21조 제2항 및 행정절차법 제22조를 위반한 절차하자에 해당한다.
2. 의견청취절차에 절차상 하자가 존재하는지		토지보상법 제21조에서는 중앙토지수용위원회와의 협의와 이해관계인의 의견청취를 반드시 하도록 규정하고 있는바, 이를 위반한 것은 법령을 위반한 절차상의 하자가 존재한다고 할 것이다.
3. 절차상 하자의 독자적 위법성 인정 여부		절차하자의 독자적 위법성 인정 여부와 관련하여 ① 적법절차의 보장 관점에서 절차하자의 독자적 위법성을 인정하여 취소·무효소송으로 다툴 수 있도록 하는 '긍정설'과 ② 절차는 수단에 불과하고, 절차하자의 치유 후 동일 처분이 가능하다는 점에서 행정경제상 독자적 위법성 인정은 불필요하다는 '부정설'이 대립한다. 판례는 일반적으로 절차하자의 독자적 위법성을 긍정하는 견해를 보이고 있다. 생각건대, 절차규정의 취지와 국민의 권익구제 측면에서 절차적 하자의 독자적 위법성을 인정하는 것이 타당하고, 행정소송법 제30조 제3항에서도 절차하자의 취소를 긍정하는바 판례의 태도는 타당하다.
4. 의견청취절차 하자의 위법성 및 그 정도		행정행위의 위법정도의 판단은 중대명백설에 의해 판단하도록 한다. 행정행위가 무효가 되기 위해서는 ① 중대한 위반으로 무효로 보는 것이 권리보호에 유리한 '중대성'과 ② 제3자 및 일반인의

		식견에서 위법함이 명백하여야 한다는 '명백성'이 동시에 충족하여야 한다. 사안의 기업도시개발계획승인 과정에서 의견청취를 하지 않은 절차적 하자는 중요 법률 내용에 반하는 것으로 중대성을 충족한다고 볼 수 있으나, 일반인의 견지에서 위법성의 판단이 명백하지 않으므로 '취소정도의 사유'에 해당한다.

III. 하자승계 가능성

1. 사업인정과 수용재결의 법적 성질	1) 사업인정	사업인정이란 공익사업을 토지 등을 수용 또는 사용할 사업으로 결정하는 것이다. 판례는 일정한 절차를 거칠 것을 조건으로 수용권을 설정하는 형성행위라고 판시한바 <처분성>을 긍정하였다.
	2) 수용재결	수용재결이란 사업시행자에게 부여된 수용권의 구체적인 내용을 결정하고 그 실행을 완성시키는 행정행위이다. 판례는 일정한 법률효과의 발생을 목적으로 하는 점에서 일반의 행정처분과 다를 바 없다고 판시하여 <처분성>을 긍정하였다.
2. 하자승계의 의의 및 취지		하자승계란 동일한 법률효과를 목적으로 하는 둘 이상의 행정행위가 연속적으로 행해지는 경우, 선행행위의 하자를 이유로 후행행위를 다툴 수 있는 것을 의미한다. 하자승계는 법적안정성과 국민의 권리구제의 조화에서 그 취지가 인정된다.
3. 하자승계의 전제요건 및 충족 여부		하자승계의 전제 요건은 ① 선·후행행위 모두 처분일 것, ② 선행행위의 하자가 취소사유일 것, ③ 후행행위가 적법할 것, ④ 선행행위에 불가쟁력이 발생할 것이 있다. 해당 사안은 이러한 하자의 승계 전제조건을 충족한 것으로 보고 논리를 전개해 나가도록 한다.
4. 하자승계의 인정범위	1) 학설	① 전통적 하자승계론은 양 행위가 결합하여 동일 효과를 목적으로 하면 하자승계를 인정하고, 별개의 효과를 목적으로 하면 부정하는 견해이다. ② 구속력론은 선행행위의 불가쟁력이 후행행위를 구속하여 하자승계를 부정하기 위해서는, 대물적·

		대인적 · 시간적 한계, 예측가능성 · 수인가능성이 요구된다고 본다.
	2) 관련 판례	판례는 대체로 전통적 하자승계론의 입장으로 양 행정행위의 동일 목적성을 요구한다. 그러나 별개의 효과를 목적으로 하는 경우라도 예측 · 수인가능성이 없다면 하자승계를 예외적으로 인정한다.
	3) 검토	생각건대, 하자승계의 판단에 있어서 전통적 견해를 따르되, 선행행정행위 위법과 후행행정행위에 대한 예측 · 수인가능성을 종합적으로 고려하여 구체적 타당성을 기하는 판례의 입장이 타당하다.
5. 하자승계 가능성	1) 동일한 법률효과 목적	전통적 하자승계론으로 검토해 볼 때, 사업인정과 수용재결은 별개의 법적 효과를 지향하기 때문에 기업도시개발승인계획 사업인정의 절차적 위법은 후행행위인 수용재결에 승계될 수 없을 것이다.
	2) 예측 및 수인가능성 (구속력 관점)	또한, 토지보상법에서는 수용재결 이후 권리구제에 관한 다양한 규정을 두어 이해관계자의 주장을 관철시킬 수 있는 다양한 방법이 존재한다. 따라서 구속력론의 입장에서 수인가능성이 없다고 보기 어려울 것이고, 여러 가지 한계를 고려하더라도 선행행위인 사업인정의 절차적 위법을 이유로 후행 수용재결 단계에서 다툴 수는 없다고 판단된다.
	3) 소결	사업인정 과정에서 토지보상법 제21조 제2항에 따른 중앙토지수용위원회 협의 및 이해관계자의 의견청취를 하지 않은 것은 취소사유의 절차적 하자에 해당하나, 사업인정과 수용재결은 별개 효과를 목적으로 하며, 예외적으로 하자를 승계할만한 사실관계도 보이지 않는바, 그 위법을 후행 수용재결 단계에서 다툴 수는 없다고 판단된다. 따라서 甲의 청구는 인용되기 어려울 것으로 생각된다.

〈물음 2〉

I. 논점의 정리

II. 甲청구의 인용가능성

1. 사업인정의 의의 및 법적 성질		사업인정이란 공익사업을 토지 등을 수용 또는 사용할 사업으로 결정하는 것이다. 판례는 일정한 절차를 거칠 것을 조건으로 수용권을 설정하는 형성행위라고 판시한바 <처분성>을 긍정하였다.
2. 사업인정의 요건	1) 토지보상법 제4조 각 호에 해당하는 공익사업일 것	사업인정을 받기 위해서는 토지보상법 제4조 각 호의 어느 하나에 해당하는 사업이어야 한다. 동법 제4조의2는 이 법에 따른 사업은 제4조 또는 별표에 규정된 법률에 따르지 아니하고는 정할 수 없고 별표는 이 법 외의 다른 법률로 개정할 수 없다고 규정하여 공익사업의 무분별한 확대를 제한하였다.
	2) 공공필요가 있을 것	재산권에 대한 공권적 침해는 공공필요에 의해서만 행해질 수 있는바 공공필요는 공용침해의 <실질적 허용요건>이자 <본질적 제약요소>이다. 공공필요는 대표적 불확정 개념으로 현대는 복리행정의 이념에 따라 공공필요의 범위가 넓어지는 경향이 있다.
	3) 비례의 원칙에 따라 공공성을 판단할 것 (2009두1051)	판례는 해당 사업이 공용수용을 할 만한 공익성이 있는지는 사업인정에 관련된 자들의 이익을 공익과 사익 사이에서는 물론 공익 상호 간 및 사익 상호 간에도 정당하게 비교·교량하여야 하고, 그 비교·교량은 비례의 원칙에 적합하여야 한다고 판시하였다.
	4) 사업시행자의 사업수행 능력과 의사(2009두1051)	해당 공익사업을 수행하여 공익을 실현할 의사나 능력이 없는 자에게 타인의 재산권을 공권력적·강제적으로 박탈할 수 있는 수용권을 설정하여 줄 수는 없으므로, 사업시행자에게 해당 공익사업을 수행할 의사와 능력이 있어야 하는 것도 사업인정의 한 요건이라고 판시하였다.
3. 수용재결의 의의 및 법적 성질		수용재결이란 사업시행자에게 부여된 수용권의 구체적인 내용을 결정하고 그 실행을 완성시키는 행

		정행위이다. 판례는 일정한 법률효과의 발생을 목적으로 하는 점에서 일반의 행정처분과 다를 바 없다고 판시하여 <처분성>을 긍정하였다.
4. 수용재결의 요건	1) 주체상 요건 (법 제49조)	재결기관은 관할 토지수용위원회이다. 국가가 사업시행자인 사업의 경우 중앙토지수용위원회가, 지방자치단체 등이 사업시행자인 사업의 경우 지방토지수용위원회가 재결기관이다.
	2) 절차상 요건	① 사업시행자는 재결기간 내 관할 토지수용위원회에 재결신청을 한다(법 제28조). ② 시장・군수・구청장은 재결신청 내용을 공고하여 일반인이 열람할 수 있도록 한다. 토지소유자 등은 열람기간 내에 의견서를 제출할 수 있다(법 제31조 제1항). ③ 토지수용위원회는 열람기간이 지나면 해당 신청에 대한 심리를 한다(법 제32조). ④ 토지수용위원회는 재결이 있기 전에 소위원회로 하여금 화해를 권고한다(법 제33조). ⑤ 토지수용위원회는 심리를 시작한 날부터 14일 이내에 재결을 한다(법 제34조, 제35조).
	3) 형식상 요건 (법 제34조 제1항)	토지수용위원회의 재결은 서면으로 한다. 재결서에는 주문 및 이유와 재결일을 적고, 위원장 등이 기명날인한 후 그 정본을 사업시행자, 토지소유자 등에게 송달하여야 한다. 효력은 송달받을 자에게 도달함으로써 발생한다.
	4) 내용상 요건 (법 제50조)	수용 또는 사용할 토지의 구역 및 사용방법, 손실의 보상, 수용 및 사용의 개시일과 기간, 그 밖에 이 법 및 다른 법률에서 정한 사항이다.
5. 사업인정의 요건이 수용재결의 내용상 요건인지	1) 관련 판례 (2009두1051)	판례는 사업인정을 받은 후 사업시행자가 해당 공익사업을 수행할 의사나 능력을 상실하였음에도 여전히 그 사업인정에 기하여 수용권을 행사하는 것은 수용권의 공익 목적에 반하는 수용권 남용에 해당한다고 판시하였다.
	2) 검토	공용수용은 헌법상의 재산권 보장의 요청상 불가피한 최소한도에 그쳐야 한다는 헌법 제23조의 근본취지에 비추어 볼 때 판례의 태도가 타당하며 해당 내용은 수용재결의 내용상 요건이라고 판단된다.

6. 사안의 해결	사안의 경우 사업인정 후 대상 토지의 취득 및 임차료 지급 등에 어려움이 있는 등 사업시행자가 해당 공익사업을 수행할 의사나 능력을 상실하였다고 볼 수 있다. 따라서 그러한 사업인정에 기하여 수용권을 행사하는 것은 수용권 남용에 해당되므로 수용권을 행사할 수 없다고 판단된다.

〈물음 3〉

I. 논점의 정리

II. 공법상 제한을 받는 토지의 평가

1. 공법상 제한을 받는 토지의 의의	공법상 제한받는 토지의 평가는 정당보상을 실현하고 용도지역 변경 등에 따른 개발이익을 배제하기 위한 규정이다.
2. 관련 규정	토지보상법 시행규칙 제23조는 공법상 제한을 받는 토지에 대하여 ① 제한받는 상태대로 평가하되, 해당 공익사업을 직접 목적으로 하여 가하여진 경우에는 제한이 없는 상태를 상정하여 평가함을 규정하고, ② 해당 공익사업의 시행을 직접 목적으로 하여 용도지역 또는 용도지구 등이 변경된 토지에 대하여는 변경되기 전의 용도지역 또는 용도지구 등을 기준으로 평가함을 규정하고 있다.
3. 관련 판례(2012두7950)	대법원 판례는 "용도지역 등이 토지의 가격형성에 미치는 영향의 중대성 및 공익사업을 위하여 취득하는 토지에 대한 보상액 산정을 위하여 토지가격을 평가할 때 일반적 계획제한에 해당하는 용도지역 등의 지정 또는 변경이라도 특정 공익사업의 시행을 위한 것이라면 해당 공익사업의 시행을 직접 목적으로 하는 제한이라고 보아야 하는 점 등을 종합적으로 고려하면, 어느 수용대상 토지에 관하여 특정 시점에서 용도지역 등의 지정 또는 변경을 하지 않은 것이 특정 공익사업의 시행을 위한 것일 경우 이는 해당 공익사업의 시행을 직접 목적으로 하는 제한이라고 보아 용도지역 등의 지정 또는 변경이 이루어진 상태를 상정하여 토지가격을 평가

		하여야 한다. 여기에서 특정 공익사업의 시행을 위하여 용도지역 등의 지정 또는 변경을 하지 않았다고 볼 수 있으려면, 토지가 특정 공익사업에 제공된다는 사정을 배제할 경우 용도지역 등의 지정 또는 변경을 하지 않은 행위가 계획재량권의 일탈·남용에 해당함이 객관적으로 명백하여야만 한다." 라고 판시하고 있다.
4. 乙청구의 인용가능성	1) 일반적 제한인지	토지보상법 시행규칙 제23조에 근거할 때, 토지 등의 보상은 일반적 계획제한은 공법상 제한을 받는 상태대로 평가하고, 개별적 계획제한은 제한받지 않는 상태대로 평가하여야 한다. 특히 해당 공익사업을 직접 목적으로 용도지역이 변경된 경우에는 변경 전 용도지역을 적용하여 개발이익을 배제하여야 하는 것이다.
	2) 해당 사업을 직접 목적으로 하는 변동인지	해당 공익사업의 시행을 직접 목적으로 용도지역을 변경하지 않은 경우에 해당 공익사업의 시행이 아니었다면 용도지역이 변경되었을 것이 객관적으로 명백하다면 용도지역이 변경된 것으로 평가되어야 한다는 판례를 기반으로 보상평가를 하여야 할 것이다.
	3) 소결	해당 공익사업으로 직접 용도지역이 변경된 경우라면 개발이익배제 차원에서 배제하여야 타당하고, 특정 공익사업의 시행을 위하여 용도지역 등의 지정 또는 변경을 하지 않았다고 볼 수 있으려면, 토지가 특정 공익사업에 제공된다는 사정을 배제할 경우 용도지역 등의 지정 또는 변경을 하지 않은 행위가 계획재량권의 일탈·남용에 해당함이 객관적으로 명백하여야만 하여야 하는바, 해당 토지에 이러한 부분들을 고려하여 판단하는 것이 타당하다고 보여진다.

15 사용재결서의 하자로 인한 사용재결의 위법

공익사업을 위한 토지 등의 취득 및 보상에 관한 법률(이하 '토지보상법')에 따라 경기도지방토지수용위원회는 2017.2.27. 피수용자 甲 소유의 분할 전 하남시 미사동 100번지 임야 46,756㎡(이하 '이 사건 토지'라 한다) 중 1,558㎡ 부분[이 부분은 나중에 하남시 미사동 100-1번지로 분할된 후 수용되었다. 이하 '이 사건 수용대상 토지'라 한다]과 이 사건 토지 중 3,603㎡ 부분(이하 '이 사건 사용대상 토지'라 한다)에 관하여 이 사건 재결을 하였다. 이 사건 경기도지방토지수용위원회 재결의 주문에는 '이 사건 사업을 위하여 원고 소유의 별지 기재 토지를 수용하도록 하고, 별지 기재 물건을 이전하게 하며, 손실보상금은 628,449,600원으로 한다. 수용개시일은 2017.4.13.으로 한다.'라고만 기재되어 있고, 이유에는 '이 사건 사업에 편입되는 별지 기재 토지 등의 취득을 위하여 소유자와 협의를 하였으나, 보상금 저렴 등의 사유로 협의가 성립되지 아니하여 재결신청에 이르렀다. 본 건 재결신청은 위 규정에 의한 적법한 재결신청으로 사업시행자는 별지 기재 토지 등을 수용할 수 있는 권한이 인정된다.'라고 기재되어 있다. 이 사건 재결서의 별지 목록(토지)에는 이 사건 수용대상 토지에 관한 보상금액을 324,843,000원(단가 208,500원), 이 사건 사용대상 토지에 관한 보상금액을 202,488,600원(단가 56,200원)으로 정한다는 내용과 그 각 면적만이 기재되어 있을 뿐이다(출처 : 대법원 2019.6.13. 선고 2018두42641 판결[수용재결취소등]). 다음 물음에 답하시오. 20점

(1) 위 경기도토지수용위원회가 토지에 관하여 사용재결을 하는 경우, 재결서에 사용할 토지의 위치와 면적, 권리자, 손실보상액, 사용 개시일 외에 사용방법, 사용기간을 구체적으로 특정하여야 하는지 여부를 설명하시오. 5점

(2) 위 경기도토지수용위원회가 피수용자 甲 소유의 토지 중 일부는 수용하고 일부는 사용하는 재결을 하면서 재결서에는 수용대상 토지 외에 사용대상 토지에 관해서도 '수용'한다고만 기재한 사안에서, 위 재결 중 사용대싱 도지에 관한 부분은 토지보상법 제50조 제1항에서 정한 사용재결의 기재사항에 관한 요건을 갖추지 못한 흠이 있음에도 사용재결로서 적법하다고 볼 수 있는지 검토하시오. 15점

I. 논점의 정리

II. 물음 1

1. 공용사용의 의의	사업시행자가 타인의 재산권 위에 공법상 사용권을 취득하고 상대방은 그 사용을 수인할 의무를 지는 내용의 공용제한을 말한다.
2. 관련 판례	판례는 관할 토지수용위원회가 토지에 관하여 사용재결을 하는 경우에는 재결서에 사용할 토지의 위치와 면적, 권리자, 손실보상액, 사용 개시일 외에도 사용방법, 사용기간을 구체적으로 특정하여야 한다고 판시하였다.
3. 사안의 해결	재결은 원활한 사업시행을 통한 공공복리의 증진뿐만 아니라 명확한 재결서를 통하여 피수용자의 적정한 재산권을 보호하는 데도 목적이 있으므로 재결서에는 사용할 토지에 대한 사항을 구체적으로 특정함이 타당하다.

III. 물음 2

1. 관련 규정 (토지보상법 제50조)		토지보상법 제50조 제1항은 토지수용위원회의 재결사항을 수용하거나 사용할 토지의 구역 및 사용방법, 손실보상, 수용 또는 사용의 개시일과 기간, 그 밖에 이 법 및 다른 법률에서 규정한 사항으로 규정하고 있다.
2. 관련 판례		판례는 재결로 인하여 토지소유자가 제한받는 권리의 구체적인 내용이나 범위 등을 알 수 없어 이에 관한 다툼을 방지하기도 어려운 점 등을 종합하면 토지보상법 제50조 제1항에서 정한 사용재결의 기재사항에 요건을 갖추지 못한 사용재결은 위법이 있다고 판시하였다.
3. 사용 재결의 위법성	1) 위법성	재결서가 불명확할 경우 피수용자가 받게 되는 제한의 정도와 침해되는 권리의 내용과 범위 등을 알 수 없어 권리구제가 제대로 이루어질 수 없으므로 기재사항에 관한 요건을 갖추지 못한 재결서의 하자는 사용재결의 위법을 구성한다고 판단된다.
	2) 위법의 정도	학설은 내용의 중대함, 외관상 명백함을 기준으로 하는 <중대명백설>이 다수설이다. 판례는 그 법규의 목적, 의미, 기능 등을 목적론적으로 고찰함과 동시에 구체적인 사안 자체의 특수성에 관하여도 합리적으로 고찰하여야 한다고 판시하였다. 사안의 경우 중대명백설에 따라 <무효>에 해당한다고 판단된다.

16 손실보상요건_특별한 희생 및 보상규정 흠결 검토

공익사업을 위한 토지 등의 취득 및 보상에 관한 법률에 따라 공용수용으로 국민의 재산권을 취득하게 되면 손실보상을 해야 한다. 따라서 피수용자의 토지 등의 재산권이 손실보상을 받기 위해서는 손실보상의 요건이 충족되어야 한다. 손실보상 요건 중에서 특별한 희생이 무엇인지, 그리고 보상규정이 흠결되었을 때 손실보상이 가능한지 여부에 대하여 논술하시오. 20점

I. 논점의 정리

II. 손실보상요건

1. 손실보상의 요건		공공필요에 따른 적법한 공권력의 행사일 것, 개인의 재산권에 특별한 희생이 발생하였을 것, 보상규정이 존재할 것을 요건으로 한다. 사안은 적법하게 시행된 공익사업에 따른 손실인바, 이하 특별한 희생 및 보상규정에 관하여 검토한다.
2. 특별한 희생 여부	1) 의의	타인과 비교하여 불균형하게 과하여진 권익의 박탈, 사회적 제약을 넘어서는 손실을 말한다. 재산권 행사의 공공복리 적합 의무로서 사회적 제약은 보상의 대상이 되지 아니하는 데 구별의 실익이 있다.
	2) 학설	재산권에 대한 침해가 일반적인지 개별적인지를 기준으로 판단하는 <형식적 기준설>, 재산권 침해의 본질과 강도를 기준으로 판단하는 <실질적 기준설>, 양자를 절충한 <절충설> 등이 있다.
	3) 관련 판례	대법원은 개발제한구역 내 토지에 대한 공용제한에 대하여 "개발제한구역 안에 있는 토지소유자의 불이익은 명백하지만 이로 인한 토지소유자의 불이익은 공공복리를 위하여 감수하지 아니하면 안 될 정도의 것"이라 하여 특별한 희생은 아니라고 판시하였다.
	4) 검토	생각건대, 형식적 기준설과 실질적 기준설은 일면 타당성을 지니므로 양설을 종합적으로 고려함이 타당하다.

3. 보상규정 흠결 시 보상 가능성	1) 문제점	헌법 제23조 제3항에 법률에 따라 정당한 보상을 하도록 규정하고 있으나, 법률에 구체적인 보상규정이 없는 경우에 이를 어떻게 해결할 것인가의 문제가 보상규정 결여 논의 내지 보상규정 흠결 시 보상가능성(헌법 제23조 제3항의 효력) 논의이다.
	2) 학설	헌법 제23조 제3항을 불가분조항으로 보아 보상규정이 없는 경우 위헌으로 국가배상소송으로 해결해야 한다는 <위헌무효설>, 헌법 제23조 제3항을 직접근거로 손실보상을 받을 수 있다는 <직접효력설>, 헌법 제23조 제3항의 규범적 효력을 부인하는 <방침규정설> 등이 있다.
	3) 관련 판례	판례는 (구)토지수용법하에서 간접손실보상 명문규정이 없더라도 그 손해가 발생하리라는 것을 쉽게 예견할 수 있고 손실의 범위도 구체적으로 특정할 수 있는 경우 관련 규정을 유추적용하여 손실 보상할 수 있다고 보아 '유추적용설'의 입장이다.
	4) 검토	생각건대, 공익사업의 시행 및 결과로 발생하는 손실을 모두 규정하는 것은 한계가 있음을 고려하여 명문의 보상규정이 없더라도 판례의 태도에 따라 관계법령의 유추적용을 통해 보상할 수 있다고 봄이 타당하다.

17 손실보상의 기준 및 원칙

(1) 헌법상 정당보상의 의미에 대하여 설명하시오. 10점

(2) 「공익사업을 위한 토지 등의 취득 및 보상에 관한 법률」상 보상기준 및 원칙에 대하여 설명하시오. 20점

I. 논점의 정리

II. 헌법상 정당보상의 의미

1. 헌법 제23조 제3항	공공필요에 의한 토지 등의 수용, 사용 또는 제한 및 이에 대한 보상은 법률로써 하되 정당한 보상을 하여야 한다고 규정하고 있다.
2. 학설	피침해재산의 객관적 가치와 부대적 손실까지 보상해야 한다는 <완전보상설>, 사회통념상 타당하다고 인정되는 경우 하회하여 보상할 수 있다는 <상당보상설>, 완전보상을 요하는 경우와 상당보상을 요하는 경우로 나누는 <절충설>이 있다.
3. 관련 판례	① 헌법재판소는 정당보상이란 보상의 시기 및 방법에 대하여 어떠한 제한도 없어야 한다고 판시하였다. ② 대법원은 정당한 보상이란 피수용재산의 객관적인 재산가치를 완전하게 보상하여야 한다고 판시하였다.
4. 검토	생각건대, 헌법상 보장되는 재산권 보호의 원리에 따라 피수용자의 객관적 가치를 완전하게 보상함은 물론 대물적 손상만으로는 보상되지 않는 부분에 대한 생활보상을 지향함이 타당하다.

III. 토지보상법상 보상기준 및 원칙

1. 토지보상법상 손실보상기준	1) 시가보상 (토지보상법 제67조 제1항)	보상액의 산정은 협의에 의한 경우에는 협의성립 당시의 가격을, 재결에 의한 경우에는 재결 당시의 가격을 기준으로 하는 것을 말한다. 개발이익배제, 보상액의 공평화에 취지가 있다.

	2) 개발이익 배제 (토지보상법 제67조 제2항)	개발이익이란 공익사업의 공고·고시 또는 시행 및 토지이용계획의 변경, 기타 사회경제적 요인에 의하여 정상지가 상승분을 초과하여 개발사업의 시행자 또는 토지소유자에게 귀속되는 증가분이다. 개발이익배제란 개발이익을 배제하는 것을 말한다.
	3) 공시지가 기준보상 (토지보상법 제70조)	협의 또는 재결에 의해 취득하는 토지에 대해서는 부동산공시법상 공시지가를 기준으로 하여 보상하는 것을 말한다. 개발이익 배제에 취지가 있다.
	4) 생활보상의 지향	생활보상이란 공익사업의 시행으로 생활의 근거를 상실하게 되는 피수용자의 생활재건을 위한 보상이다. 최근 재산권 자체에 대한 보상뿐만 아니라 그에 대한 존속보장의 일환으로 생활보상이 강조되고 있다.
2. 토지보상법상 손실보상의 원칙	1) 사업시행자 보상 원칙	공익사업의 시행으로 인하여 토지소유자 등이 입은 손실은 사업시행자가 보상하여야 한다는 원칙이다. 이에 관하여 손실보상의 주체는 사업시행자수용권설에 따라 사업시행자로 봄이 타당하다.
	2) 사전보상 원칙	사업시행자는 해당 공익사업을 위한 공사에 착수하기 이전에 토지소유자와 관계인에게 보상액 전액을 지급하여야 한다. 다만 천재지변 시 토지 사용, 시급한 토지 사용, 토지소유자 및 관계인의 승낙이 있는 경우 예외로 한다.
	3) 현금보상 원칙	손실보상은 다른 법률에 특별한 규정이 있는 경우를 제외하고는 현금으로 지급하여야 한다. 현금보상은 자유로운 유통보장과 객관적인 가치변동이 적어 완전보상실현이 가능함에 취지가 있다.
	4) 개인별보상 원칙	손실보상은 토지소유자 및 관계인에게 개인별로 한다. 다만 개인별로 보상액을 산정할 수 없는 때는 예외로 한다.
	5) 일괄보상 원칙	동일한 사업지역 안에 보상 시기를 달리하는 동일인 소유의 토지 등이 여러 개 있는 경우 토지소유자 또는 관계인의 요구가 있을 때는 일괄하여 보상금을 지급하여야 한다.
	6) 사업시행 이익과 상계금지 원칙	동일한 소유자에게 속하는 일단의 토지 일부를 취득하거나 사용하는 경우 해당 공익사업의 시행으로 인하여 잔여지의 가격이 증가하거나 그 밖의 이익이 발생하여도 그 이익을 손실과 상계할 수 없다.

7) 시가보상 원칙	보상액의 산정은 협의에 의한 경우에는 협의성립 당시의 가격을, 재결에 의한 경우에는 수용 또는 사용의 재결 당시의 가격을 기준으로 하는 것을 말한다.
8) 개발이익 배제 원칙	해당 공익사업으로 인하여 토지 등의 가격에 변동이 있는 때에는 이를 고려하지 않는다. 즉, 토지소유자의 노력과 상관없는 정상지가의 초과상승분 중 해당 사업에 의한 것은 배제한다.
9) 복수평가 원칙	토지 등의 보상액을 산정하려는 경우에는 감정평가법인 등 3인을 선정하여 토지 등의 평가를 의뢰하여야 한다. 다만 사업시행자가 국토교통부령으로 정하는 기준에 따라 직접 보상액을 산정할 수 있는 때는 예외로 한다.

18 수용재결의 요건 및 공물의 수용가능성

"공용수용은 공익사업을 위하여 특정의 재산권을 법률에 의하여 강제적으로 취득하는 것을 내용으로 하므로 그 공익사업을 위한 필요가 있어야 하고, 그 필요가 있는지에 대하여는 수용에 따른 상대방의 재산권침해를 정당화할 만한 공익의 존재가 쌍방의 이익의 비교형량을 하여야 한다."라고 대법원 판례는 적시하고 있으며, 공익사업을 위한 토지 등의 취득 및 보상에 관한 법률(이하 '토지보상법')은 공용수용행정에 있어서 토지 등의 취득과 손실보상 등에 대하여 헌법 제23조의 취지에 부합하도록 일반법적 지위를 가지고 있다. 골프연습장 공익사업을 하겠다고 나섰던 사업시행자 甲(민간사업시행자임)은 사업인정을 받아 공익사업을 진행 중에 중간에 골프연습장 토지도 취득을 못하고 임차료도 제대로 못내는 등 공익사업 수행능력과 의사를 상실하여 사업진행이 파탄지경에 이르게 되었다. 이에 반해 풍납토성 보전을 위한 사업인정을 받은 사업시행자 乙(송파구청장)은 지방자치단체로 정부보조금이나 지방채를 발행하면 지방문화재 보전을 위한 공익사업을 충분히 할 수 있다고 믿고 있다. 다음 물음에 답하시오. 40점

(1) 사업인정기관이 토지보상법상의 사업인정을 하기 위한 요건을 설명하시오. 15점
(출처 : 대법원 2011.1.27. 선고 2009두1051 판결 [토지수용재결처분취소])

(2) 사업시행자가 사업인정을 받은 후 그 사업이 공용수용을 할 만한 공익성을 상실하거나 사업인정에 관련된 자들의 이익이 현저히 비례의 원칙에 어긋나게 된 경우 또는 사업시행자가 해당 공익사업을 수행할 의사나 능력을 상실한 경우, 그 사업인정에 터잡아 수용권을 행사할 수 있는지 여부를 검토하시오. 15점
(출처 : 대법원 2011.1.27. 선고 2009두1051 판결 [토지수용재결처분취소])

(3) 국가지정문화재에 대하여 관리단체로 지정된 지방자치단체의 장(송파구청장)이 문화재보호법 제83조 제1항 및 공익사업을 위한 토지 등의 취득 및 보상에 관한 법률에 따라 국가지정문화재나 그 보호구역에 있는 토지 등을 수용할 수 있는지 여부를 검토하시오. 10점
(출처 : 대법원 2019.2.28. 선고 2017두71031 판결 [사업인정고시취소])

I. 논점의 정리

II. 물음 1

<table>
<tr><td colspan="2">1. 사업인정의 법적 성질</td><td>사업인정이란 공익사업을 토지 등을 수용 또는 사용할 사업으로 결정하는 것이다. 판례는 일정한 절차를 거칠 것을 조건으로 수용권을 설정하는 형성행위라고 판시한바 <처분성>을 긍정하였다.</td></tr>
<tr><td rowspan="4">2. 사업인정의 요건</td><td>1) 토지보상법 제4조 각 호에 해당하는 공익사업일 것</td><td>토지보상법 제4조는 이 법에 따라 토지 등을 취득하거나 사용할 수 있는 사업은 제4조 각 호의 어느 하나에 해당하는 사업이어야 한다고 규정한다. 동법 제4조의2에서 토지 등의 수용・사용에 관한 특례의 제한을 통해 공익사업의 무분별한 확대를 제한하였다.</td></tr>
<tr><td>2) 공공필요가 있을 것</td><td>재산권에 대한 공권적 침해는 공공필요에 의해서만 행해질 수 있는바 공공필요는 공용침해의 <실질적 허용요건>이자 <본질적 제약요소>이다. 공공필요는 대표적 불확정 개념으로 현대는 복리행정의 이념에 따라 공공필요의 범위가 넓어지는 경향이 있다.</td></tr>
<tr><td>3) 비례의 원칙에 따라 공공성을 판단할 것</td><td>판례는 해당 사업이 공용수용을 할 만한 공익성이 있는지는 사업인정에 관련된 자들의 이익을 공익과 사익 사이에서는 물론 공익 상호 간 및 사익 상호 간에도 정당하게 비교・교량하여야 하고, 그 비교・교량은 비례의 원칙에 적합하여야 한다고 판시하였다.</td></tr>
<tr><td>4) 사업시행자의 공익사업 수행능력과 의사</td><td>해당 공익사업을 수행하여 공익을 실현할 의사나 능력이 없는 자에게 타인의 재산권을 공권력적・강제적으로 박탈할 수 있는 수용권을 설정하여 줄 수는 없으므로, 사업시행자에게 해당 공익사업을 수행할 의사와 능력이 있어야 하는 것도 사업인정의 한 요건이라고 판시하였다.</td></tr>
</table>

III. 물음 2

1. 수용재결의 의의 및 법적 성질	수용재결이란 사업시행자에게 부여된 수용권의 구체적인 내용을 결정하고 그 실행을 완성시키는 행정행위이다. 판례는 일정한 법률효과의 발생을 목

		적으로 하는 점에서 일반의 행정처분과 다를 바 없다고 판시하여 <처분성>을 긍정하였다.
2. 수용재결의 요건	1) 주체상 요건	일반적으로 재결기관은 지방토지수용위원회이다. 예외적으로 사업시행자가 국가 및 지자체인 경우, 수용·사용할 토지가 둘 이상의 관할구역에 걸친 경우, 다른 법률의 규정이 있는 경우 중앙토지수용위원회가 재결기관이 된다.
	2) 절차상 요건	사업시행자가 신청을 하면 관할 토지수용위원회는 신청내용을 공고하여 일반인이 열람할 수 있도록 하고, 열람기간이 지나면 해당 신청에 대한 심리를 하되 재결을 하기 전에 화해를 권고할 수 있다. 토지수용위원회는 심리를 시작한 날부터 14일 이내에 재결을 하여야 한다.
	3) 형식상 요건	재결은 서면에 의하여야 하며 주문과 그 이유를 제시하고 재결서 정본을 사업시행자와 토지소유자 및 관계인에게 송달하여야 한다.
	4) 내용상 요건	토지수용위원회의 재결사항은 ① 수용·사용할 토지의 구역 및 사용방법, ② 손실의 보상, ③ 수용·사용의 개시일과 기간, ④ 그 밖에 이 법 및 다른 법률에서 정한 사항이다.
3. 사업인정의 요건이 수용재결의 내용상 요건인지	1) 관련 판례 (2009두1051)	판례는 사업인정을 받은 후 그 사업이 공용수용을 할 만한 공익성을 상실하거나 사업인정에 관련된 자들의 이익이 현저히 비례의 원칙에 어긋나게 된 경우 또는 사업시행자가 해당 공익사업을 수행할 의사나 능력을 상실하였음에도 여전히 그 사업인정에 기하여 수용권을 행사하는 것은 수용권의 공익 목적에 반하는 수용권 남용에 해당되어 허용되지 않는다고 판시하였다.
	2) 검토	공용수용은 헌법상의 재산권 보장의 요청상 불가피한 최소한도에 그쳐야 한다는 헌법 제23조의 근본취지에 비추어 볼 때 판례의 태도가 타당하며 해당 내용은 수용재결의 내용상 요건이라고 판단된다.

IV. 물음 3

1. 관련 규정		토지보상법 제19조 제2항은 공익사업에 수용되거나 사용되고 있는 토지 등은 특별히 필요한 경우가 아니면 다른 공익사업을 위하여 수용하거나 사용할 수 없다고 규정하고 있다.
2. 학설		공물을 사용하고 있는 기존의 사업의 공익성보다 해당 공물을 수용하고자 하는 사업의 공익성이 큰 경우에 용도폐지 선행 없이도 해당 공물에 대한 수용이 가능하다는 <긍정설>, 공물은 이미 공적목적에 제공되고 있기 때문에 용도폐지가 선행되어야 한다는 <부정설>이 대립한다.
3. 관련 판례 (2017두71031)		문화재보호법에 해당 문화재의 지정권자만이 토지 등을 수용할 수 있다는 등의 제한을 두고 있지 않으므로 관리단체인 지방자치단체의 장도 국가지정문화재나 그 보호구역에 있는 토지 등을 수용할 수 있다고 판시하였다.
4. 특별한 필요의 판단 기준	1) 비례의 원칙	토지보상법 제19조 제2항에 따른 '특별한 필요'는 <비례의 원칙>을 통하여 판단한다. 비례의 원칙이란 행정목적과 행정수단 사이에는 합리적인 비례관계가 있어야 한다는 원칙이다.
	2) 검토	사안의 경우 해당 수용이 문화재보호에 적합한 수단인지(적합성의 원칙), 최소침해의 수단인지(필요성의 원칙), 새로운 사업으로 달성되는 공익과 국가지정문화재로서의 공익 간의 형량이 정당한지(상당성의 원칙)에 대한 판단으로 특별한 필요 여부를 판단한다.
5. 사안의 해결		공물의 수용가능성을 일률적으로 부정하는 것은 토지보상법 제19조 제2항의 해석상 타당하지 않다. 따라서 특별한 필요가 있는 경우 공물도 수용 가능하며 이에 관한 판단은 공익 간 이익형량에 대한 비례의 원칙이 적용된다.

19 수용재결의 효력 & 사업폐지로 인한 손실에 대한 보상

공익사업을 위한 토지 등의 취득 및 보상에 관한 법률(이하 '토지보상법')상 익산-장수 간 고속도로건설 공익 사업시행으로 인하여 이 사건 수용대상토지가 수용된 이후 남게 되는 전북 완주군 소양면 황운리 306 전 448㎡, 같은 리 306-2 전 345㎡, 같은 리 306-3 전 479㎡(이하 '이 사건 잔여지'라고만 한다)에서 종래의 토지사용목적인 여관신축을 할 수 없게 되었고, 이 사건 수용재결 이전에 잔여지 매수청구를 하였으므로, 사업시행자 乙은 피수용자 甲에게 이 사건 잔여지 매수청구로 인한 보상금 48,336,000원(= 1,272㎡ × 38,000원)을 지급하여야 한다고 주장하고 있다. 또한 여관신축을 위한 부지조성비용, 설계비 등 보상청구에 대하여 피수용자 甲은 이 사건 수용대상토지 및 잔여지에 여관신축을 하기 위하여 부지를 조성하였는데, 암발파 및 운반비용으로 366,020,000원, 진입로 개설비용으로 36,223,000원, 옹벽공사비용 93,346,000원, 가차선공사비용으로 77,022,000원, 토목설계비용으로 27,500,000원, 건축설계비용으로 85,448,000원, 토지형질변경비용으로 7,538,150원을 각 지출하였으므로, 사업시행자 乙에게 위 비용을 보상하여야 한다고 주장하고 있다. 사업시행자 乙은 협의가 잘 진행되지 않아 관할 토지수용위원회에 수용재결을 진행하고자 한다(출처 : 광주고등법원 2007.12.14. 선고 2007누80 판결 [토지수용이의재결처분취소등])(대법원 2010.8.19. 선고 2008두822 판결). 다음 물음에 답하시오. 30점

(1) 토지보상법상 수용재결의 법적 성질과 효과를 설명하시오. 5점

(2) 토지보상법 시행규칙상 사업폐지에 대한 비용보상이 가능한지 여부에 대하여 해당 규정 및 판례를 통해 검토하시오. 5점

(3) 토지보상법상 비용보상에 대한 불만으로 이의신청을 하고자 한다. 토지보상법상 이의신청에 대하여 검토하시오. 5점

(4) 토지보상법상 사업폐지에 대한 불복으로 행정소송을 제기하고자 한다. 사업폐지 비용보상인 손실보상금에 대한 불복에 대하여 판례를 중심으로 검토하시오. 15점

I. 논점의 정리

II. 물음 1

1. 수용재결의 의의 및 취지	수용재결이란 사업시행자에게 부여된 수용권의 구체적인 내용을 결정하고 그 실행을 완성시키는 형성적 행위이다. 수용의 최종단계에서 공·사익 조화를 도모하여 수용목적을 달성함에 취지가 있다.
2. 수용재결의 법적 성질	판례는 일정한 법률목적의 달성을 목표로 하므로 일반 행정행위와 다를바 없다고 보아 <처분성>을 긍정하였다. 재결신청이 요건을 충족하면 관할 토지수용위원회는 재결을 하여야 하므로 <기속성>이 인정되고 보상금에 대한 증액재결이 가능하므로 <재량성>이 인정된다. 또한 <복효적 제3자효 행위>이며 <공법상 대리행위>이다.
3. 수용재결의 효과	① 수용재결 시에는 손실보상청구권, 담보물권자의 물상대위권, 토지소유자 등의 인도이전의무, 위험부담이전의 효과가 발생하고, ② 수용의 개시일에는 목적물의 원시취득, 대행 및 대집행권, 환매권의 효과가 발생한다.

III. 물음 2

1. 관련 규정 (토지보상법 칙 제57조)	공익사업의 시행으로 인하여 건축물의 건축을 위한 건축허가 등 관계법령에 의한 절차를 진행 중이던 사업 등이 폐지·변경 또는 중지되는 경우 그 사업 등에 소요된 법정수수료 그 밖의 비용 등의 손실을 보상하여야 한다.
2. 관련 판례 (2008두822)	판례는 잔여지에 지출된 부지조성비용은 그 토지의 가치를 증대시킨 한도 내에서 잔여지의 감소로 인한 손실보상액을 산정할 때 반영되는 것일 뿐 별도의 보상대상이 아니라고 판시하였다.
3. 검토	甲이 대상 토지에 대하여 지출한 비용은 토지의 가치를 증대시킨 한도 내에서 잔여지의 가격 감소로 인한 손실보상액을 산정하는 때 반영된다고 봄이 타당하다. 따라서 사안은 잔여지 매수청구를 하였으므로 해당 비용은 별도의 보상대상에 해당한다고 판단되지 않는다.

IV. 물음 3

1. 이의신청의 의의	이의신청이란 관할 토지수용위원회의 위법 또는 부당한 재결에 대하여 불복이 있는 경우 토지소유자 및 사업시행자가 중앙토지수용위원회에 이의를 신청하는 것이다.
2. 이의신청의 법적 성질	행정심판법 제51조에 행정심판 재청구가 금지되는바 논의의 실익이 있다. 판례는 토지보상법 제83조에 따른 이의신청을 <특별법상 행정심판>으로 보았다. 생각건대, 일반행정심판과 심판기관 및 절차가 다른 점 등을 고려하여 특별법상 행정심판으로 봄이 타당하다.
3. 이의신청의 요건 및 효과	사업시행자 및 토지소유자는 재결서 정본을 받은 날부터 30일 이내에 처분청을 경유하여 중앙토지수용위원회에 이의를 신청할 수 있다. 토지보상법 제88조에 따라 이의신청은 사업의 진행 및 토지의 사용·수용을 정지시키지 아니한다.
4. 이의재결의 효력	① 중앙토지수용위원회는 그 재결의 전부 또는 일부를 취소하거나 보상액을 변경할 수 있고 ② 보상금 증액재결 시 사업시행자는 재결서 정본을 받은 날부터 30일 이내에 증액된 보상금을 지급하여야 한다. ③ 이의재결이 확정된 경우 민사소송법상 확정판결이 있는 것으로 보고 재결서 정본은 판결의 정본과 동일한 효력을 갖는다.

V. 물음 4

1. 보상금증감청구 소송의 의의 및 취지	보상금증감청구소송은 보상금에 대한 직접적인 이해당사자인 사업시행자와 토지소유자 등이 보상금의 증감을 소송의 제기를 통해 직접 다툴 수 있도록 하는 당사자소송이다. 보상금에 대한 분쟁의 일회적 해결에 취지가 있다.
2. 보상금증감청구 소송의 법적 성질	보상금증감청구소송은 실질적으로 처분 등의 효력을 다투면서 처분청을 피고로 하지 않고 법률관계의 일방 당사자를 피고로 하여 제기하는 <형식적 당사자소송>이고, 보상액을 확인하고 그 이행을 명하므로 <확인·급부소송>이다.

3. 보상금 증감청구 소송의 특수성	1) 소송의 대상	보상금증감청구소송의 소송의 대상은 법률관계이다(구체적으로는 손실보상금이다).
	2) 제소기간	사업시행자, 토지소유자 또는 관계인은 제34조에 따른 재결에 불복할 때에는 재결서를 받은 날부터 90일 이내에, 이

	의신청을 거쳤을 때에는 이의신청에 대한 재결서를 받은 날부터 60일 이내에 각각 행정소송을 제기할 수 있다. 이 경우 사업시행자는 행정소송을 제기하기 전에 제84조에 따라 늘어난 보상금을 공탁하여야 하며, 보상금을 받을 자는 공탁된 보상금을 소송이 종결될 때까지 수령할 수 없다.
3) 심리범위	하나의 재결에서 피보상자별로 여러 가지의 토지, 물건, 권리 또는 영업(이처럼 손실보상대상에 해당하는지, 나아가 그 보상금액이 얼마인지를 심리·판단하는 기초 단위를 이하 '보상항목'이라고 한다)의 손실에 관하여 심리·판단이 이루어졌을 때, 피보상자 또는 사업시행자가 반드시 재결 전부에 관하여 불복하여야 하는 것은 아니며, 여러 보상항목들 중 일부에 관해서만 불복하는 경우에는 그 부분에 관해서만 개별적으로 불복의 사유를 주장하여 행정소송을 제기할 수 있다. 이러한 보상금증감소송에서 법원의 심판범위는 하나의 재결 내에서 소송당사자가 구체적으로 불복신청을 한 보상항목들로 제한된다. 법원이 구체적인 불복신청이 있는 보상항목들에 관해서 감정을 실시하는 등 심리한 결과, 재결에서 정한 보상금액이 일부 보상항목의 경우 과소하고 다른 보상항목의 경우 과다한 것으로 판명되었다면, 법원은 보상항목 상호 간의 유용을 허용하여 항목별로 과다 부분과 과소 부분을 합산하여 보상금의 합계액을 정당한 보상금으로 결정할 수 있다. 피보상자가 당초 여러 보상항목들에 관해 불복하여 보상금증액청구소송을 제기하였으나, 그중 일부 보상항목에 관해 법원에서 실시한 감정 결과 그 평가액이 재결에서 정한 보상금액보다 적게 나온 경우에는, 피보상자는 해당 보상항목에 관해 불복신청이 이유 없음을 자인하는 진술을 하거나 단순히 불복신청을 철회함으로써 해당 보상항목을 법원의 심판범위에서 제외하여 달라는 소송상 의사표시를 할 수 있다(대법원 2018.5.15. 선고 2017두41221 판결 [손실보상금증액등]).
4) 취소소송과의 병합 가능성	현행 민사소송법에서 주관적 예비적 병합을 인정하고 있으므로 수용재결에 대한 취소소송을 주된 소송으로 하여 보상금증감청구소송을 예비적으로 병합할 수 있다.

4. 사업폐지로 인한 손실보상의 권리구제	1) 관련 판례 (2010다23210)	판례는 공익사업으로 인한 사업폐지 등으로 손실을 입게 된 자는 토지보상법 제34조, 제50조 등에 규정된 재결절차를 거친 다음 재결에 대하여 불복이 있을 때에 비로소 토지보상법 제83조 내지 제85조에 따라 권리구제를 받을 수 있다고 보아야 한다고 판시하였다.
	2) 검토	사업폐지로 인한 손실보상청구권은 공법상 권리이므로 행정소송에 의하여 권리구제를 받아야 한다. 이러한 청구권은 결과적으로 보상액의 불복을 대상으로 하므로 재결절차를 거친 후 보상금증감청구소송으로 다툼이 타당하다.

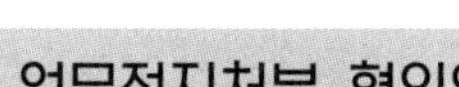

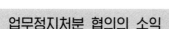

20 업무정지처분 협의의 소익

감정평가법인등 甲은 감정평가 및 감정평가사에 관한 법률 제25조 성실의무를 위반하였음을 이유로 국토교통부장관으로부터 2개월의 업무정지처분을 받았다. 이에 감정평가법인등 甲은 처분의 효력발생일로부터 2개월이 경과한 후 제소기간 내에 국토교통부장관을 상대로 업무정지처분 취소소송을 제기하였다. 다음 물음에 답하시오. 30점 (단, 감정평가 및 감정평가사에 관한 법률 시행령 제29조 별표 3은 업무정지처분을 받은 감정평가법인등에 대해 1차, 2차, 3차 반복하여 위반행위를 하는 경우 가중하여 제재처분을 할 수 있도록 규정하고 있음)

(1) 감정평가법인등 甲에게 협의의 소익(권리보호의 필요)이 있는지의 여부를 판례의 태도에 비추어 검토하시오. 15점

(2) 감정평가 및 감정평가사에 관한 법률 제25조 성실의무에 대하여 1차 위반을 한 경우에는 견책 정도가 적당한 것인데, 2개월의 업무정지처분은 과도하다는 감정평가법인등 甲의 주장에 대하여 행정기본법상 비례의 원칙과 신뢰보호의 원칙을 통해 검토하시오. 15점

Ⅰ. 논점의 정리

Ⅱ. 물음 1

1. 협의의 소익의 의의 및 취지 (행정소송법 제12조)	협의의 소익이란 본안판결을 받을 현실적 필요성을 말한다. 협의의 소익은 원고적격과 함께 남소 방지와 충실한 본안심사를 통해 소송경제를 도모함에 취지가 있다.
2. 원고적격과 구별	학설은 행정소송법 제12조 전・후문 모두 원고적격으로 보는 견해, 전문은 원고적격으로 후문은 협의소익으로 구분하는 견해가 있다. 생각건대, '회복되는 법률상 이익'이라고 명문으로 규정하고 있으므로 구분함이 타당하다.
3. 회복되는 법률상 이익의 범위	학설은 근거 법률 등 법적 보호가치가 인정되는 범위라는 <소극설>, 명예・신용 등을 포함한다는 <적극설>, 문화적 이익까지 포함한다는 <정당한 이익설>이 있다. 판례는 근거 법률에 의한 직접적, 구체적 이익만을 의미

		한다고 판시하였다. 소남용의 방지 및 권리구제의 조화의 측면에서 개별적, 직접적, 구체적 이익에 한하여 인정함이 타당하다.
4. 취소소송에서 협의의 소익 인정 범위		① 처분의 효력이 소멸한 경우, ② 원상회복이 불가능한 경우, ③ 처분 후의 사정에 의해 이익침해가 해소된 경우, ④ 보다 간이한 구제방법이 있는 경우 협의의 소익이 부정된다.
5. 가중처벌 관련 협의의 소익 논의	1) 문제점	해당 처분이 장래의 제재적 처분의 가중요건 또는 전제요건이 되는 경우 제재기간이 지나 효력이 소멸하였더라도 소의 이익이 인정되는지 문제된다. 이하 판례를 중심으로 검토한다.
	2) 종전 판례의 태도	처분의 근거가 되는 법규명령의 법규성이 인정되는 대통령령의 경우에는 협의의 소익을 인정하였고, 법규성이 인정되지 않는 부령의 경우 협의의 소익을 부정하였다.
	3) 최근 판례의 태도	다수의견은 법규성 여부에 상관없이 ① 행정청이 이를 준수할 의무가 있고 ② 그 규칙에 정해진 바에 따라 행정작용을 할 것이 당연히 예견되고 ③ 처분의 결과 상대방에게 구체적이고 현실적인 장래의 불이익이 존재하는 경우 회복될 법률상 이익이 있다고 보았다. 다만 별개의견은 부령인 제재적 처분기준의 법규성을 인정하는 이론적 기초 위에 그 법률상 이익을 긍정하는 것이 법리적으로 합당하다고 보았다.
	4) 검토	해당 처분에 근거하여 향후 가중처분으로 인한 법률상 불이익의 가능성이 존재하는 경우 예외적으로 그 처분의 취소소송을 통하여 그러한 불이익을 제거할 법률상 이익이 남아있다고 봄이 타당하다.
6. 사안의 해결		사안의 경우 甲이 입은 불이익은 향후 감정평가법 시행령 제29조 별표 3이 규정하는 바에 따라 가중처벌의 근거가 되므로 업무정지기간이 경과하였더라도 해당 처분을 취소함으로써 얻게 되는 법률상 이익이 남아있다고 판단된다. 따라서 협의의 소익이 인정되며 이는 별표 3의 법규성을 인정하는 이론적 기초 위에 법률상 이익을 긍정함이 타당하다.

21 영업손실보상

5일장 영업자들이 1990년경 이 사건 장터가 개설된 이래 5일장 점주로부터 각 해당 점유 부분을 전차하여 앵글과 천막 구조의 가설물을 축조하고 그 내부에 냉장고, 주방용품, 가스통, 탁자, 의자 등을 구비한 후, 영업신고를 하지 않은 채 모란장날인 매달 4일, 9일, 14일, 19일, 24일, 29일에 정기적으로 국수와 순댓국, 생고기, 생선회 등을 판매하는 음식점 영업을 하여온 사실이 있다. 즉 5일장 영업자들은 1990년경부터 이 사건 장터에서 토지를 임차하여 앵글과 천막 구조의 가설물을 축조하고 매달 4일, 9일, 14일, 19일, 24일, 29일에 정기적으로 각 해당 점포를 운영하여 왔고, 영업종료 후 가설물과 냉장고 등 주방용품을 철거하거나 이동하지 아니한 채 그곳에 계속 고정하여 사용·관리하여 왔던 점, 5일장 영업자들은 장날의 전날에는 음식을 준비하고 장날 당일에는 종일 장사를 하며 그 다음날에는 뒷정리를 하는 등 5일 중 3일 정도는 이 사건 영업에 전력을 다하였다. 공익사업을 위한 토지 등의 취득 및 보상에 관한 법률(이하 '토지보상법') 시행규칙 제47조는 '영업의 휴업 등에 대한 손실의 평가'에 대하여 규정하고 있고, 시행규칙 제52조 제1항 본문은 "사업인정고시일 등 전부터 허가 등을 받아야 행할 수 있는 영업을 허가 등이 없이 행하여 온 자가 공익사업의 시행으로 인하여 해당 장소에서 영업을 계속할 수 없게 된 경우에는 제45조 제2호의 규정에 불구하고 제54조 제2항 본문의 규정에 의하여 산정한 금액을 영업손실에 대한 보상금으로 지급하여야 한다."고 규정하고 있으며, 시행규칙 제52조 제2항은 "제1항 본문의 규정에 의한 보상금은 제47조의 규정에 의하여 평가한 금액을 초과하지 못한다."고 규정하고 있다. 5일장 영업자들은 영업손실보상을 해주어야 한다고 주장하고 있고, 사업시행자는 만약 보상을 하더라도 5일 중 하루만 영업을 한 경우이어서 보상금도 1/5로 주어야 한다고 주장하고 있다(출처 : 대법원 2012.3.15. 2010두26513 판결[토지수용재결처분취소]). 해당 5일장 영업자들에게 영업손실보상을 주어야 하는지 여부를 검토하시오. 10점

I. 논점의 정리

II. 관련 행정작용의 개관

1. 영업손실보상의 의의 및 성격		공익사업의 시행으로 인하여 영업을 폐지하거나 휴업함에 따른 영업손실에 대하여 영업이익과 시설의 이전비용 등에 대하여 보상하는 것을 말한다. 이는 합리적 기대이익의 상실에 대한 보상이므로 일실손실보상이며 생활보상의 성격을 갖는다.
2. 영업손실 보상 요건	1) 일반적인 요건 (토지보상법 칙 제45조)	사업인정고시일 등 전부터 적법한 장소에서 인적·물적 시설을 갖추고 계속적으로 행하고 있는 영업으로서 관계법령에 허가 등이 필요한 경우 해당 공익사업의 사업인정고시일 등 이전 적법하게 허가 등을 받아 그 내용대로 행하고 있는 영업이어야 한다.
	2) 무허가건축물에서의 임차인 영업	임차인이 사업인정고시일 등 1년 이전부터 부가가치세법에 따른 사업자등록을 하고 행하고 있는 영업은 영업손실보상의 대상에 해당한다. 다만, 보상액은 이전비 등을 제외한 비용 1천만원을 한도로 하여 이전비 등을 더한 금액으로 한다.
	3) 무허가영업 손실보상 특례 (토지보상법 칙 제52조)	사업인정고시일 등 전부터 적법한 장소에서 행한 무허가영업의 경우 3인 도시근로자가구 3개월분 가계지출비에 해당하는 금액 및 이전비 등을 더한 금액으로 보상한다.

III. 각 당사자 주장의 타당성

1. 영업자 주장의 타당성	1) 관련 판례	판례는 5일장 영업손실보상과 관련하여 ① 정기적으로 해당 점포를 운영하여 왔고 ② 시설물을 철거하거나 이동하지 않은 채 그곳에 계속 고정하고 사용·관리하여 왔던 점, ③ 5일 중 3일은 해당 영업에 전력을 다하였다고 보이는 점 등을 비추어볼 때 상행위의 지속성, 시설물 등의 고정성이 인정되므로 토지보상법상 영업손실보상의 대상인 영업에 해당한다고 판시하였다.

<table>
<tr><td></td><td>2) 검토</td><td>사안은 1990년부터 토지를 임차하여 가설물을 축조하고 정기적으로 해당 점포를 운영하여 왔다는 점, 가설물을 고정하여 사용·관리하여 왔던 점, 5일 중 3일 정도는 영업에 전력을 다한 점을 고려하여 토지보상법상 영업손실보상의 대상이 되는 영업이라고 판단함이 타당하다.</td></tr>
<tr><td rowspan="2">2. 사업시행자 주장의 타당성</td><td>1) 관련 판례</td><td>판례는 5일 중 1일만 영업을 하였으므로 그 보상금 액수도 법령에서 정한 금액의 5분의 1이 되어야 한다는 피고의 주장에 대하여 그와 같이 감액할 수 있는 법령상 근거가 없다는 이유로 이를 배척하는 판결을 하였다.</td></tr>
<tr><td>2) 검토</td><td>헌법 제23조 제3항에 따라 손실보상은 법률에 따라 행해져야 하므로 5일 중 1일만 영업을 하였다는 이유만으로 법령에서 정한 금액의 5분의 1이 되어야 하는 주장은 법령상 근거가 없는 주장이므로 타당하지 않다고 판단된다.</td></tr>
</table>

22 잔여지 가치하락에 관한 보상

국토교통부장관은 2008.3.28. 국토교통부고시 제2008-14호로 사업시행자를 제이서해안고속도로 주식회사(사업시행)와 한국도로공사(용지보상)로 정하여 평택시 청북면 고잔리부터 시흥시 월곶동까지 42.6km 구간의 고속국도 153호선(이하 '이 사건 고속국도'라 한다)을 개설하는 평택~시흥 고속도로 민간투자사업(이하 '이 사건 사업'이라 한다) 실시계획을 고시하였다. 그 후 국토교통부장관은 2009.6.26. 국토교통부고시 제2009-399호로 이 사건 사업에 편입되는 토지의 세목을 고시하였다. 피수용자 甲 등 12명은 화성시 일대에 토지를 소유하고 있었는데, 위 토지세목 고시에 따라 이 사건 토지 중 보상내역표의 편입 지번, 면적란 기재 부분(이하 '이 사건 편입 토지'라 한다)이 이 사건 사업에 편입되었다. 피수용자 甲 등 12명들은 2008.11.4.부터 2011.6.21.까지 사이에 보상내역표 중 협의취득일란 기재 일자에 한국도로공사 등과 이 사건 편입 토지에 관하여 공익사업을 위한 토지 등의 취득 및 보상에 관한 법률(이하 '토지보상법')상 공공용지의 보상협의 절차를 마친 다음 보상내역표 중 등기일란 기재 일자에 대한민국 앞으로 소유권이전등기를 이전하였다. 제이서해안고속도로 주식회사는 2013.3.25. 이 사건 사업을 완료한 후 준공검사를 마쳤다. 피수용자들은 2014.3.14. 피고에게 이 사건 토지 중 위와 같이 편입되지 않고 남아 있는 부분인 보상내역표 중 잔여지 지번 및 면적란 기재 각 토지(이하 '이 사건 잔여지'라 한다)에 대하여 가격의 감소가 발생하였다는 이유로 이에 대한 보상을 청구하는 내용증명우편을 발송하였다. 이에 한국도로공사는 2014.3.24. 피수용자들에게 이 사건 잔여지의 가격이 감소하지 않았다는 이유로 보상이 불가하다고 회신하였다. 피수용자들은, 사업시행자 한국도로공사가 이 사건 잔여지에 대한 보상협의를 거부하자 2014.5.8. 중앙토지수용위원회에 보상재결을 신청하였다. 그러나 중앙토지수용위원회는 2015.5.21. 이 사건 토지 중 이 사건 편입 토지 부분이 협의취득되었다고 하더라도 이 사건 잔여지의 가치가 하락하였다고 인정하기 어렵다는 이유로 피수용자들의 손실보상청구를 기각하는 재결을 하였다. 다음 물음에 답하시오. 10점 (서울행정법원 2016.7.29. 선고 2015구합67885 판결[잔여지가치하락 손실보상금청구])

(1) 토지보상법상 잔여지 가치하락 손실에 대하여 설명하시오. 5점

(2) 토지보상법상 잔여지 가치하락 손실에 대한 불복에 대하여 검토하시오. 5점

Ⅰ. 잔여지 가치하락 손실의 개념		
1. 잔여지 가치하락에 대한 손실보상청구의 의의 및 취지		잔여지 가치하락 손실이란 동일한 소유자에게 속하는 일단의 토지의 일부가 취득되거나 사용됨으로 인하여 잔여지의 가격이 감소하거나 공사가 필요한 때 그 손실이나 공사비용을 보상하는 것을 말한다. 재산권에 대한 정당보상을 실현함에 취지가 있다.
2. 잔여지 가치하락 손실보상청구권의 법적 성질		공익사업의 시행 등 적법한 공권력의 행사에 의한 재산상 특별한 희생에 대하여 전체적인 공평부담의 견지에서 공익사업의 주체가 행하는 손실보상의 일종으로 <공법상 권리>이다.
3. 손실보상의 범위	1) 관련 규정 (토지보상법 제73조 제1항)	사업시행자는 동일한 소유자에 속하는 일단의 토지의 일부가 취득되거나 사용됨으로 인하여 잔여지의 가격이 감소하거나 그 밖의 손실이 있는 때에는 그 손실이나 공사의 비용을 보상하여야 한다. 손실의 보상은 사업완료일로부터 1년이 지난 후에는 청구할 수 없다.
	2) 관련 판례 (2010두23149)	판례는 보상하여야 할·손실에는 ① 가격형성요인이 변동됨에 따라 발생하는 손실뿐만 아니라 ② 형태, 구조, 사용 등에 기인하여 발생하는 손실과 ③ 수용재결 당시 현실적 이용상황의 변경 외 사용가치 및 교환가치상의 하락 모두 포함한다고 판시하였다.
	3) 접도구역 지정으로 인한 손실 포함 여부(2017두40860)	판례는 그 손실이 토지의 일부가 공익사업에 취득되거나 사용됨으로 인하여 발생하는 것이 아니라면 특별한 사정이 없는 한 토지보상법 제73조에 따른 잔여지 손실보상 대상에 해당한다고 볼 수 없다고 판시하였다.

4. 손실보상 청구 절차	1) 관련 규정 (법 제73조 제2항)	손실의 보상은 사업완료일로부터 1년이 지난 후에는 청구할 수 없고 토지보상법 제9조 제5항, 제6항을 준용한다. 따라서 사업시행자와 손실을 입은 자가 협의하여 결정하되, 협의가 성립되지 아니하면 사업시행자나 손실을 입은 자는 관할 토지수용위원회에 재결을 신청할 수 있다.
	2) 재결전치주의 여부(2006두19495)	판례는 토지보상법 제34조, 제50조 등에 규정된 재결절차를 거친 다음 그 재결에 대하여 불복이 있을 때에 비로소 동법 제83조 내지 제85조에 따라 권리구제 받을 수 있을 뿐 이러한 재결절차를 거치지 않은 채 곧바로 사업시행자를 상대로 손실보상을 청구하는 것은 허용되지 않는다고 판시하였다.

II. 물음 2

잔여지 수용청구 거부 시 권리구제 절차와 동일

23 주거이전비

A도 도지사 甲은 도내의 심각한 주차난을 해결하기 위하여 A도내 B시 일대 40,000m²(이하 '이 사건 공익사업구역'이라 함)를 공영주차장으로 사용하고자 사업계획을 수립하고 「공익사업을 위한 토지 등의 취득 및 보상에 관한 법률」(이하 '토지보상법'이라 함)에 따른 절차를 거쳐, 국토교통부장관의 사업인정을 받고 이를 고시하였다. 이후 甲은 이 사건 공익사업구역 내 주택세입자 乙 등이 이 사건 공익사업이 시행되는 동안 임시로 거주할 수 있도록 B시에 임대아파트를 건립하여 세입자에게 제공하는 등 이주대책을 수립·시행하였다. 한편, 乙은 「공익사업을 위한 토지 등의 취득 및 보상에 관한 법률」(이하 '토지보상법'이라 함) 제54조 제2항에 해당하는 세입자이다. 다음 물음에 답하시오. 20점

(1) 토지보상법상 주거이전비에 대하여 설명하시오. 5점

(2) 세입자 乙은 토지보상법 시행규칙에 따른 주거이전비를 받을 수 있는 권리를 포기한다는 취지의 '임대아파트 입주에 따른 주거이전비 포기각서'를 甲에게 제출하고 위 임대아파트에 입주하였지만, 이후 관련 법령이 임대아파트와 같은 임시수용시설 등을 제공받는 자를 주거이전비 지급대상에서 배제하지 않고 있는 점을 알게 되었다. 이에 乙은 포기각서를 무시하고 토지보상법 시행규칙상의 주거이전비를 청구하였다. 乙의 주거이전비 청구의 인용 여부에 관하여 검토하시오. 15점

Ⅰ. 논점의 정리

Ⅱ. 물음 1

1. 주거이전비의 의의 및 취지	공익사업의 시행으로 주거용 건축물이 공익사업에 편입되어 생활의 근거를 상실한 자에 대하여 주거이전에 필요한 비용을 보상하는 것을 말한다. 이는 생활보상의 일환으로 국가의 정책적 배려에 그 취지가 인정된다.
2. 주거이전비의 법적 성질	주거이전비의 법적 성질에 관하여 공권인지 사권인지 견해가 대립한다. 판례는 사회보장적인 차원에서 지급되는 금원의 성격을 가지므로 주거이전비 보상청구권을 공법

		상의 권리로 판시하였다. 공법상 침해에 기인하여 발생하는 권리인바 공권으로 보는 것이 타당하다.
3. 주거이전비 요건 (칙 제54조)	1) 소유자	가구원수에 따라 2개월분의 주거이전비를 보상하여야 한다. 다만, 건축물의 소유자가 해당 건축물 또는 공익사업시행지구 내 타인의 건축물에 실제 거주하고 있지 아니하거나 해당 건축물이 무허가건축물 등인 경우 그러하지 아니한다.
	2) 세입자	사업인정고시일 등 당시 또는 공익사업을 위한 관계법령에 의한 고시 등이 있은 당시 해당 공익사업시행지구 안에서 3개월 이상 거주한 자에 대하여는 가구원수에 따라 4개월분의 주거이전비를 보상해야 한다.
	3) 무허가 건축물의 세입자	사업인정고시일 등 당시 또는 공익사업을 위한 관계법령에 의한 고시 등이 있은 당시 그 공익사업지구 안에서 1년 이상 거주한 세입자에 대하여는 본문에 따라 4개월분의 주거이전비를 보상해야 한다.
4. 주거이전비 산정방법		토지보상법 시행규칙 제54조 제1항 및 제2항에 따른 주거이전비는 「통계법」 제3조 제3호에 따른 통계작성기관이 조사・발표하는 가계조사통계의 도시근로자가구의 가구원수별 월평균 명목 가계지출비(이하 이 항에서 "월평균 가계지출비"라 한다)를 기준으로 산정한다. 이 경우 가구원수가 5인 이상인 경우에는 다음 각 호의 구분에 따른 금액을 기준으로 산정한다. <개정 2023.4.17.> 1. 가구원수가 5인인 경우: 5인 이상 기준의 월평균 가계지출비에 해당하는 금액. 다만, 4인 기준의 월평균 가계지출비가 5인 이상 기준의 월평균 가계지출비를 초과하는 경우에는 4인 기준의 월평균 가계지출비에 해당하는 금액으로 한다. 2. 가구원수가 6인 이상인 경우: 다음 산식에 따라 산정한 금액 제1호에 따른 금액 + {5인을 초과하는 가구원수 × [(제1호에 따른 금액 − 2인 기준의 월평균 가계지출비) ÷ 3]}

III. 물음 2

1. 포기각서의 효과	1) 관련 판례	사업시행자의 세입자에 대한 주거이전비 지급의무를 정하고 있는 토지보상법 칙 제54조 제2항은 당사자 합의 또는 사업시행자 재량에 의하여 적용을 배제할 수 없는 강행규정이라고 판시하였다.
	2) 검토	토지보상법 시행규칙 제54조 명문상 '보상하여야 한다.'고 규정하고 있고, 관련 판례를 종합적으로 고려하여 토지보상법 시행규칙 제54조는 강행규정으로 봄이 타당한바, 주거이전비 포기각서는 강행규정 위반으로 <무효>이다.
2. 乙의 주거 이전비 청구의 인용 가능성	1) 주거이전비 요건 충족 여부	乙은 해당 공익사업시행지구 내 세입자이다. 사안은 구체적인 사실관계가 주어지지 아니하였으나, 乙이 적법한 건축물에서 사업인정고시일 등 이전부터 3개월 이상 또는 무허가건축물에서 1년 이상 거주하였다고 보아 주거이전비 지급 대상자에 해당한다고 판단된다.
	2) 주거이전비 청구의 인용 여부	乙이 임대아파트에 입주함과 동시에 주거이전비를 받을 수 있는 권리를 포기한다는 취지의 포기각서는 토지보상법 시행규칙 제54조 강행규정을 위반한 것으로 무효에 해당한다. 따라서 주거이전비 지급 대상자인 乙의 주거이전비 청구는 인용될 것이다.
	3) 사업시행자 거부 시 권리구제 수단	주거이전비 청구권의 법적 성질이 공법상 권리이므로 재결 이전에는 행정소송법에 따른 공법상 당사자소송을 제기할 수 있다. 재결 이후에는 토지보상법 제85조 제2항에 따른 보상금증감청구소송을 제기할 수 있고, 주거이전비 외의 내용을 다투는 경우 동조 제1항의 취소소송을 제기할 수 있다.

24 토지 등 취득절차

공익사업을 함에 있어서 토지 등의 공정한 취득절차는 절차적 정당성 측면에서 매우 중요하다. 공익사업을 위한 토지 등의 취득 및 보상에 관한 법률상 사업인정 전 협의 취득절차와 사업인정 후 취득 절차를 설명하시오. 10점

I. 공익사업을 위한 토지 등의 취득절차

1. 사업인정 전 취득절차	1) 토지·물건의 조서 작성 및 보상계획의 공고·열람	사업시행자는 공익사업의 시행을 위해 토지·물건조서를 작성하여 토지소유자 등의 서명 또는 날인을 받아야 한다. 관할 토지수용위원회는 보상계획을 공고하고 토지소유자 등은 협의 완료 전까지 토지·물건조서의 내용에 이의가 있는 경우 서면으로 이의를 제기할 수 있다.
	2) 사업인정 전 협의	사업시행자는 토지 등에 대한 보상에 관하여 30일 이상의 협의기간을 두고 토지소유자 및 관계인과 성실하게 협의하여야 한다. 사업시행자는 협의가 성립된 경우 토지소유자 및 관계인과 계약을 체결하여야 한다.
2. 사업인정 후 취득절차	1) 사업인정	사업인정이란 공익사업을 토지 등을 수용하거나 사용할 사업으로 결정하는 것을 말한다. 사업인정이 고시되면 그 날부터 효력이 발생하여 토지수용권의 발생 및 수용 목적물의 확정, 관계인의 범위제한 등의 효과가 발생한다.
	2) 토지·물건의 조서 작성 및 사업인정 후 협의	사업인정고시 후 사업시행자에게 토지 및 물건 조사권이 부여되며 토지에 출입하여 측량조사를 할 수 있다. 해당 조서를 바탕으로 사업시행자와 토지소유자 등은 협의를 할 수 있으며 사업인정 전 동일한 물건에 대해 협의가 있었던 경우 조서작성 및 협의를 생략할 수 있다.
	3) 재결	재결이란 공용수용의 종국적 절차로서 사업시행자에게 부여된 수용권의 구체적인 내용을 결정하고 그 실행을 완성시키는 형성처분이다. 수용의 최종단계에서 공·사익 조화를 도모하여 수용목적을 달성함에 취지가 있다.

25 토지의 보상평가기준

(1) 토지보상법 제70조상 일반적인 토지보상기준과 토지보상법 제67조 제2항에서 규정하고 있는 개발이익배제기준에 대하여 설명하시오. 10점

(2) 토지보상법상 공법상 제한받는 토지의 보상평가 기준과 무허가 · 불법형질변경 토지보상평가기준에 대하여 설명하시오. 10점

I. 논점의 정리

II. 물음 1

1. 일반적인 토지보상 기준	1) 공시지가 기준보상 (토지보상법 제70조 제1항)	협의 또는 재결에 의해 취득하는 토지에 대해서는 부동산공시법상 공시지가를 기준으로 하여 보상하는 것을 말한다. 개발이익배제에 취지가 있다.
	2) 적용공시지가 선택 (토지보상법 제70조 제5항)	사업인정 전 협의취득 시 가격시점 이전 최근 공시지가를, 사업인정 후 취득 시 사업인정고시일 이전 최근 공시지가를 선택하되 공익사업시행이 공고 · 고시됨으로 인하여 취득하여야 할 토지의 가격이 변동되었다고 인정되는 경우에는 공고고시일 이전 최근 공시지가로 한다.
	3) 시점수정 (토지보상법 시행령 제37조)	비교표준지가 속한 시 · 군 · 구의 용도지역별 지가변동률 및 생산자물가지수를 기준으로 한다. 다만 해당 사업으로 해당 지역의 지가변동률에 변동이 있는 경우 해당 사업과 무관한 인근지역의 용도지역별 지가변동률을 적용해야 한다.
	4) 그 밖의 요인 보정	토지보상법상 그 밖의 요인 보정에 관한 명문규정이 없어 문제된다. 판례는 인근유사토지의 정상거래사례가 있고 그 거래가격이 정상적인 것으로서 적정한 보상액 평가에 영향을 미칠 수 있는 것임이 입증된 경우에는 이를 참작할 수 있다고 판시하였다.

2. 개발이익 배제 기준	1) 개발이익 배제의 의의	개발이익이란 공익사업의 공고·고시 또는 시행 및 토지 이용계획의 변경, 기타 사회경제적 요인에 의하여 정상지가 상승분을 초과하여 개발사업의 시행자 또는 토지소유자에게 귀속되는 증가분이다. 토지보상법 제67조 제2항은 해당 사업으로 인한 개발이익배제를 원칙으로 규정한다.
	2) 배제되는 개발이익의 범위	판례는 해당 공익사업의 시행을 직접 목적으로 하는 계획의 승인, 고시로 인한 가격변동은 이를 고려함이 없이 재결 당시의 가격을 기준으로 하여 적정가격을 정하여야 하고 해당 공익사업과 관계없는 사업의 개발이익은 이를 포함한 가격으로 평가한다고 판시하였다.
	3) 개발이익 배제의 정당성	판례는 공익사업으로 인한 개발이익은 해당 사업의 시행에 의하여 비로소 발생하는 것이어서 대상토지의 객관적인 가치에 포함될 수는 없는 것이므로 이를 배제하고 손실보상을 한다 해도 정당보상의 원리에 위반되지 않는다고 판시하였다.
	4) 검토	생각건대, 개발이익은 공공전체에 귀속되어야 할 이익인바 이를 배제하는 규정은 정당보상에 합치한다고 판단된다. 다만 사업시행지 밖 토지소유자 등과의 형평성 문제가 발생하므로 관련 규정의 개정 등 입법적 방법으로 이를 개선할 필요성이 있다.

III. 물음 2

1. 공법상 제한받는 토지의 평가기준	1) 의의	개별법령에 따라 토지의 각종 이용규제나 제한을 받는 토지를 말한다.
	2) 관련 규정 (토지보상법 칙 제23조)	① 공법상 제한을 받는 토지에 대하여는 제한받는 상태대로 평가한다. 다만, 그 공법상 제한이 해당 공익사업의 시행을 직접 목적으로 하여 가하여진 경우에는 제한이 없는 상태를 상정하여 평가한다. ② 해당 공익사업의 시행을 직접 목적으로 하여 용도지역 또는 용도지구 등이 변경된 토지에 대하여는 변경되기 전의 용도지역 또는 용도지구 등을 기준으로 평가한다.
	3) 일반적 제한과	일반적 제한이란 그 자체로 목적이 완성되고 별도의 구체적인 사업의 시행이 필요하지 않은 제한이다. 개별적

	개별적 제한	제한이란 별도의 구체적인 사업시행이 필요한 제한이다. 일반적 제한은 제한을 받는 상태로, 개별적 제한은 제한을 받지 아니한 상태로 평가한다.
	4) 용도지역의 미변경	판례는 수용대상 토지의 용도지역을 지정 또는 변경하지 않은 것이 특정 공익사업의 시행을 위한 것일 경우 이는 해당 공익사업의 시행을 직접 목적으로 하는 제한이라고 보아 용도지역 등의 지정 또는 변경이 이루어진 상태를 상정하여 토지가격을 평가하여야 한다고 판시하였다.
2. 무허가건축물 등 부지 평가기준	1) 무허가건축물 등의 의의	무허가건축물 등의 부지란 건축법 등 관계법령에 의하여 허가를 받거나 신고를 하고 건축 또는 용도변경을 하여야 하는 건축물을 허가를 받지 아니하거나 신고를 하지 아니하고 건축 또는 용도변경한 건축물 부지를 말한다.
	2) 평가기준 (규칙 제24조)	① 1989.1.24. 이전 건축된 무허가건축물은 적법한 건축물로 보아 현황을 기준으로 평가한다. ② 1989.1.24 이후에 건축된 무허가건축물은 건축된 당시 이용상황을 상정하여 평가한다. 다만 당시의 이용상황을 알 수 없는 경우 공부상 지목을 기준으로 평가한다.
	3) 부지의 범위	부지면적은 건축물의 바닥면적만을 대지로 인정하는 것을 원칙으로 하되 현황측량결과를 통해 객관적으로 인정된 대지면적을 기준으로 할 수 있다. 다만, 해당 면적은 국토계획법에 따른 건폐율을 적용하여 산정한 면적을 초과할 수 없다.
3. 불법형질변경토지 평가기준	1) 불법형질변경토지의 의미	불법형질변경토지란 국토계획법 등 관계법령에 의하여 허가를 받거나 신고를 하고 형질변경을 하여야 하는 토지를 허가를 받지 아니하거나 신고를 하지 아니하고 형질변경한 토지를 말한다.
	2) 평가기준 (규칙 제24조)	형질변경 당시의 이용상황을 상정하여 평가한다. 다만, 95.1.7 이전 공익사업시행지구에 편입된 경우는 현황평가한다.
	3) 공부상 지목과의 관계	판례는 단순히 공부상 지목과 이용상황이 다르다는 사정만으로 불법형질변경토지라고 볼 수 없고 관련 규정에 따른 허가 · 신고 등을 하여야 할 의무가 있는데도 이를 행하지 않고 형질변경을 한 토지를 말한다고 판시하였다.

26 표준지공시지가_인근주민원고적격 및 표준지조사평가지침 법규성

서울특별시는 甲과 乙이 소유하고 있는 토지가 속한 동작구 일대에 공원을 조성하기 위하여 甲과 乙의 토지를 수용하려고 한다. 한편 乙의 토지가 표준지로 선정되어 표준지공시지가가 공시되었는데, 乙의 토지 인근에 토지를 보유하고 있는 甲은 乙의 토지의 표준지공시지가 산정이 국토교통부 훈령인 "표준지의 선정 및 관리지침"에 위배되었다는 것을 알게 되었다. 국토교통부 훈령인 "표준지의 선정 및 관리지침"은 부동산가격공시에 관한 법률 및 동법 시행령에 위임을 받아 제정된 훈령이다. 인근 토지소유자 甲은 보상이 이루어지는 경우에 해당 표준지공시지가가 직접적으로 본인 토지의 표준지로 선정되어 보상에서 영향을 미칠 것을 우려하여 취소소송을 제기하고자 한다. 다음 물음에 답하시오. 20점

(1) 취소소송을 제기하려고 하는 경우에 인근 토지소유자 甲에게 법률상 이익이 있는지 검토하시오. 10점

(2) 국토교통부 훈령인 "표준지의 선정 및 관리지침"의 법적 성격이 무엇이며, 해당 표준지공시지가 산정이 본 훈령을 위반한 경우에 위법한 것인지 여부에 대하여 검토하시오. 10점

Ⅰ. 논점의 정리

1. 표준지공시지가의 의의	표준지공시지가란 부동산공시법이 정한 절차에 따라 국토교통부장관이 조사·평가하여 공시한 표준지의 단위면적당 가격이다. 부동산의 적정한 가격형성과 조세 및 부담금 부과의 형평성에 취지가 있다.
2. 법적 성질	학설은 <행정계획설>, <행정규칙설>, <행정행위설>이 있으며 판례는 표준지공시지가결정이 위법한 경우에는 그 자체를 행정소송의 대상이 되는 행정처분으로 보아 그 위법 여부를 다툴 수 있다고 판시하였다. 국민의 권리·의무에 직접적인 영향을 미치므로 처분성을 인정함이 타당하다.

II. 물음 1

1. 원고적격의 의의 및 취지 (행정소송법 제12조)	원고적격이란 소송을 제기할 수 있는 자격을 말한다. 행정소송법 제12조 제1문은 '취소소송은 처분 등의 취소를 구할 법률상 이익이 있는 자'라고 규정하고 있다. 이는 남소방지와 충실한 본안심사를 도모함에 취지가 있다.
2. 법률상 이익의 의미	학설은 <권리구제설>, <법률상 이익구제설>, <보호가치이익구제설>, <적법성 보장설>이 있다. 판례는 해당 처분의 근거 법규 및 관련 법규로 보호되는 개별적, 직접적, 구체적 이익이라고 보았다. 생각건대 항고소송의 주된 기능을 권익구제로 보는 점에서 법률상 이익구제설이 타당하다.
3. 법률의 범위	학설은 처분의 근거규정이라는 견해, 관계규정까지 확대하는 견해, 헌법상 기본권까지 고려하는 견해가 대립한다. 판례는 해당 처분의 근거법규뿐만 아니라 관계법규까지 법의 범위를 확장하였다. 국민의 권리구제 및 소송경제 조화를 고려하여 관계법규까지 확대함이 타당하다.
4. 인근 토지소유자의 원고적격	판례는 환경영향평가대상지역 밖의 주민들에게 전과 비교하여 수인한도를 넘는 환경침해가 있고, 그러한 침해를 입증할 수 있는 경우 인근 주민의 법률상 이익을 긍정할 수 있다고 판시하였다.
5. 사안의 해결	인근 토지소유자 甲에게 원고적격이 있는지는 甲에게 표준지공시지가결정의 위법으로 인하여 수인한도를 넘는 침해가 있으며 그러한 침해를 입증할 수 있는 경우 행정소송법 제12조에 따른 법률상 이익이 있다고 할 수 있다.

III. 물음 2

1. 표준지공시지가 결정의 의의 및 법적 성질		표준지공시지가란 부동산공시법이 정한 절차에 따라 국토교통부장관이 조사·평가하여 공시한 표준지의 단위면적당 적정가격이다. 판례는 표준지공시지가결정이 위법한 경우에는 그 자체를 행정소송의 대상이 되는 <처분>으로 보아 그 위법 여부를 다툴 수 있다고 판시하였다.
	1) 문제점	표준지선정관리지침은 부동산공시법 시행령 제2조 제2항의 위임에 따라 표준지의 선정 및 관리 등에 관한 구체적인

2. 표준지 선정관리 지침의 법적 성질 cf 표준지 조사평가 지침 : 영 제6조 제3항 위임		기준을 정하므로 실질은 법규명령이나 형식은 훈령인바 법령보충적 행정규칙으로 법규성이 문제된다.
	2) 학설	형식을 기준으로 판단하는 <행정규칙설>, 실질을 기준으로 판단하는 <법규명령설>, 상위규범을 구체화하는 행정규칙이라는 <규범구체화 행정규칙설>, 법률에 근거한 형식이 아니면 위헌이라는 <위헌무효설>이 있다.
	3) 관련 판례 최근 판례 (2003두1684)	국토교통부 훈령인 토지가격비준표와 관련한 판례에서 토지가격비준표는 법률보충적인 구실을 하는 법규적 성질을 가지고 있는 것으로 보아야 한다고 판시하여 법규성을 긍정하였다.
	4) 소결	상위법령의 내용을 보충하여 대외적 효력이 인정되는 이상, 해당 규정의 내용이 위임법령의 위임한계를 벗어났다는 등 특별한 사정이 없으면 법규명령으로 보아 법규성을 인정하는 것이 당사자의 권리구제 측면에서 타당하다.
3. 사안의 해결		표준지선정관리지침은 법령보충적 행정규칙으로서 위임법률의 수권범위 내에서 상위법률과 결합하여 대외적 구속력을 갖는다고 봄이 타당하다. 따라서 표준지조사평가기준에 위배된 표준지공시지가 결정은 위법성이 인정된다. 위법의 정도는 중대명백설에 따라 내용상 중대하나 외관상 명백하다고 볼 수 없으므로 <취소사유>이다.

27 협의성립확인 및 진정한 토지소유자 논점

특수전사령부 및 제3공수특전여단 이전 공익사업(본 사업은 국책사업임)의 사업부지에 속하는 이천시 신둔면 일대 전 1,319㎡에 관하여는 2021.12.20. 사업시행자인 한국토지주택공사와 그 소유권보존등기 명의인인 토지소유자 한석봉 사이에 공익사업을 위한 토지 등의 취득 및 보상에 관한 법률(이하 '토지보상법')에 따른 토지취득에 관한 협의가 성립되었다. 한국토지주택공사는 토지보상법 제29조 제3항에 따라 이 사건 토지의 등기부상 소유명의인인 한석봉의 동의를 받고 한국토지주택공사와 한석봉 사이의 매매계약서, 협의성립확인신청 동의서, 토지조서 및 보상금지급서류 등에 공증을 받아 중앙토지수용위원회에게 이 사건 토지에 관한 협의성립의 확인을 신청하였고 중앙토지수용위원회는 2022.1.8. 이를 수리하였다. 한편 이 사건 토지에 관한 농지분배 관련 서류들, 즉 분배대상 농지를 확인하는 농지분배부, 상환에 필요한 사항을 기재하는 상환대장, 농지를 국가에 매수당한 지주가 보상을 받는 과정에서 작성된 보상신청서, 지주신고서, 지가사정조서에는 '서울특별시 ○○동' 또는 '서울특별시 중구 ○○동 △△'에 주소를 둔 홍길동이 그 소유자로 기재되어 있고, 한자부책식 (구) 토지대장에는 '서울특별시 □□□□가'에 주소를 둔 홍길동이 이 사건 토지를 사정받았다고 기재되어 있다. (구) 토지대장 등 정부 전산기록 등을 검토할 때 진정한 토지소유자는 홍길동의 배우자 최서희로 밝혀졌다. 다음 물음에 답하시오. 30점 (출처 : 대법원 2018.12.13. 선고 2016두51719 판결 [협의성립확인신청수리처분취소])

(1) 토지보상법상 협의의 법적 성질을 설명하고, 토지보상법 제29조 제3항에 따른 협의 성립의 확인 신청에 필요한 동의의 주체인 토지소유자는 협의 대상이 되는 '토지의 진정한 소유자'를 의미하는지 여부를 검토하시오. 10점

(2) 사업시행자가 진정한 토지소유자의 동의를 받지 못한 채 등기부상 소유명의자의 동의만을 얻은 후 관련 사항에 대한 공증을 받아 토지보상법 제29조 제3항에 따라 협의성립의 확인을 신청하였으나 토지수용위원회가 신청을 수리한 경우, 수리 행위가 위법한지 여부를 검토하시오. 10점

(3) 등기부상의 명의자에게만 동의를 받은 진정한 소유자 동의에 흠결이 있는 경우 진정한 토지소유자 확정에서 사업시행자의 과실 유무를 불문하고 수리 행위가 위법한지 여부와 이때 진정한 토지소유자가 수리 행위의 위법함을 이유로 항고소송으로 취소를 구할 수 있는지 여부를 검토하시오. 10점

I. 논점의 정리

II. 물음 1

1. 협의의 의의 및 법적 성질	협의란 사업시행자가 토지소유자 및 관계인과의 합의에 의하여 수용목적물의 권리를 취득하는 것이다. 협의의 법적 성질에 대하여 학설은 <사법상 계약설>과 <공법상 계약설>이 대립하며, 판례는 사경제주체로서 행하는 사법상의 법률행위라고 판시하였으나 공법상 원인으로 성립되는바 공법상 계약설이 타당하다.
2. 협의성립 확인의 의의	협의성립확인이란 사업인정 후 협의가 성립된 경우 사업시행자가 토지소유자 등의 동의를 얻어 관할 토지수용위원회에 협의성립확인을 받음으로써 재결로 간주하는 제도를 말한다. 분쟁예방 및 조속한 권리관계의 확정에 취지가 있다.
3. 협의성립 확인의 효력	협의성립확인이 성립하면 해당 계약은 <재결>로 간주되고 목적물에 대한 권리 취득은 <원시취득>이 된다(토지보상법 제29조 제4항). 또한 사후적으로 사업시행자와 토지소유자 등은 확인된 협의의 내용을 다툴 수 없는 <차단효>가 발생한다.
4. 협의성립 확인 신청에 필요한 동의의 주체	판례는 간이한 공증 절차만을 거치는 협의성립확인의 법적 정당성의 원천은 사업시행자와 토지소유자 등이 진정한 합의를 하였다는 데 있으므로 협의성립의 확인 신청에 필요한 동의의 주체인 토지소유자는 협의 대상이 되는 '토지의 진정한 소유자'를 의미한다고 판시하였다.
5. 사안의 해결	협의성립확인은 원시취득의 효력 및 사후 그 성립과 내용을 다툴 수 없게 되는 차단효가 발생한다. 따라서 토지보상법 제29조 제3항에 따른 협의성립의 확인 신청에 필요한 동의의 주체인 토지소유자는 협의 대상이 되는 '토지의 진정한 소유자'를 의미한다고 보는 판례의 태도는 타당하다.

III. 물음 2

1. 협의성립확인의 요건		당사자 사이에 협의가 성립한 후 수용재결의 신청기간 내에 토지소유자 및 관계인의 동의를 얻어 관할 토지수용위원회에 협의성립확인을 신청하여야 한다.
2. 협의성립 확인의 절차	1) 일반적 절차	토지보상법 제29조 제2항에 따라 재결절차를 준용한다. ① 사업시행자의 확인신청, ② 관할 토지수용위원회의 공고·열람, ③ 토지수용위원회의 심리, ④ 협의성립확인의 절차를 거친다.
	2) 공증에 의한 절차	사업시행자가 공증인법에 의한 공증을 받아 관할 토지수용위원회에 협의성립의 확인을 신청한 때에는 관할 토지수용위원회가 이를 수리함으로써 협의성립이 확인된 것으로 본다.

3. 관할 토지수용위원회의 수리 행위의 위법성	판례는 단순히 등기부상 소유명의자의 동의만을 얻은 후 공증을 받아 협의성립확인을 신청하였음에도 토지수용위원회가 그 신청을 수리하였다면 그 수리행위는 다른 특별한 사정이 없는 한 토지보상법이 정한 소유자의 동의요건을 갖추지 못한 것으로 위법하다고 판시하였다.
4. 사안의 해결	토지보상법 제29조에 따른 협의성립확인의 동의의 대상은 진정한 토지소유자이므로 단순히 등기부상 소유명의자의 동의만을 얻은 것은 토지보상법상 소유자의 동의요건에 흠결이 있으므로 위법하다고 판단함이 타당하다.

IV. 물음 3

1. 협의성립확인의 법적 성질		학설은 <확인>이라고 보는 견해와 <공증>으로 보는 견해가 있다. 협의성립확인은 수용당사자의 불안정한 지위를 확고히 하여 원활한 사업수행을 목적으로 하는 점 등에 미루어 볼 때 강학상 확인행위로 봄이 타당하다. 따라서 준법률적 행정행위로 <처분성>이 긍정된다.
2. 사업시행자의 과실 유무와 수리 행위의 위법		판례는 진정한 토지소유자의 동의가 없었던 이상 진정한 토지소유자를 확정하는 데 사업시행자의 과실이 있었는지 여부와 무관하게 그 동의의 흠결은 위 수리 행위의 위법사유가 된다고 판시하였다.
3. 항고소송으로 취소를 구할 수 있는지	1) 문제점	토지보상법은 협의성립확인의 불복절차에 관한 명시적인 규정을 두고 있지 아니하다. 따라서 재결로 간주되는 것을 고려하여 토지보상법 제85조 제1항에 따른 취소소송을 구할 수 있는지 문제된다.
	2) 관련 판례	판례는 진정한 토지소유자의 동의가 없었다는 동의의 흠결은 수리 행위의 위법사유가 되므로 진정한 토지소유자는 그 수리 행위가 위법함을 주장하여 항고소송으로 취소를 구할 수 있다고 핀시하였다.
	3) 검토	협의성립확인은 재결로 간주되므로 토지보상법 제85조 취소소송을 통해 불복할 수 있다고 봄이 타당하다. 다만 재결에 대한 불복절차를 준용하지 않더라도 수리 행위는 준법률행위적 행정행위로서 <처분성>이 긍정되므로 항고소송으로 취소를 구할 수 있다.

28 협의취득

사업시행자로서는 수용 또는 사용의 개시일까지 토지수용위원회가 재결한 보상금을 지급 또는 공탁하지 아니함으로써 재결의 효력을 상실시킬 수 있는 점, 토지소유자 등은 수용재결에 대하여 이의를 신청하거나 행정소송을 제기하여 보상금의 적정 여부를 다툴 수 있는데, 그 절차에서 사업시행자와 보상금액에 관하여 임의로 합의할 수 있는 점, 공익사업의 효율적인 수행을 통하여 공공복리를 증진시키고, 재산권을 적정하게 보호하려는 토지보상법의 입법 목적(제1조)에 비추어 보더라도 수용재결이 있은 후에 사법상 계약의 실질을 가지는 협의취득 절차를 금지해야 할 별다른 필요성을 찾기 어려운 점 등을 종합해 보면, 토지수용위원회의 수용재결이 있은 후라고 하더라도 토지소유자 등과 사업시행자가 다시 협의하여 토지 등의 취득이나 사용 및 그에 대한 보상에 관하여 임의로 계약을 체결할 수 있다고 보아야 한다.

갑과 사업시행자가 수용재결과는 별도로 '토지의 소유권을 이전한다는 점과 그 대가인 보상금의 액수'를 합의하는 계약을 새로 체결하였다고 볼 여지가 충분하고, 만약 이러한 별도의 협의취득 절차에 따라 토지에 관하여 소유권이전등기가 마쳐진 것이라면 설령 갑이 수용재결의 무효확인 판결을 받더라도 토지의 소유권을 회복시키는 것이 불가능하고, 나아가 무효확인으로써 회복할 수 있는 다른 권리나 이익이 남아 있다고도 볼 수 없다고 한 사례(출처 : 대법원 2017.4.13. 선고 2016두64241 판결[수용재결무효확인])

(1) 토지보상법에서 규정하고 있는 임의적 취득 절차와 강제적 취득 절차에 대하여 법령 규정을 중심으로 설명하시오. 20점

(2) 토지보상법상 협의 취득에 대한 법적 성질과 수용 등을 통한 강제 취득의 법적 성질에 대하여 각각 설명하고, 분쟁 발생 시에 쟁송방법에 대한 차이점을 논하시오. 10점

I. 논점의 정리

II. 물음 1

1. 임의적 취득절차	1) 공익사업 준비절차 (법 제9조~제15조)	공익사업을 위해 행하는 준비행위로 토지보상법은 타인토지출입허가(제9조), 출입의 통지(제10조), 토지점유자의 인용의무(제11조), 장해물제거(제12조), 증표제시(제13조), 토지・물건 조서작성(제14조), 보상계획열람(제15조)을 규정한다.
	2) 사업인정 전 협의 (법 제16조)	협의란 사업시행자가 토지소유자 및 관계인과의 합의에 따라 수용목적물의 권리를 취득하는 것이다. 토지보상법 제16조는 사업인정 전 협의를 규정하여 최소침해의 원칙을 구현하고 있다.
2. 강제적 취득절차	1) 사업인정 (법 제20조)	사업인정이란 공익사업을 토지 등을 수용 또는 사용할 사업으로 결정하는 것을 말한다. 사업시행자에게 일정한 절차를 거칠 것을 조건으로 수용권을 설정해주는 것으로 수용행정의 적정화에 취지가 있다.
	2) 토지・물건 조사권 (법 제27조)	사업인정 이후 사업시행자 또는 감정평가법인등은 사업의 준비, 토지・물건 조서의 작성, 토지 등의 감정평가를 위하여 토지나 물건에 출입하여 조서를 작성할 권리를 갖는다.
	3) 사업인정 후 협의 (법 제26조)	협의란 사업시행자가 토지소유자 및 관계인과의 합의에 따라 수용목적물의 권리를 취득하는 것이다. 토지보상법 제26조는 사업인정 이후 협의를 규정하여 최소침해의 원칙을 구현하고 있다.
	4) 재결 (법 제34조)	수용재결이란 사업시행자에게 부여된 수용권의 구체적인 내용을 결정하고 그 실행을 완성시키는 행정행위이다. 공용수용의 최종단계에서 공익과 사익의 조화를 도모함에 취지가 있다.
	5) 불복절차 (법 제83조, 제85조)	재결에 대한 불복으로는 토지보상법 제83조의 이의신청, 동법 제85조 제1항의 취소소송, 동조 제2항의 보상금증감청구소송을 규정하고 있다.

III. 물음 2

1. 협의취득과 강제취득의 법적 성질	1) 임의적 협의취득 (98다2242)	사업인정 전 협의에 대해 판례는 사경제주체로서 행하는 사법상 계약의 실질을 가지는 것이라고 판시한다. 사업인정 전 협의취득은 공권력에 의한 처분 전 당사자 간의 의사 합치라는 점을 고려하여 <사법상 계약>으로 봄이 타당하다.
	2) 강제취득	사업인정 이후부터는 강제취득 절차이고, 사업인정 이후의 협의의 법적 성질에 대해 판례는 사법상 계약으로 보나, 다수설은 공법상 계약으로 보고 있다. 수용재결로 취득한 경우에는 법률규정에 의한 물권변동으로 강제취득을 하는 것이다.
2. 행정쟁송방법	1) 협의취득 쟁송방법	사업인정 전 사법상 계약의 형태로 협의취득하는 경우에는 민사소송의 방법으로 하고, 사업인정 후 협의의 경우 공법상 계약으로 보는 경우에는 공법상 당사자소송으로 다투는 것이 타당하다.
	2) 강제취득 쟁송방법	수용재결로 취득한 경우에는 토지보상법 제83조 이의신청으로 특별법상 행정심판제도가 있고, 동법 제85조에서 행정소송을 규율하고 있어 이 특별한 규정에 의하여 강제취득에 대한 권리구제를 받을 수 있을 것이다.

29 확장수용

甲은 2015.3.16. 乙로부터 A광역시 B구 소재 도로로 사용되고 있는 토지 200m^2 (이하 '이 사건 토지'라 함)를 매수한 후 자신의 명의로 소유권 이전등기를 하였다. 한편, 甲은 A광역시지방토지수용위원회에 "사업 시행자인 B구청장이 도로개설공사를 시행하면서 사업인정고시가 된 2010.4.6. 이후 3년 이상 이 사건 토지를 사용하였다."고 주장하면서 「공익사업을 위한 토지 등의 취득 및 보상에 관한 법률」(이하 '토지보상법' 이라 함) 제72조 제1호를 근거로 이 사건 토지의 수용을 청구하였다. 이에 대해 A광역시지방토지수용위원회는 "사업인정고시가 된 날부터 1년 이내에 B구청장이 재결신청을 하지 아니하여 사업인정은 그 효력을 상실하였으므로 甲은 토지수용법 제72조 제1호를 근거로 이 사건 토지의 수용을 청구할 수 없다."며 甲의 수용청구를 각하하는 재결을 하였다. 다음 물음에 답하시오. 40점

(1) 토지보상법상 확장수용으로 잔여지수용, 완전수용, 이전수용에 대하여 설명하시오. 10점

(2) A광역시지방토지수용위원회의 완전수용의 각하재결에 대하여 행정소송을 제기하기 전에 강구할 수 있는 甲의 권리구제수단에 관하여 설명하시오. 10점

(3) 甲이 A광역시지방토지수용위원회의 각하재결에 대하여 행정소송을 제기할 경우 그 소송의 형태와 피고적격에 관하여 설명하시오. 20점

I. 논점의 정리

II. 토지보상법상 확장수용

1. 확장수용의 의의 및 취지	확장수용이란 사업의 필요를 넘는 재산권의 수용을 말한다. 수용은 최소필요한도의 범위 내에서 하는 것이 원칙이나 피수용자의 권리보호 및 사업의 원활한 시행을 위하여 취지가 인정된다.
2. 확장수용의 법적 성질	학설은 <사법상 매매설>, <공법상 특별행위설>, <공용수용설>이 대립한다. 확장수용은 공용수용에 있어서 하나의 특수한 예이기는 하나 그 본질에 있어서는 일반

		의 공용수용과 다르다고 볼 수 없으므로 공용수용의 성질을 갖는다.
3. 확장수용의 종류	1) 사용하는 토지의 매수청구 (법 제72조)	완전수용이란 토지를 사용함으로 족하지만 토지소유자가 받게 되는 토지이용의 현저한 장애 내지 제한에 따른 수용보상을 가능하게 하기 위해 마련된 제도이다. 사용에 갈음하는 수용이라고 한다.
	2) 잔여지 등의 매수 및 수용청구 (법 제74조)	잔여지수용이란 동일한 소유자에 속하는 일단의 토지의 일부가 취득됨으로 인하여 잔여지를 종래의 목적에 사용하는 것이 현저히 곤란한 경우 토지소유자의 청구에 의해 일단의 토지의 전부를 매수하거나 수용하는 것을 말한다.
	3) 건축물 등 이전에 갈음하는 수용 (법 제75조)	이전수용이란 물건의 성질상 이전이 불가능하거나 이전비가 경제적으로 이전의 실익이 없는 경우에 사업시행자의 청구에 의하여 정착물을 이전에 갈음하여 수용하는 것을 말한다. 이전에 갈음하는 수용이라고도 한다.
	4) 잔여 건축물의 수용 (법 제75조의2)	동일한 소유자에게 속하는 일단의 건축물의 일부가 취득됨으로 인하여 잔여 건축물을 종래의 목적에 사용하는 것이 현저히 곤란한 경우 그 건축물의 소유자의 청구에 의해 일단의 건축물의 전부를 매수하거나 수용하는 것을 말한다.

III. 행정쟁송 전 권리구제수단

1. 이의신청의 의의		이의신청이란 관할 토지수용위원회의 위법, 부당한 재결에 의해 권익을 침해당한 자가 중앙토지수용위원회에 그 취소 또는 변경을 구하는 것을 말한다.
2. 이의신청의 성격	1) 특별법상 행정심판	행정심판법 제51조의 재심판청구금지 규정에 대해 논의의 실익이 있다. 토지보상법에 특례를 규정하는 <특별법상 행정심판>으로 봄이 타당하며 토지보상법 제83조 및 행정심판법 제4조에 따라 행정심판법이 준용된다.
	2) 임의적 절차	토지보상법 제83조에서 '할 수 있다.'라고 규정하여 임의주의 성격을 갖는다.
3. 이의신청 청구요건		① 수용결정 자체를 다투는 경우 수용결정이, 보상금결정을 다투는 경우 보상금결정이 이의신청의 대상이 된다. ② 이의신청의 당사자는 피수용자, 사업시행자이며

	피청구인은 관할 토지수용위원회이다. ③ 재결서 정본을 받은 날로부터 30일 이내에 중앙토지수용위원회에 서면으로 신청하여야 하며 관할 토지수용위원회를 경유한다.
4. 이의신청 제기의 효과	중앙토지수용위원회는 이의신청에 대하여 심리, 재결하여야 한다. 또한 토지보상법 제88조에 따라 이의신청은 해당 사업의 진행, 토지의 수용 또는 사용을 정지시키지 아니하는 집행부정지 원칙을 따른다.
5. 이의신청에 대한 재결 (법 제84조)	① 중앙토지수용위원회는 부당한 재결에 대한 전부, 일부 취소 및 보상금의 증액재결이 가능하다. ② 보상금이 증액된 경우 사업시행자는 이의재결서 정본을 송달받은 날로부터 30일 이내에 해당 금액을 지급, 공탁하여야 한다.
6. 이의재결의 효력 (법 제86조)	이의신청에 대한 재결이 확정된 때에는 민사소송법상 확정판결이 있은 것으로 보며 재결서 정본은 판결의 정본과 동일한 효력이 있다.

IV. 잔여지수용청구에 대한 권리구제 방법

1. 개설★ : 잔여지수용청구 권리구제수단 물어볼 때 써줘		토지보상법은 잔여지수용청구에 대한 재결에 불복하는 경우 구체적 소송형태를 규정하고 있지 아니하다. 이에 대하여 확장수용도 공용수용과 본질이 같다는 공용수용설의 입장에서 권리구제수단 역시 일반적인 공용수용의 불복절차인 법 제83조, 제85조를 적용함이 타당하다.
2. 이의신청 (법 제83조)		토지보상법 제83조에 따라 재결서 정본 송달일로부터 30일 이내에 이의신청을 할 수 있다. 행정소송법 제18조 및 토지보상법 제83조의 규정상 임의적 절차로, 이의신청을 거치지 않고 행정소송 제기가 가능하며, 토지보상법 제88조에 따라 집행부정지의 원칙을 따른다.
3. 행정소송의 형태 : 취소소송 or 보증소 관점	1) 문제점	토지보상법 제85조에 따라 확장수용의 거부재결에 대한 불복 시 취소소송에 의하여야 하는지, 보상금증감청구소송을 제기하여야 하는지 견해가 대립한다. 이하 관련 판례를 근거로 검토한다.
	2) 학설	보상금증감청구소송의 심리범위는 보상금액에만 한정되므로 취소소송에 의해야 한다는 견해, 잔여지수용도 궁극

		적으로는 보상액의 증감에 관한 것이라는 점에서 보상금증감청구소송에 의해야 한다는 견해가 있다.
	3) 관련 판례 (2008두822)	잔여지수용청구권은 손실보상의 일환으로 토지소유자에게 부여되는 권리로써 '형성권적 성질'을 갖는바, 잔여지수용청구를 받아들이지 않은 토지수용위원회의 재결에 대해 불복하여 제기하는 소송은 <보상금증감청구소송>으로 <사업시행자를 피고>로 하여야 한다고 판시하였다.
	4) 검토	잔여지수용청구권이 형성권인점, 분쟁의 일회적 해결이라는 토지보상법 제85조 제2항의 취지 등을 종합적으로 고려할 때 잔여지수용재결신청의 거부에 대한 소송은 <보상금증감청구소송>으로 봄이 타당하다.
4. 행정소송의 형태 : 보증소 심리범위 관점	1) 문제점	분쟁의 일회적 해결을 위하여 잔여지수용재결신청의 거부에 대해 보상금증감청구소송으로 다툴 수 있는지 문제된다. 이하 보상금증감청구소송의 심리범위를 중심으로 검토한다.
	2) 학설	확장수용에 대한 다툼은 보상금액의 문제가 아니라 보상의 범위에 관한 문제라는 <부정설>, 보상금액과 보상범위는 밀접한 관련이 있으므로 보상금증감청구소송에서 심리할 수 있다는 <긍정설>이 대립한다.
	3) 판례	잔여지수용청구권은 손실보상의 일환으로 토지소유자에게 부여되는 권리로써 '형성권적 성질'을 갖는바, 잔여지수용청구를 받아들이지 않은 토지수용위원회의 재결에 대해 불복하여 제기하는 소송은 <보상금증감청구소송>으로 <사업시행자를 피고>로 하여야 한다고 판시하였다.
	4) 검토	잔여지수용청구권이 형성권인점, 분쟁의 일회적 해결이라는 토지보상법 제85조 제2항의 취지 등을 종합적으로 고려할 때 잔여지수용 여부도 보상금증감청구소송의 심리범위에 포함된다고 보아 보상금증감청구소송을 제기함이 타당하다.
5. 민사소송의 가능성		잔여지수용청구권은 공법상 원인으로 인한 권리이므로 공권으로 봄이 타당하다. 따라서 민사소송의 제기는 불가능하다.

잔여지 매수청구 거부에 관한 권리구제		
1. 문제점		잔여지수용의 요건에 해당되어 협의취득단계에서 적법하게 매수청구하였으나 사업시행자가 이를 거부한 경우 잔여지 매수청구권이 형성권인지 청구권인지에 따라 권리구제 방법이 달라지므로 문제된다.
2. 잔여지 매수청구권의 법적 성질	1) 관련 판례 (2002다68713)	대법원은 협의취득단계에서 토지소유자에게 형성권으로서 잔여지 매수청구권이 인정될 수 없고, 사법상의 매매계약에 있어 청약에 불과하다고 판시하였다.
	2) 검토	잔여지 매수에 관한 협의가 성립되지 아니한 경우 잔여지 수용청구가 가능하도록 규정하고 있는 법률의 취지를 고려하여 협의취득단계에서의 매수청구권은 청구권에 불과하다고 봄이 타당하며 공법상 원인으로 발생하는 바 <공법상 계약>으로 봄이 타당하다.
3. 권리구제방안		잔여지 매수청구 거부 시 토지소유자는 민사소송 또는 공법상 당사자소송으로 그 보상을 청구할 수 있다고 봄이 타당하다(다만, 협의불성립 시 관할 토지수용위원회에 수용청구가 가능하므로 토지보상법상의 절차를 거치는 것이 타당하다고 판단된다).

30 환매권

(1) 국방부장관은 … 甲소유의 토지에 대하여는 공익사업을 위한 토지 등의 취득 및 보상에 관한 법률(이하 '토지보상법')에 따라 사업인정고시 전인(사업인정고시일 2013.10.4.) 2013.3.4.에 협의취득의 형식으로, 乙소유의 토지에 대하여는 사업인정고시 후인 2013.12.4.에 수용재결을 통하여 이를 취득하여 사격장을 설치·운영하여 오다가, 2020.4.5. 이를 다른 지역으로 이전하고, 위 토지에 대하여 토지보상법 제24조에 따라 해당 사업에 대한 사업폐지를 고시되었다. 2021.12.4. 현재 사업시행자는 사업폐지 고시 후에 계속 해당 토지를 방치하고 있는 상태이다. 다음 물음에 답하시오. 30점

① 토지보상법 제91조 제1항 10년 적용 부분에서 헌법불합치 결정이 되었다. 종전 개정 전 토지보상법 제91조 제1항 10년 적용 부분에 대한 헌법불합치 결정에 대하여 논평하시오. 10점

② 토지소유자 甲, 乙은 각각 과거 자신의 소유였던 토지에 대하여 개정된 토지보상법 제91조상 요건을 검토하여 환매권을 행사할 수 있는지 여부와 그 절차를 설명하시오. 10점

③ 만약, 이 토지들에 대하여 새로운 사업시행자 A시장이 녹지공원사업으로 도시관리계획 변경결정을 하여 공익사업 변환을 하려면 어떠한 요건을 충족해야 하는지 구체적으로 기술하시오. 10점

(2) 환매권의 대항력을 설명하고, 만약 서울특별시장이 피수용자들에게 환매권 통지를 하지 않았다면 2021년 1월 22일 현재 기존 토지소유자 甲은 서울특별시에 대하여 불법행위를 이유로 손해배상을 청구할 수 있는지 논하시오. 10점

I. 논점의 정리

II. 물음 1

1. 헌법 제23조에 따른 재산권에 포함되는지		헌법 제23조는 재산권의 보장, 행사의 제한, 공공필요에 의한 예외 규정을 두고 있다. 환매권의 발생은 헌법 제23조 제3항에 따른 공공필요가 소멸한 것이므로 환매권은 헌법이 보장하는 재산권의 내용에 포함된다고 판단된다. 이와 관련하여 환매권 상실 규정이 헌법 제37조 제2항에 위반되는지 검토한다.
2. 과잉금지의 원칙 위반 여부	1) 과잉금지 원칙의 의의 및 근거	과잉금지의 원칙이란 헌법 제37조 제2항에 따라 국민의 기본권을 제한하는 입법은 반드시 법률의 형식으로 정해야 하며 법률로 국민의 기본권을 제한하더라도 국가가 반드시 준수해야 할 한계를 말한다. 과잉금지의 원칙은 <입법 목적의 정당성>, <방법의 적절성>, <제한의 최소성>, <법익의 균형성>을 내용으로 한다.
	2) 관련 판례	헌법재판소는 환매권의 발생기간을 제한한 토지보상법 제91조 제1항 중 '토지의 협의취득일 또는 수용의 개시일부터 10년 이내에' 부분이 헌법에 합치되지 아니한다고 판시하였다.
	3) 제한의 최소성	공익사업의 폐지 등으로 공공필요가 소멸하였음에도 단지 10년이 경과하였다는 사정만으로 환매권이 배제되는 결과가 초래되는바, 다른 나라의 입법례를 비추어 보아도 사안의 환매권 제한 규정은 침해의 최소성을 충족하지 못한다.
	4) 법익의 균형성	토지보상법은 환매대금증감소송을 인정하여 해당 공익사업에 따른 개발이익이 원소유자에게 귀속되는 것을 차단한다. 따라서 환매권 발생의 제한을 통한 공익은 토지소유자의 재산권 상실에 따른 사익 침해를 정당화할 정도로 크다고 보기 어려운바 법익의 균형성을 충족하지 못한다.
3. 소결		상기 검토한 바에 따라 환매권은 헌법 제23조에서 보장하는 재산권의 내용에 포함되며 환매권 제한기간인 "10년"은 헌법 제37조 제2항에 따른 과잉금지원칙에 위배되므로 최근 헌법 불합치판결은 타당하다고 판단된다.

III. 물음 2

1. 환매권의 의의 및 취지		공익사업의 시행을 위하여 취득한 토지가 필요 없게 되거나 이용되지 않는 경우 원래의 토지소유자가 일정한 대가를 지급하고 토지를 취득하는 것을 말한다. 피수용자의 감정존중 및 헌법상 재산권 존속보장 도모에 취지가 있다.
2. 환매권의 법적 성질		① 환매권은 요건 충족 시 환매권자의 의사표시에 의해 환매가 성립하는 <형성권>의 성질을 갖는다. ② 환매권이 공권인지 사권인지 견해대립이 있으나 판례는 민사소송을 통해 다투어야 한다고 판시하여 <사권>으로 보고 있다.
3. 환매권의 요건 및 절차	1) 당사자 및 목적물	환매권자는 토지소유자 또는 그 포괄승계인이며 상대방은 사업시행자 또는 현재의 소유자이다. 환매 목적물은 토지에 한하며 토지 일부에 대한 환매는 불가하다.
	2) 행사요건	① 사업의 폐지·변경 또는 그 밖의 사유로 취득한 토지의 전부 또는 일부가 필요 없게 된 경우(토지보상법 제91조 제1항) ② 취득일로부터 5년 이내에 취득한 토지 전부를 해당 사업에 이용하지 아니한 경우(동법 제91조 제2항) 환매권이 발생한다.
	3) 행사기간	① 사업의 폐지·변경 또는 그 밖의 사유로 인한 경우 그 고시일 또는 사업완료일로부터 10년 이내, ② 취득한 토지 전부를 사용하지 않은 경우 취득일로부터 6년 이내에 환매권을 행사할 수 있다. 토지소유자는 ①, ② 요건 중 유리한 기간을 선택할 수 있고 해당 기간은 <제척기간>에 해당한다.
	4) 행사절차 (법 제92조)	사업시행자는 환매하는 토지가 생겼을 때 그 사실을 지체 없이 환매권자에게 통지하여야 한다. 환매권자는 통지받은 날 또는 공고한 날로부터 6개월이 지난 후에는 환매권을 행사할 수 없다. 환매권자는 환매의사 표시와 함께 받은 환매금을 선지급함으로써 환매권을 행사한다.
4. 사안의 해결		甲과 乙은 사업인정 전 협의취득 및 수용된 토지의 원소유자로서 해당 사업의 폐지가 고시되었으므로 해당 사업에 필요 없게 되었다고 봄이 타당하다. 따라서 甲과 乙은

		토지보상법상 절차에 따라 환매권을 행사함으로써 사안의 토지를 되찾을 수 있다고 판단된다.

IV. 물음 3

1. 공익사업변환의 의의 및 취지		공익사업을 위하여 토지를 협의취득 또는 수용한 후 공익사업이 다른 공익사업으로 변경된 경우 별도의 협의취득, 수용 없이 해당 토지를 변경된 다른 공익사업에 이용하도록 하는 제도이다. 환매와 재취득이라는 불필요한 절차의 반복을 방지함에 취지가 있다.
2. 공익사업 변환의 요건	1) 사업시행자 요건	변경된 사업의 사업시행자가 국가, 지방자치단체 또는 공공기관이어야 하는지에 대해 판례는 공익사업변환 특례의 취지를 고려하여 국가 등 외에도 가능하다고 보았다.
	2) 공익사업 요건	사업인정을 받은 공익사업이 토지보상법 제4조 제1호 내지 제5호에 해당하는 공익사업으로 변경된 경우여야 한다. 판례는 종전사업과 변경된 사업 모두 '사업인정을 받아야 한다'고 판시하였다.
	3) 수용대상 토지 소유 요건	대법원은 공익사업을 위해 취득된 토지가 변경된 사업의 사업시행자가 아닌 제3자에게 처분된 경우에는 그 토지는 해당 공익사업에 필요없게 된 것이라고 보아야 하므로 공익사업의 변환을 인정할 여지가 없다고 판시하였다.
3. 사업인정 전 협의취득 시 공익사업변환 규정 적용 여부		토지보상법 제91조 제6항에서 '사업인정을 받아 협의취득 또는 수용'한 토지에 한하여 공익사업변환을 규정하고 있으므로 사업인정 전 협의취득한 토지는 공익사업변환 규정이 적용되지 않는다고 판단함이 타당하다.
4. 사안의 해결		

V. 환매권의 대항력

1. 환매권의 대항력의 개념	1) 의의 및 법적 근거	대항력이란 이미 발생하고 있는 법률관계를 제3자에게 주장할 수 있는 효력이다. 토지보상법 제91조 제5항은 환매권은 부동산등기법이 정하는 바에 따라 공익사업에 필요한 토지의 협의취득 또는 수용의 등기가 된 때에는 제3자에게 대항할 수 있다고 규정한다.
	2) 토지보상법 제91조	판례는 수용의 목적물이 제3자에게 이전되더라도 수용의 등기가 되어 있으면 환매권자의 지위가 그대로 유지되어

	제5항의 의미	환매권자는 환매권을 행사할 수 있고 제3자에게도 이를 주장할 수 있다는 의미라고 판시하였다.
	3) 민법상 환매권과의 비교	민법상 환매권은 환매특약등기가 있어야 행사가 가능한 반면, 토지보상법의 환매권은 환매특약등기 없이 토지보상법 제91조 제5항에 따라 대항력을 갖는다.
2. 환매권 미통지 시 손해배상 청구 가능 여부	1) 관련 판례	판례는 토지보상법 제92조 환매권 통지규정은 ① 단순한 선언적인 것이 아니고 ② 환매권 행사의 실효성을 보장하고 ③ 법규에 의하여 사업시행자에게 부과된 의무이므로 환매의 대상 토지를 제3자에게 처분한 경우 처분행위 자체는 유효하다 하더라도 환매권자와의 관계에 있어서는 환매권을 침해한 것으로 불법행위를 구성한다고 판시하였다.
	2) 검토	토지소유자에게 환매권의 대항력이 인정되고, 토지보상법 제92조의 취지를 고려하여 사업시행자의 환매권 미통지는 민법 제750조에 따른 불법행위를 구성하는바, 토지소유자에게 손해배상청구권이 성립한다고 판단된다.
3. 사안의 해결		사안은 환매권 행사의 제척기간이 경과하기 전이나, 환매권 행사의 통지나 공고 없이 환매목적물을 제3자에게 처분하여 환매권자의 권리인 환매권을 침해한 것이므로 이는 민법 제750조의 불법행위로 인한 손해배상청구권이 성립한다고 볼 수 있다.

PART

02

감정평가 및 보상법규 스터디 암기장 2

감정평가 및 보상법규 스터디 암기장 2

01 감정평가법 신의성실의 원칙 적용 업무 범위

현행 감정평가 및 감정평가사에 관한 법률 제25조에 성실의무 등이 적용되는 감정평가법인등의 업무에 해당되는지 여부와 감정평가법 제10조 제5호의 '금융기관 · 보험회사 · 신탁회사 등 타인의 의뢰에 의한 토지 등의 감정평가'에 금융기관 · 보험회사 · 신탁회사와 이에 준하는 공신력 있는 기관의 의뢰에 의한 감정평가 외에 널리 제3자의 의뢰에 의한 감정평가도 포함되는지 여부를 〈대법원 2021.9.30. 선고 2019도3595 판결[부동산가격공시 및 감정평가에 관한 법률위반]〉 판례를 통해 검토하시오. 10점

I. 논점의 정리

II. 성실의무가 적용되는 업무의 범위

1. 관련 규정	1) 감정평가법인등의 업무(감정평가법 제10조)	감정평가법 제10조 제5호는 금융기관 · 보험회사 · 신탁회사 등 타인의 의뢰에 따른 토지 등의 감정평가를, 제6호는 감정평가와 관련된 상담 및 자문을, 제7호는 토지 등의 이용 및 개발 등에 대한 조언이나 정보 등의 제공에 관한 업무를 규정한다.
	2) 성실의무 등(감정평가법 제25조)	감정평가법인등은 제10조에 따른 업무를 하는 경우 품위를 유지하여야 하고, 신의와 성실로써 공정하게 하여야 하며, 고의 또는 중대한 과실로 업무를 잘못하여서는 아니 된다.
2. 관련 판례(2019도3595)		판례는 구 부동산공시법의 규정 내용과 체계, 입법목적을 종합하면 성실의무 등이 적용되는 감정평가업자의 업무에 금융기관 · 보험회사 · 신탁회사와 이에 준하는 공신력 있는 기관의 의뢰에 의한 감정평가뿐만 아니라 널리 제3자의 의뢰에 의한 감정평가도 모두 포함된다고 판시하였다.

3. 사안의 해결	현행 감정평가법 제25조는 성실의무의 적용대상이 되는 업무 범위를 동법 제10조에 따른 업무로 규정하므로 모든 감정평가업무에 있어서 성실의무가 적용된다고 볼 수 있다. 따라서 사안의 감정평가와 관련한 상담 및 자문, 토지 등의 이용 및 개발 등에 대한 조언이나 정부 등의 제공의 업무도 성실의무가 적용되는 감정평가법인등의 업무에 해당한다.

02 감정평가법인등의 손해배상책임

(1) 감정평가법인등의 손해배상책임에 대하여 설명하시오. 10점

(2) 감정평가법인등 甲은 101호 소유자 A의 처로부터 아파트 101호에 대한 임대차 확인을 받고 "임대차 없음"을 기재하고, 감정평가법인등 乙은 B소유 아파트 102호에 대해 전화조사만으로 임대차 없다는 이야기를 듣고 "임대차 없음"을 기재하였으며, 감정평가법인등 丙은 C소유 103호 아파트가 공실이라는 이유만으로 "임대차 없음"으로 허위로 감정평가서에 임대차 상황을 기재하였고, 결국 경매가 진행되어 은행에 손해가 발생되었는데 그 손해를 배상할 책임이 있는지 논하시오. 15점

(3) 만약 감정평가법인등 丁은 금융기관의 양해 아래 신속한 감정평가를 위해 아파트 101호 소유자 A(임대인)에게 임대차 상황을 물어보고 "임대차 없음"이라고 표시하였는데, 결국 임대차가 있어서 손해가 발생하였는데 손해배상책임이 있는지 논하시오. 5점

I. 논점의 정리

II. 물음 1

1. 감정평가법상 손해배상책임의 의의 및 법적 근거		감정평가법인등이 감정평가를 하면서 고의 또는 과실로 감정평가 당시의 적정가격과 현저한 차이가 있게 감정평가를 하거나 감정평가서류에 거짓을 기록함으로써 감정평가 의뢰인이나 선의의 제3자에게 손해를 발생하게 하였을 때는 감정평가법인등은 그 손해를 배상할 책임이 있다는 것이다. 감정평가법 제28조를 법적 근거로 한다.
2. 민법상 손해배상 책임과의 관계	1) 문제점	감정평가 의뢰인과 감정평가법인등의 법률관계를 사법상 특수한 위임계약으로 볼 때, 감정평가법 제28조의 규정이 일반채무불이행이나 불법행위에 대한 민법 제750조의 특칙으로 인정한 것인가의 문제가 발생한다.

	2) 학설	객관적인 적정가격을 찾아내기가 어렵다는 점을 근거로 감정평가법인등을 보호하기 위한 특칙이라는 견해, 보험이나 공제금의 지급대상이 되는 범위를 한정하는 규정으로 특칙이 아니라는 견해가 있다.
	3) 관련 판례	판례는 감정평가법인등의 부실감정으로 인한 손해를 입은 의뢰인이나 선의의 제3자는 감정평가법 규정의 손해배상책임과 민법상 손해배상책임을 함께 물을 수 있다고 판시하였다.
	4) 검토	감정평가법인등의 주관적 견해에 따라 적정가격을 현실적으로 찾아내기가 어렵고, 특칙이 아니라고 보는 경우 감정평가법 제28조 제1항의 규정은 무의미하게 되므로 특칙이라고 봄이 타당하다.
3. 손해배상책임의 범위와 보장		감정평가법인등은 부당한 감정평가와 상당인과관계가 있는 모든 손해를 배상해야 한다. 감정평가법인등은 손해배상책임을 보장하기 위하여 보증보험에 가입하거나 협회가 운영하는 공제사업에 가입하여야 하며 보증보험금으로 손해배상을 한 때에는 10일 이내에 보험계약을 다시 체결하여야 한다.

III. 물음 2

1. 손해배상 책임의 성립요건	1) 감정평가 법인등이 감정평가를 하면서	감정평가법인등이 감정평가를 하면서 감정평가로 발생한 손해에 해당하여야 한다. 판례는 임대차관계에 대한 사실조사에 잘못이 있는 경우 사실조사는 감정평가의 내용은 아니지만 감정평가법인등의 손해배상책임을 인정하였다.
	2) 고의 또는 과실이 있을 것	고의란 결과를 인식하고 그 결과를 용인하는 것을 말하고, 과실은 일정한 사실을 인식할 수 있음에도 부주의로 이를 인식하지 못하는 것을 말한다. 판례는 감정평가에 관한 규칙을 무시하고 자의적인 방법에 따라 토지를 감정평가한 것은 고의·중과실에 의한 부당한 감정평가라고 보았다.
	3) 부당한 감정평가	판례는 ① 적정가격과 현저한 차이란 감정평가법 시행규칙상 1.3배가 유일한 판단기준이 될 수 없고, 부당감정에 이르게 된 감정평가법인등의 귀책사유가 무엇인

		지를 고려하여 사회통념에 따라 탄력적으로 판단해야 한다고 판시하였다. ② 감정평가서류에 거짓을 기록한 경우란 물건의 내용, 산출근거, 평가가액 등 가격에 변화를 일으키는 요인을 고의·과실로 허위로 기재하는 것을 말한다.
	4) 감정평가 의뢰인 또는 선의의 제3자에게 손해가 발생	선의의 제3자란 감정내용이 허위 또는 적정가격과 현저한 차이가 있음을 인식하지 못한 것뿐만 아니라 감정평가서 그 자체에 감정의뢰 목적 이외에 사용하거나 감정의뢰인 이외의 타인이 사용할 수 없음이 명시되어 있는 경우 그러한 사실까지 인식하지 못하는 제3자를 의미한다.
	5) 해당 위법행위와 손해 사이 상당한 인과관계	인과관계란 선행사실과 후행사실 사이에 전자가 없었더라면 후자도 없으리라는 관계를 말한다. 판례는 감정평가법인등의 부당한 감정과 초과대출로 인한 금융기관의 손해 사이에 상당한 인과관계가 있다고 판시하였다.
	6) 위법성 요건의 필요 여부	감정평가법은 손해배상 성립요건에 위법성을 요구하지 않고 있는바, 별도의 요건이 필요하다는 견해와 필요하지 않다는 견해가 대립한다. 생각건대, 부당한 감정평가 개념 속에 위법성의 요건이 포함되어 있다고 봄이 타당하다.
2. 관련 판례	1) 손해배상 책임을 긍정한 판례	① 감정대상 주택 소유자의 처로부터 임대차가 없다는 확인만을 받은 사례, ② 전화조사만으로 임대차 확인을 한 사례, ③ 현장조사 당시 감정대상 주택이 공실이라는 사유만으로 탐문조사를 생략한 사례에 대해 해당 감정평가서에 근거한 대출로 발생한 금융기관의 손해를 배상할 책임이 있다고 판시하였다.
	2) 손해배상 책임을 부정한 판례	감정평가업자가 금융기관의 신속한 감정평가 요구에 따라 그의 양해 아래 임차인이 아닌 건물 소유자를 통하여 담보물의 임대차관계를 조사하였으나 그것이 허위로 밝혀진 경우, 감정평가업자에게는 과실이 없으므로 손해배상책임이 인정되지 않는다고 판시하였다.

03 감정평가법인에 대한 징계처분

국토교통부장관은 감정평가법인등이 「감정평가 및 감정평가사에 관한 법률」 제32조 제1항 각 호의 어느 하나에 해당하게 되어 업무정지처분을 하여야 하는 경우로서 그 업무정지처분이 「부동산 가격공시에 관한 법률」 제3조에 따른 표준지공시지가의 공시 등의 업무를 정상적으로 수행하는 데에 지장을 초래하는 등 공익을 해칠 우려가 있는 경우에는 업무정지처분을 갈음하여 5천만원(감정평가법인인 경우는 5억원) 이하의 과징금을 부과할 수 있다(「감정평가 및 감정평가사에 관한 법률」 제41조). 2022년도 표준지공시지가를 감정평가하던 감정평가사 홍길동의 잘못으로 해당 소속된 甲 감정평가법인은 업무정지 등에 갈음하여 국토교통부장관으로부터 5천만원의 과징금을 2022년 2월 26일에 부과받았다. 甲 감정평가법인은 이에 대하여 3가지 위법을 주장하고 있다. ① 첫 번째로 감정평가법인 甲은 국토교통부산하의 감정평가관리・징계위원회(이하 '징계위원회')를 거치지 않고 과징금을 부과함으로써 이는 절차상의 하자를 주장하며 위법하다고 주장하고 있다. ② 두 번째로 감정평가법인 소속 감정평가사의 잘못으로 감정평가법인에 대하여 과징금을 부과하는 것은 위법하며 처분사유에 해당되지 않는다고 주장하고 있다. ③ 세 번째로 그동안 성실하게 감정평가법인이 감정평가업무를 수행하여 온 상황으로 한 번의 소속 감정평가사 실수로 과징금 5천만원을 부과한 것은 국토부장관의 재량권 일탈・남용을 주장하고 있다. 위 3가지 주장에 대하여 합당한지 여부를 고찰하시오. 20점

Ⅰ. 논점의 정리

Ⅱ. 물음 1 – ① 첫 번째로 감정평가법인 甲은 국토교통부산하의 감정평가관리・징계위원회(이하 '징계위원회')를 거치지 않고 과징금을 부과함으로써 이는 절차상의 하자를 주장하며 위법하다고 주장하고 있다.

1. 감정평가법상 과징금	1) 과징금의 의의	과징금이란 행정법규의 위반으로 경제적 이익을 얻게 되는 경우 해당 위반으로 인한 경제적 이익을 박탈하기 위하여 그 이익에 따라 행정기관이 가하는 행정상 제재금을 의미한다.
	2) 감정평가법상 과징금	감정평가법상 과징금은 국토교통부장관이 업무정지처분을 하여야 하는 경우로서 그 업무정지처분이 공적업무의 수행에 지장을 초래하는 등 공익을 해할 우려

		가 있는 경우에 업무정지처분에 갈음하여 과징금을 부과할 수 있도록 한 것으로 변형된 과징금이다.
2. 과징금의 법적 성질		과징금 부과행위는 금전상 급부를 명하는 행위로 <급부하명>으로 처분성이 인정된다. 감정평가법 제41조는 '부과할 수 있다.'고 규정하므로 법문언 형식상 <재량행위>이다.
3. 절차상 하자의 유무	1) 관련 규정 (감정평가법 제39조 제1항)	국토교통부장관은 감정평가사가 다음 각 호 어느 하나에 해당하는 경우에는 제40조에 따른 감정평가관리·징계위원회의 의결에 따라 제2항 각 호의 어느 하나에 해당하는 징계를 할 수 있다.
	2) 관련 판례	판례는 구 부동산공시법 제42조의2가 정한 징계위원회의 의결절차는 감정평가사 개인에 대한 징계에 관하여 요구될 뿐이고, 감정평가법인에 대한 제재처분에 관하여는 적용되지 않는다고 봄이 타당하다고 판시하였다.
	3) 검토	감정평가관리·징계위원회의 의결은 감정평가법 제39조 제1항의 문언상 감정평가사에 대한 징계처분에만 요구되는 것이라고 해석된다. 따라서 甲 감정평가법인의 업무정지 징계처분에 대하여 징계위원회의 의결을 거치지 않은 절차상 하자가 인정되지 않는다고 판단된다.

III. 물음 2 - ② 두 번째로 감정평가법인 소속 감정평가사의 잘못으로 감정평가법인에 대하여 과징금을 부과하는 것은 위법하며 처분사유에 해당되지 않는다고 주장하고 있다.

처분사유의 유무	1) 관련 규정 (감정평가법 제25조)	감정평가법인등은 제10조에 따른 업무를 하는 경우 품위를 유지하여야 하고, 신의와 성실로서 공정하게 하여야 하며, 고의 또는 중대한 과실로 업무를 잘못하여서는 아니 된다.
	2) 관련 판례	판례는 감정평가법인이 소속 감정평가사의 감정평가과정에 공정성을 의심할 사정이나 오류 등이 없는지를 면밀히 확인하지 않아 잘못된 감정평가 결과를 도출하였다면 이는 법인 스스로가 부담하는 성실의무로서 공정한 감정평가를 하여야 할 의무를 위반한 것이라고 봄이 타당하다고 판시하였다.

	3) 검토	감정평가법인은 소속 감정평가사의 불공정한 감정평가에 관한 확인의무를 다하지 않은 위법이 존재하므로 감정평가법인의 처분 사유에 해당한다고 판단된다.

IV. 물음 3 - ③ 세 번째로 그동안 성실하게 감정평가법인이 감정평가업무를 수행하여 온 상황으로 한 번의 소속 감정평가사 실수로 과징금 5천만원을 부과한 것은 국토부장관의 재량권 일탈 · 남용을 주장하고 있다.

과징금 부과 처분의 위법성	1) 문제점	과징금 부과처분은 재량행위로 행정소송법 제27조에 따른 재량권 일탈 · 남용 여부에 따라 위법성을 판단한다. 이하 관련 규정 및 행정법 일반원칙에 따라 위법성을 검토한다.
	2) 관련 규정 (감정평가법 제41조)	업무정지처분을 갈음하여 감정평가법인인 경우는 5억원 이하의 과징금을 부과할 수 있다고 규정한다. 따라서 동법 시행령 제43조에 의한 최저 금액인 5천만원(5억원의 100분의 20의 2분의 1 범위)을 한도로 과징금을 부과할 수 있다.
	3) 비례의 원칙의 의의 및 내용	비례의 원칙이란 행정목적과 수단 사이에는 적절한 비례관계가 성립해야 한다는 원칙이다. <적합성의 원칙>, <필요성의 원칙>, <상당성의 원칙>에 따른 단계적 심사를 거친다.
	4) 비례의 원칙 위반 여부	사안은 감정평가법상 신의성실의 원칙에 대한 위법이 존재하므로 한 번의 실수로 인한 위반임을 고려하여 최저금액인 5천만원의 과징금을 부과하였다는 점을 고려하여 비례의 원칙에 위반이 없다고 판단된다.

V. 결 - 위 3가지 주장에 대하여 합당한지 여부를 고찰하시오. 20점

사안의 해결 (甲 주장의 타당성)	① 감정평가법인의 징계 시 감정평가관리 · 징계위원회의 의결이 요구되지 않으므로 절차상 하자가 인정되지 않고, ② 감정평가법인은 소속 감정평가사에 대한 관리 · 감독의무가 존재하므로 처분사유가 존재하고, ③ 甲감정평가법인의 과거 업무수행을 고려하여 최저금액인 5천만원의 과징금을 부과한 처분에는 재량권 일탈 · 남용이 있다고 판단되지 않으므로 甲 주장의 타당성은 인정되지 않는다.

04 감정평가사 업무정지처분의 취소소송과 국가배상청구소송

> (1) 국토교통부장관은 감정평가법인등 甲에 대하여 법령상 의무 위반을 이유로 6개월의 업무정지처분을 하였다. 甲은 업무정지처분 취소소송을 제기하였으나 기각되었고 동 기각판결은 확정되었다. 이에 甲은 위 처분의 위법을 계속 주장하면서 이로 인한 재산상 손해에 대해 국가배상청구소송을 제기하였다. 이 경우 업무정지처분 취소소송의 위법성 판단과 국가배상청구소송의 위법성 판단의 관계를 검토하시오. 20점

Ⅰ. 물음 1

1. 기판력의 의의 및 취지		판결이 확정된 후 소송당사자는 전소에 반하는 주장을 할 수 없고 후소법원도 전소에 반하는 판결을 할 수 없는 효력을 말한다. 소송절차의 무용한 반복을 방지하고 법적 안정성을 도모하는 데 취지가 있다.
2. 기판력의 내용		기판력이 발생하면 동일 소송물에 대해 다시 소를 제기할 수 없다는 <반복금지효>, 후소에서 당사자는 전소의 확정판결에 반하는 주장을 할 수 없고 후소법원도 이에 반하는 판결을 할 수 없는 <모순금지효>가 발생한다.
3. 기판력의 범위		① 주관적 범위는 소송당사자 및 이와 동일시할 수 있는 승계인이다. 판례는 보조참가인에게도 미친다고 보았다. ② 객관적 범위는 동일한 소송물로서 판결의 주문에 포함된 것에 한한다. ③ 시간적 범위는 사실심 변론 종결 시까지이다.
4. 취소소송의 기판력과 국가배상청구소송	1) 문제점	국가배상법상 위법개념과 항고소송의 위법개념이 동일한지에 대하여 견해가 대립한다. 따라서 처분의 취소를 구하는 취소소송의 판결 확정 후 국가배상청구소송이 제기된 경우 취소소송의 기판력이 후소인 국가배상청구소송에 미치는지 문제된다.

2) 학설	취소소송의 위법과 국가배상의 위법이 동일하다는 <전부기판력 긍정설>, 취소소송의 위법과 국가배상의 위법을 다르다고 보는 <전부기판력 부정설>, 항고소송의 인용판결 시 기판력이 미치고 기각판결 시 기판력이 미치지 않는다는 <제한적 기판력 긍정설>이 대립한다.
3) 관련 판례	어떤 행정처분이 항고소송에서 취소되었다고 할지라도 그 기판력에 의하여 해당 행정처분이 곧바로 공무원의 고의 또는 과실로 인한 것이어서 불법행위를 구성한다고 단정할 수 없다고 판시하였다.
4) 검토	손해전보를 목적으로 하는 국가배상과 취소소송의 위법성의 개념을 동일하다고 볼 수 없다. 다만 국민의 권리구제 측면에서 공무원이 손해발생방지 의무를 부담한다고 보아야 하므로 <제한적 긍정설>이 타당하다고 판단된다. 따라서 기각판결의 경우 취소소송의 기판력이 미치지 않는다고 봄이 타당하다.

05 개발제한구역 지정 및 손실보상

국토교통부장관은 국토의 계획 및 이용에 관한 법률 제38조에 의하여 甲 소유의 토지가 속해 있는 경기도 부천시 일대의 지역을 개발제한구역으로 지정하였다. 甲의 토지는 "나대지"임에도 불구하고 해당 구역의 지정으로 인하여 건축물의 건축, 공작물의 설치 및 토지의 형질변경 등이 제한되게 되었고, 토지가격도 대폭 하락이 예상된다. 이에 토지소유자 甲은 가능한 모든 권리구제수단을 통하여 자신이 받게 될 피해를 보상받으려 한다. 다음 물음에 답하시오. 40점

(1) 토지소유자 甲은 자신의 토지를 제외하더라도 개발제한구역 지정 목적을 충분히 달성할 수 있고, 개발제한구역 지정으로 달성되는 공익보다 침해되는 자신의 사익이 보다 크기 때문에 해당 구역 지정은 재량권을 일탈, 남용한 위법한 처분에 해당한다고 주장하며 그 취소소송을 제기하였다. 토지소유자 甲의 소제기에 대하여 법원은 각하, 기각, 인용판결 중 어떠한 판결을 하여야 하는지를 검토하시오. 20점

(2) 토지소유자 甲은 취소소송에서 승소하지 못할 경우에는 국가에 대하여 손실보상청구권을 행사하고자 한다. 손실보상청구가 가능한지를 검토하시오. 20점

I. 논점의 정리

II. 물음 1

1. 개발제한구역 지정의 성격 (행정계획의 의의)		행정주체 또는 그 기관이 일정한 행정활동을 행함에 있어서 일정한 목표를 설정하고 그 목표를 달성하는데 필요한 수단을 선정, 조정하고 종합화한 것을 말한다. 개발제한구역 지정은 행정계획 중 <도시관리계획>이다(도시의 무질서한 확산 방지, 도시주변 자연환경보호를 위해 국토교통부장관이 지정하는 것을 말한다).
2. 행정계획의 법적 성질	1) 학설	행정계획은 일반적 · 추상적 규율을 정립하는 행위라는 <입법행위설>, 행정계획의 결정 · 고시로 법률관계가 변동되면 행정행위의 성질을 갖는다고 보는 <행정행위설>, 행정계획의 내용과 형식이 다양하므로 개별적으로 검토해야 한다는 <복수성질설>, 행정계획

		은 규범도 아니고 행정행위도 아닌 독자적 성질을 갖는다는 <독자성설>이 있다.
	2) 관련 판례	판례는 도시관리계획결정의 처분성은 긍정한 반면, 도시기본계획의 처분성은 부정한바 있다. 개발제한구역 지정행위의 경우 계획재량처분으로 판시하여 처분성을 긍정하였다.
	3) 검토	행정계획은 종류와 내용이 매우 다양하고 상이하므로 개별적으로 검토되어야 한다. 따라서 도시관리계획결정인 개발제한구역 지정은 국민의 법적 권리에 직접적, 구체적으로 영향을 미치므로 <처분성>을 긍정함이 타당하다.
3. 취소소송의 적법성		취소소송의 소송요건은 대상적격, 원고적격, 협의의 소익, 제소기간, 관할, 피고적격이 있다. 개발제한구역 결정의 처분성이 긍정되므로 대상적격을 충족하고 구체적 사실관계가 주어지지 아니하였으나 다른 소송요건에 위법이 없다고 판단되므로 甲이 제기한 취소소송은 적법하다.
4. 행정계획의 위법성	1) 계획재량의 의의 및 한계	행정계획을 수립・변경함에 있어서 계획청에게 인정되는 재량을 말한다. 행정재량과의 구분에 있어 견해가 대립하나 양자 규범구조가 다르므로 구분하는 것이 타당하다. 계획재량은 <목적의 적법성>, <수단의 적법성>, <절차의 적법성>, <정당한 이익형량>을 기준으로 판단한다.
	2) 형량명령의 의의	형량명령이란 행정계획을 수립함에 있어서 공익과 사익은 물론 공익 상호 간에도 관련된 이익을 정당하게 형량하여야 한다는 원칙을 말한다.
	3) 형량명령의 하자	형량명령의 하자에는 ① 형량의 해태, ② 형량의 흠결, ③ 오형량이 있다. 판례는 이익형량을 전혀 하지 아니하거나, 이익형량의 고려사항을 누락하거나, 이익형량을 하였으나 정당성과 객관성이 결여된 경우 그 행정계획결정은 형량에 하자가 있어 위법하다고 판시하였다.

	4) 검토	사안은 甲의 토지를 제외하더라도 개발제한구역 지정은 목적을 충분히 달성할 수 있고 개발제한구역 지정으로 달성되는 공익보다 침해되는 甲의 이익이 크다고 판단되는 경우 이익형량에 오형량이 있다고 판단되므로 위법성이 있다고 판단된다.
5. 사안의 해결		사안의 경우 토지소유자 甲이 제기한 취소소송의 적법성이 인정되고, 甲의 주장에 따라 개발제한구역 결정에 있어서 이익형량에 오형량이 있다고 판단되는 경우 해당 행정계획은 계획재량의 재량권 일탈・남용이 있어 위법성이 인정된다고 판단되므로 법원은 <인용판결>을 할 수 있다.

III. 물음 2

1. 손실보상의 의의		손실보상이란 공공필요에 의한 적법한 공권력의 행사에 의해 개인의 재산권에 가해진 특별한 희생에 대해 사유재산권 보장과 공평부담의 견지에서 행하여지는 조절적 보상을 말한다.
2. 손실보상의 요건		해당 손실이 헌법상 손실보상 요건을 충족하는지는 ① 공공필요, ② 재산권에 대한 공권적 침해, ③ 침해의 적법성, ④ 특별한 희생, ⑤ 보상규정의 존재를 기준으로 판단한다. 사안은 ①, ②, ③ 요건을 충족한다고 판단되므로 특별한 희생 여부와 보상규정의 존재 여부를 검토한다.
3. 특별한 희생	1) 학설	손실의 인적범위의 특정성을 기준으로 판단하는 <형식적 기준설>, 침해의 본질과 강도를 기준으로 판단하는 <실질적 기준설>이 대립한다.
	2) 관련 판례	개발제한구역 지정과 관련하여 토지를 종래의 목적으로 사용할 수 없거나 토지의 사용・수익의 이익이 없는 경우에는 사회적 제약의 한계를 넘는 손실로 보았다. 다만 개발가능성의 소멸 및 그에 따른 지가의 하락 등은 사회적 제약의 범주에 속하는 것으로 판시하였다.
	3) 검토	사안의 경우 건축물의 건축, 공작물의 설치 및 토지의 형질변경 등의 제한으로 인한 손실은 특별한 희생으로

		판단되나, 토지가격의 하락은 사회적 제약으로 판단되므로 손실보상의 대상에 해당하지 아니한다.
4. 보상규정의 존재	1) 문제점	공용제한은 일반 손실보상과 달리 법령에 규정되어 있지 않은바 손실보상 기준에 있어서 문제가 된다. 이하 학설과 판례를 근거로 검토한다.
	2) 학설	헌법 제23조 제3항을 직접 근거로 하는 <직접효력설>, 보상규정이 없는 수용은 위헌이므로 손해배상소송으로 권리구제 받을 수 있다는 <위헌무효설>, 근거법률 및 관계 법률의 유추적용을 통하여 손실보상이 가능하다는 <유추적용설>이 있다.
	3) 관련 판례	판례의 입장은 지속적으로 변해왔다. 최근 국유화된 하천 제외지 손실보상 청구 사건에서 관련 규정을 유추적용하여 손실보상이 가능하다고 판시하였다.
	4) 검토	헌법 제23조를 불가분조항으로 본다면 특별한 희생이 발생하여도 손실보상을 할 수 없게 되므로 불가분조항을 채택하지 않은 것으로 봄이 타당하다. 따라서 관련 법률의 유추적용에 따라 손실보상을 할 수 있다고 봄이 타당하다.
5. 사안의 해결		사안의 경우 개발제한구역 지정으로 건축물의 건축 및 토지의 형질변경 등이 제한됨에 따른 손실은 특별한 희생에 해당하여 손실보상의 대상에 해당되나 보상규정이 존재하지 않으므로 관계법령의 유추적용으로 손실보상을 할 수 있다고 판단된다.

06 개별공시지가 항고쟁송 & 재산세와 하자승계

(1) 토지소유자 甲이 부동산공시법상 개별공시지가 이의신청과 개별공시지가에 대한 행정심판을 모두 제기한 것이 타당한 것인지 여부와 행정기본법상 이의신청 규정을 적용하면 어떤 권리구제가 가능한지에 대하여 검토하시오. 10점

(2) 토지소유자 甲의 토지는 전년대비 높은 개별공시지가가 확정되었고, 이 개별공시지가에는 단순 취소사유가 있었는데 일정기간이 지나게 되어 불가쟁력이 발생하였다. 이 개별공시지가를 기초로 부과된 재산세에 대한 취소청구소송을 제기할 수 있는지 여부에 대하여 하자의 승계 관점에서 검토하시오. 20점

I. 논점의 정리

II. 물음 1

<table>
<tr><td colspan="2">1. 개별공시지가 이의신청의 의의 및 취지</td><td>개별공시지가에 이의가 있는 자가 시장・군수・구청장에게 이의를 신청하고 시장・군수・구청장이 이를 심사하도록 하는 제도이다. 이는 정정한 지가공시 및 국민의 권익보호에 취지가 있다.</td></tr>
<tr><td rowspan="3">2. 부동산공시법상 이의신청의 법적 성질</td><td>1) 학설</td><td>처분청인 지방자치단체에 대하여 제기한다는 점 등을 논거로 <강학상 이의신청>이라는 견해, 개별공시지가의 목적 등을 고려할 때 전문성과 특수성이 요구되며 행정심판법 제4조의 규정취지를 감안하여 <특별법상 행정심판>으로 보는 견해가 대립한다.</td></tr>
<tr><td>2) 관련 판례</td><td>① 종전 판례는 특별법상 행정심판으로 보았으나, ② 최근 개별공시지가 관련 판례는 부동산공시법상 행정심판의 제기를 배제하는 명시적인 규정이 없고, 부동산공시법상 이의신청과 행정심판은 그 절차 및 담당기관에 차이가 있는 점을 종합하여 이의신청을 거친 후 행정심판을 제기할 수 있다고 하였다.</td></tr>
<tr><td>3) 검토</td><td>부동산공시법상 이의신청은 처분청인 시장・군수・구청장에게 제기한다는 점과 국민의 권리구제의 측면에서 강학상 이의신청으로 봄이 타당하다.</td></tr>
</table>

3. 행정기본법상 이의신청 규정 적용 시 권리구제 방법	1) 관련 규정 (행정기본법 제36조)	행정기본법 제36조 제3항은 이의신청과 관계없이 행정심판법에 따른 행정심판 또는 행정소송법에 따른 행정소송을 제기할 수 있고 동조 제4항은 그 결과를 통지받은 날부터 90일 이내에 행정심판 또는 행정소송을 제기할 수 있다고 규정한다.
	2) 행정심판	이의신청을 거친 경우 해당 이의신청에 관한 결과를 통지받은 날로부터 90일 이내에 관할 행정심판위원회에 행정심판을 제기할 수 있다. 이때 행정심판의 형식은 취소심판 또는 무효확인심판이 될 수 있다.
	3) 행정소송	이의신청의 결과를 통지받은 날로부터 90일 이내에 행정소송을 제기할 수 있다. 취소소송 및 무효확인소송이 적절하며 행정소송법 제18조에 따라 행정심판 임의주의를 따른다. 또한 동법 제23조에 따라 집행부정지 원칙이 적용된다.

III. 물음 2

1. 개별공시지가의 의의 및 취지	개별공시지가는 시장·군수·구청장이 부담금의 부과 등 일정한 행정목적에 활용하기 위하여 공시지가를 기준으로 일정한 절차에 따라 결정·공시한 개별토지의 단위면적당 가격이다. 과세결정의 공정성 등에 그 취지가 있다.
2. 개별공시지가의 법적 성질	학설은 <행정행위설>, <행정규칙설>, <사실행위설> 등이 있다. 판례는 과세의 기준이 되어 국민의 권리, 의무 내지 법률상 이익에 직접적으로 관계된다고 하여 처분성을 긍정하였다. 생각건대, 과세 등과 관련하여 국민의 권리구제의 측면에서 처분성을 인정함이 타당하다.
3. 하자승계의 의의 및 취지	하자의 승계란 일련의 행정행위에서 선행 행정행위의 위법을 이유로 후행 행성행위의 위법을 주장할 수 있는 것을 말한다. 국민의 권리보호와 재판받을 권리를 보장하는 데 취지가 있다.
4. 하자승계의 전제요건	① 선·후행행위가 모두 처분일 것, ② 선행행위의 위법이 취소사유일 것, ③ 선행행위에 대한 불가쟁력이 발생하였을 것, ④ 후행행위가 적법할 것을 전제로 한

		다. 사안의 경우 재산세 부과는 강학상 급부하명으로 처분성이 긍정되므로, 나머지 전제요건을 충족한다고 판단된다.
5. 하자의 승계 인정 여부	1) 문제점	개별공시지가 결정과 재산세 부과는 서로 독립하여 별개의 목적을 갖는 행정행위이므로 하자의 승계를 인정할 수 있는지 문제된다. 이하 학설과 관련 판례를 근거로 검토한다.
	2) 학설	선·후행 행정행위가 동일한 법률효과를 목적으로 하는 경우 하자승계를 긍정하는 <전통적 하자승계론>, 선행행위에 불가쟁력이 발생한 경우 구속력으로 후행행위에서 선행행위의 위법을 다툴 수 없다는 <구속력 이론>이 있다.
	3) 관련 판례	판례는 행정행위로 인해 개인에게 발생한 손실이 예측가능성, 수인가능성을 넘는 경우 별개의 법률효과를 목적으로 하더라도 하자의 승계를 긍정하였다. 개별공시지가와 과세처분과 관련한 판례는 당사자에게 통지가 없었던 경우에 한하여 하자의 승계를 긍정하였고, 조정결정을 통지받고도 더 이상 다투지 아니한 경우에는 하자의 승계를 부정하였다.
	4) 검토	선·후행 행정행위가 별개의 법률효과를 목적으로 하는 경우 하자의 승계를 부정함이 타당하나, 예외적으로 해당 손실에 대한 예측가능성 및 수인가능성이 없는 경우에 한하여 국민의 권리구제 측면에서 긍정함이 타당하다.
6. 사안의 해결		사안의 토지소유자 甲은 행정심판 후 행정소송을 제기하지 않아 불가쟁력이 발생하였다고 판단되므로 예측가능성 및 수인가능성을 부정할 수 없다고 판단된다. 따라서 하자의 승계는 부정되며 甲은 개별공시지가의 위법을 재산세 부과처분의 취소소송에서 주장할 수 없다.

07 개별공시지가가 시가와 현저한 차이가 나는 경우

甲은 서울특별시 영등포구에 토지소유자로서 해당 토지는 「부동산가격공시에 관한 법률」(이하 '부동산공시법')에 따라 개별공시지가가 영등포구청장에 의해 공시되어 2022년 5월 30일에 그 단위당 가격을 1000만원/㎡으로 결정 · 공시하였으며, 이를 토지소유자 甲에게 통지하였다. 그런데 甲의 개별공시지가와 시가(市價)가 현격한 차이를 보이고 있다. 이에 甲은 개별공시지가가 시가(市價)와 현저한 차이가 나는 것은 위법하다고 주장하는바, 토지소유자 甲 주장의 타당성 여부를 검토하시오. 10점

I. 논점의 정리

II. 관련 행정작용의 검토

1. 개별공시지가의 의의 및 법적 성질	시장 · 군수 · 구청장이 부담금의 부과 등 일정한 행정목적에 활용하기 위하여 공시지가를 기준으로 일정한 절차에 따라 결정 · 공시한 개별토지의 단위면적당 가격이다. 판례는 과세의 기준이 되어 국민의 권리, 의무 내지 법률상 이익에 직접적으로 관계된다고 하여 처분성을 긍정하였다.
2. 개별공시지가의 위법사유	① 주요절차를 위반한 하자가 있거나, ② 비교표준지의 선정 또는 토지가격비준표에 의한 표준지와 해당 토지의 토지특성의 조사, 비교 및 가격조정률의 적용이 잘못된 경우, ③ 기타 틀린 계산, 오기로 인하여 지가산정에 명백한 잘못이 있는 경우 인정된다.

III. 개별공시지가와 시가의 차이가 위법한지 여부

1. 문제점	시가와 현저히 차이나는 공시지가 결정의 위법성 문제는 공시지가가 시가와 어떠한 관계가 있는지에 대한 논의와 밀접한 관계가 있다. 이하 공시지가의 법적 성질에 대한 학설과 관련 판례를 근거로 검토한다.
2. 학설	부동산공시법의 제정 목적이 적정한 지가 형성을 도모하는 데 있다는 <정책가격설>, 공시지가는 각종 세금이나 부담금 산정의 기준이 되는 토지가격으로 현실 시장가격을 반영한 가격이라는 <시가설>이 있다.

3. 관련 판례	판례는 개별공시지가는 시가와 괴리된다는 사유만으로 위법하다고 단정할 수 없고, 그 위법 여부는 부동산공시법의 산정방법과 절차에 따라 이루어진 것인지 여부로 결정될 일이라고 판시하였다.
4. 사안의 해결	생각건대, 개별공시지가는 개발부담금 및 토지관련 조세 산정 등 각종 법률에 따른 과세의 표준이 되므로 정책가격, 법상가격의 성격을 갖는다고 봄이 타당하다. 따라서 시가에 괴리된다는 사정만으로는 개별공시지가가 위법하다고 볼 수 없으므로 토지소유자 甲 주장의 타당성은 인정되지 않는다.

08 개별공시지가와 공무원의 손해배상책임

(3) 관악구 봉천동 10번지 일대 임야인 표준지공시지가가 정상적으로 공시된 것으로 전제로 관악구청장은 봉천동 100번지 일대 토지의 이용상황을 실제 이용되고 있는 '자연림'으로 하여 개별공시지가를 산정한 다음 감정평가법인에 검증을 의뢰하였는데, 감정평가법인이 그 토지의 이용상황을 '공업용'으로 잘못 정정하여 검증지가를 산정하고, 관악구부동산공시위원회가 검증지가를 심의하면서 그 잘못을 발견하지 못함에 따라, 그 토지의 개별공시지가가 적정가격보다 훨씬 높은 가격으로 결정 · 공시된 사안에서, 이는 개별공시지가 산정업무 담당공무원 등이 개별공시지가의 산정 및 검증, 심의에 관한 직무상 의무를 위반했다고 하며, 개별공시지가를 기반으로 근저당권을 설정하고 물품을 빌려준 A회사가 위법을 주장하고 있다. A회사의 위법 주장에 대한 타당성을 검토하시오. 10점

(4) 관악구청장은 봉천동 일대 100번지 개별공시지가는 그 산정 목적인 개발부담금의 부과, 토지 관련 조세 부과 등 다른 법령이 정하는 목적을 위해 지가를 산정하는 경우에 그 산정 기준이 되는 범위 내에서는 납세자인 국민 등의 재산상 권리 · 의무에 직접적인 영향을 미칠 수 있지만, 이에 더 나아가 개별공시지가가 해당 토지의 거래 또는 담보제공을 받음에 있어 그 실제 거래가액 또는 담보가치를 보장한다거나 어떠한 구속력을 미친다고 할 수는 없다고 주장하나, A회사는 관악구청장이 손해배상책임을 부담해야 한다고 하는데 그 타당성을 검토하시오. 10점

Ⅰ. 물음 3

1. 개별공시지가의 의의 및 법적 성질	시장 · 군수 · 구청장이 부담금의 부과 등 일정한 행정목적에 활용하기 위하여 공시지가를 기준으로 일정한 절차에 따라 결정 · 공시한 개별토지의 단위면적당 가격이다. 판례는 과세의 기준이 되어 국민의 권리, 의무 내지 법률상 이익에 직접적으로 관계된다고 하여 처분성을 긍정하였다.
2. 관련 규정 (부동산공시법 제10조)	시장 · 군수 · 구청장은 국세 · 지방세 등 각종 세금이 부과와 그 밖의 다른 법령에서 정하는 목적을 위한 지

		가산정에 사용되도록 하기 위하여 제25조에 따른 시·군·구부동산가격공시위원회의 심의를 거쳐 매년 공시지가의 공시기준일 현재 관할 구역 안의 개별공시지가를 결정·공시하고, 이를 관계행정기관 등에 제공해야 한다.
3. 관련 판례	1) 공무원의 직무상 행위	판례는 개별공시지가 산정업무 담당공무원은 산정지가 또는 검증지가가 관련 법률에 따른 기준과 방법에 따라 제대로 산정된 것인지 여부를 검증, 심의함으로써 적정한 개별공시지가가 결정·공시되도록 조치할 직무상 의무가 있다고 판시하였다.
	2) 공무원의 고의 또는 과실로 상대방에게 손해를 입힐 것	판례는 공무원이 검증지가를 심의하면서 그 잘못을 발견하지 못함에 따라 개별공시지가가 적정가격보다 훨씬 높은 가격으로 결정·공시된 사안에서 개별공시지가의 산정 및 검증, 심의에 관한 직무상 의무를 위반한 것으로 불법행위에 해당한다고 판시하였다.
4. A회사 주장의 타당성		부동산공시법 제10조에 따라 담당공무원에게 개별공시지가의 적정가격을 결정·공시할 의무가 있는바, 검증지가 심의에 있어 개별공시지가 산정업무에 관한 직무상 의무를 위반하여 불법행위에 해당하므로 A회사의 주장은 타당하다.

II. 물음 4

1. 개별공시지가의 목적 (부동산공시법 제10조 제1항)	시장·군수 또는 구청장은 국세·지방세 등 각종 세금의 부과, 그 밖의 다른 법령에서 정하는 목적을 위한 지가산정에 사용되도록 하기 위하여 개별공시지가를 결정·공시한다고 규정하고 있다.
2. 국가배상책임의 의의 및 법적 근거	국가가 자신의 사무수행과 관련하여 위법하게 타인에게 손해를 가한 경우 국가가 피해자에게 손해를 배상해 주는 제도를 말한다. 국가배상법에 근거가 있다.
3. 국가배상책임의 요건 (국가배상법 제2조)	① 공무원이 직무를 집행하면서 타인에게 손해를 가하였을 것, ② 가해행위는 고의 또는 과실로 법령에 위반하여 행하여졌을 것, ③ 공무원의 위법행위와 손해 사이에 상당한 인과관계가 성립할 것을 요건으로

		한다. 이하 공무원의 위법행위와 손해 사이 인과관계를 중심으로 검토한다.
4. 관련 판례	1) 개별공시지가의 담보가치에 대한 구속력	판례는 개별공시지가가 토지의 실제 거래가액 또는 담보가치를 보장한다거나 어떠한 구속력을 미친다고 할 수 없다고 판시하였다.
	2) 개별공시지가와 손해 사이의 인과관계	판례는 개별공시지가 산정업무 담당공무원이 개별공시지가 산정에 관한 직무상 위반행위와 담보대출과 관련한 손해 사이에 상당인과관계가 있다고 보기 어렵다고 판시하였다.
5. 사안의 해결		개별공시지가는 개발부담금, 토지관련 조세 등의 부과를 목적으로 하는 범위 내에서 국민의 재산상 권리·의무에 직접적인 영향을 미치므로 실제 거래가액이나 담보가치 등에는 구속력을 부정함이 타당하다. 따라서 A회사의 손해와 개별공시지가 사이의 상당한 인과관계는 부정되므로 A회사의 주장은 타당하지 않다.

국가배상청구 가능 여부를 물어보는 경우		
1. 개별공시지가의 의의 및 취지		개별공시지가 결정이란 시장·군수·구청장이 관할 개별토지의 공시기준일 단위면적당 가격을 조사·산정하여 시·군·구부동산공시위원회의 심의를 거쳐 공시하는 것을 말한다. 과세의 합리성 및 공정성에 취지가 있다.
2. 국가배상책임의 의의 및 근거		국가배상책임이란 국가 등의 위법한 행위로 인하여 상대방에게 손해가 발생한 경우 국가가 이를 배상할 책임을 말한다. 국가배상법에 근거를 둔다.
3. 국가배상책임의 요건 (국가배상법 제2조)		① 공무원이 직무를 집행하면서 타인에게 손해를 가하였을 것, ② 가해행위는 고의 또는 과실로 법령에 위반하여 행하여졌을 것, ③ 공무원의 위법행위와 손해 사이에 상당한 인과관계가 성립할 것을 요건으로 한다. 이하 공무원의 위법행위와 손해 사이 인과관계를 중심으로 검토한다.
4. 관련 판례	1) 공무원의 직무상 행위	판례는 개별공시지가 산정업무 담당공무원은 산정지가 또는 검증지가가 관련 법률에 따른 기준과 방법에 따라 제대로 산정된 것인지 여부를 검증, 심의함으로써 적정한 개별공시지가가 결정·공시되도록 조치할 직무상 의무가 있다고 판시하였다.
	2) 공무원의 고의 또는 과실로 상대방에게 손해를 입힐 것	판례는 담당 공무원이 검증지가를 심의하면서 그 잘못을 발견하지 못함에 따라 개별공시지가가 적정가격보다 훨씬 높은 가격으로 결정·공시된 사안에서 개별공시지가의 산정 및 검증, 심의에 관한 직무상 의무를 위반한 것으로 불법행위에 해당한다고 판시하였다.
	3) 위법행위와 손해 사이에 상당한 인과관계	판례는 담당공무원 등이 그 직무상 의무에 위반하여 현저하게 불합리한 개별공시지가가 결정되도록 함으로써 국민 개개인의 재산권을 침해한 경우에는 그 손해에 대하여 상당인과관계 있는 범위 내에서 그 담당공무원 등이 소속된 지방자치단체가 배상책임을 지게 된다고 판시하였다.
5. 사안의 해결		개별공시지가는 부담금 및 각종 법률에 따른 조세 부과의 기준이 되는 가격이므로 적정한 개별공시지가가 결정·공시될 수 있도록 검증·심의할 의무가 있는 공무원에게 이에 관한 손해배상책임이 있다고 판단된다.

09 개정된 감정평가법 내용 논평

감정평가법 개정 취지에 따라 개정된 내용에 대하여 논평하시오. 10점

I. 개정된 규정의 내용

1. 의뢰인의 불공정 행위 제한 (감정평가법 제28조의2)	누구든지 감정평가법인등과 그 사무직원에게 토지 등에 대하여 특정한 가액으로 감정평가를 유도 또는 요구하는 행위를 하여서는 아니 된다. 또한 동법 제49조에 따라 해당 위반행위를 한 자는 3년 이하의 징역 또는 3천만원 이하의 벌금을 처한다.
2. 공정한 감정평가에 대한 책무 (감정평가법 제4조 제2항)	감정평가사는 공공성을 지닌 가치평가 전문직으로서 공정하고 객관적으로 그 직무를 수행하여야 한다.
3. 감정평가서 표본조사의 법적 근거 (감정평가법 제8조 제4항)	국토교통부장관은 감정평가제도를 개선하기 위하여 대통령령으로 정하는 바에 따라 발급된 감정평가서에 대한 표본조사를 실시할 수 있다.
4. 징계이력의 공개 (감정평가법 제39조의2)	국토교통부장관이 동법 제39조에 따라 징계를 한 경우 지체 없이 그 구체적인 사유를 해당 감정평가사, 감정평가법인등 및 협회에 각각 알리고 그 내용을 관보 또는 인터넷 홈페이지 등에 게시 또는 공고해야 한다.
5. 실무기준 제정을 위한 기관 운영 (감정평가법 제3조 제3항)	국토교통부장관은 실무기준의 제정 등에 관한 업무를 수행하기 위하여 기준제정기관을 지정할 수 있고 국가는 기준제정기관의 설립 및 운영에 필요한 비용의 일부 또는 전부를 지원할 수 있다.
6. 감정평가서 전자문서의 발급 허용 (감정평가법 제6조 제1항)	감정평가서에는 「전자문서법」에 따른 전자문서로 된 감정평가서를 포함한다. 또한 감정평가서 보존 시 이동식 저장장치 등 전자적 기록매체에 수록하여 보존할 수 있다.

II. 개정된 감정평가법 내용 논평

1. 감정평가 시장질서 확립 및 공정한 감정평가 제고	의뢰인의 불공정한 행위를 직접적으로 제한하는 규정 및 벌칙을 신설하고 감정평가법인등의 책무를 명시하는 등

	공정한 감정평가가 저해되거나 시장질서가 훼손되는 문제를 개선할 수 있을 것으로 판단된다.
2. 감정평가제도의 질적 개선	실무기준을 연구할 수 있는 기관의 운영 근거를 마련하고 감정평가서 표본조사에 대한 법적 근거를 마련함으로써 감정평가제도의 공정성 및 신뢰성을 제고하고 감정평가업무의 질적 개선을 이룰 수 있을 것으로 판단된다.
3. 감정평가 분야의 낡은 규제 개선	전자적인 형태의 감정평가서 발급 및 보존에 관한 규정을 신설함으로써 지식정보화사회로의 이전에 따라 감정평가 분야의 낡은 규제를 개선하고 합리적인 업무절차를 도모할 수 있을 것으로 판단된다.

10 과징금부과처분과 일부취소

감정평가사 甲과 乙은 「감정평가 및 감정평가사에 관한 법률」에 따른 감정평가준칙을 위반하여 감정평가를 하였음을 이유로 업무정지처분을 받게 되었으나, 국토교통부장관은 그 업무정지처분이 「부동산 가격공시에 관한 법률」에 따른 표준지공시지가 공시 등의 업무를 정상적으로 수행하는 데 지장을 초래할 우려가 있음을 들어, 2021.4.1. 甲과 乙에게 업무정지처분을 갈음하여 각 3천만원의 과징금을 부과하였다. 다음 물음에 답하시오. 20점

(1) 甲은 부과된 과징금이 지나치게 과중하다는 이유로 국토교통부장관에게 이의신청을 하였고, 이에 대해서 국토교통부장관은 2021.4.30. 甲에 대하여 과징금을 2천만원으로 감액하는 결정을 하였다. 甲은 감액된 2천만원의 과징금도 과중하다고 생각하여 과징금부과처분의 취소를 구하는 소를 제기하고자 한다. 이 경우 甲이 취소를 구하여야 하는 대상은 무엇인지 검토하시오. 10점

(2) 乙은 2021.6.1. 자신에 대한 3천만원의 과징금부과처분의 취소를 구하는 소를 제기하였다. 이에 대한 심리결과 법원이 적정한 과징금 액수는 1천 5백만원이라고 판단하였을 때, 법원이 내릴 수 있는 판결의 내용에 관하여 검토하시오. 10점

Ⅰ. 논점의 정리

Ⅱ. 물음 1

1. 감정평가법상 과징금	1) 과징금의 의의	과징금이란 행정법규의 위반으로 경제적 이익을 얻게 되는 경우 해당 위반으로 인한 경제적 이익을 박탈하기 위하여 그 이익에 따라 행정기관이 가하는 행정상 제재금을 의미한다.
	2) 감정평가법상 과징금	감정평가법상 과징금은 국토교통부장관이 업무정지처분을 하여야 하는 경우로서 그 업무정지처분이 공적 업무의 수행에 지장을 초래하는 등 공익을 해할 우려가 있는 경우에 업무정지처분에 갈음하여 과징금을 부과할 수 있도록 한 것으로 변형된 과징금이다.

<table>
<tr><td colspan="2">2. 과징금의 법적 성질</td><td>과징금 부과행위는 금전상 급부를 명하는 행위로 <급부하명>으로 처분성이 인정된다. 감정평가법 제41조는 '부과할 수 있다.'고 규정하므로 법문언 형식상 <재량행위>이다.</td></tr>
<tr><td rowspan="3">3. 처분의 변경 시 소의 대상 (당사자에게 유리하게 변경된 경우)</td><td>1) 학설</td><td>양자 모두 독립된 처분으로 항고소송의 대상이라는 <병존설>, 원처분은 변경처분에 흡수되어 변경처분이 항고소송의 대상이라는 <흡수설>, 변경처분은 원처분에 흡수되어 변경된 원처분이 항고소송의 대상이라는 <역흡수설>이 있다.</td></tr>
<tr><td>2) 관련 판례</td><td>판례는 감액처분을 항고소송의 대상으로 할 수는 없고, 감액처분으로 취소되지 않고 남은 부분을 항고소송의 대상으로 할 수 있을 뿐이며 제소기간의 준수 여부도 당초 처분을 기준으로 판단한다고 판시하였다.</td></tr>
<tr><td>3) 검토</td><td>원처분에 대한 변경행위는 그 부분에만 법적 효과를 미치는 것으로 원처분과 별도의 독립한 처분이 아니므로 원처분의 연속성이라는 관점에서 소송의 대상은 변경된 내용의 원처분으로 봄이 타당하다.</td></tr>
<tr><td colspan="2">4. 사안의 해결</td><td>3천만원의 과징금 부과처분을 2천만원의 과징금으로 변경한바 해당 변경 처분은 원처분과 별도로 독립한 처분으로 볼 수 없으므로 변경된 처분은 원처분에 흡수되어 변경된 내용의 원처분을 취소소송의 대상으로 봄이 타당하다.</td></tr>
<tr><td colspan="3">III. 물음 2</td></tr>
<tr><td colspan="2">1. 문제점</td><td>취소소송이란 행정청의 위법한 처분 등을 취소 또는 변경하는 소송이다. 일부취소판결은 '변경'이 적극적 의미의 변경인지 소극적 의미의 일부취소인지에 따라 결론이 달라지므로 이하 검토한다.</td></tr>
<tr><td>2. 행정소송법 제4조 제1호 변경의 의미</td><td>1) 학설 및 판례</td><td>권력분립의 원칙에 따라 일부취소로 보는 <소극적 변경설>, 법원이 위법한 처분취소와 처분을 내용으로 하는 판결이 가능하다는 <적극적 변경설>이 있다. 판례는 소극적 변경설의 입장이다.</td></tr>
</table>

	2) 검토	적극적 변경설은 법원이 처분 권한을 행사하는 것과 같은 결과를 가져오므로 권력분립 원칙에 반한다. 따라서 변경은 소극적 변경으로서의 일부취소를 의미한다고 봄이 타당하다.
3. 일부 취소판결의 가능성	1) 기준	① 외형상 하나의 처분이라도 가분성이 있고 일부가 분리가능성이 있다면 일부취소가 가능하다. ② 재량행위의 경우 일부취소가 부정되고 기속행위는 일부취소가 가능하다.
	2) 관련 판례	판례는 기속행위인 조세부과처분과 같이 가분성・특정성이 있는 경우 일부취소가 가능하다고 한다. 그러나 재량행위인 과징금부과처분이나 영업정지처분의 경우 처분의 재량권을 존중하여야 하고 법원이 직접처분하는 것은 인정되지 않으므로 전부취소하여야 한다고 판시하였다.
	3) 검토	사안의 과징금부과처분은 그 성질상 가분성이 있으나 재량처분이므로 처분청의 재량권 존중 및 권력분립 원칙에 따라 일부취소를 부정함이 타당하다.

11 대토보상 내용

(1) 최근 개정된 토지보상법령상 대토보상 개정 내용을 설명하시오. 10점

Ⅰ. 물음 1

1. 대토보상의 의의 및 취지		현금보상의 예외로 토지소유자가 원하는 경우로서 사업시행자가 해당 공익사업의 합리적인 토지이용계획과 사업계획 등을 고려하여 토지로 보상이 가능한 경우 그 공익사업의 시행으로 조성한 토지로 보상하는 것을 말한다. 보상금의 투기자금화 방지 및 완전보상에 취지가 있다.
2. 대토보상 개정 내용	1) 토지로 보상 받을 수 있는 자의 예외 (법 제63조 제1항 제1호)	국토교통부, 사업시행자, 토지보상법 제21조 제2항에 따른 인허가권자, 중앙행정기관, 지방자치단체, 공공기관, 지방공기업에 종사하는 자 및 종사하였던 날부터 10년이 경과하지 아니한 자는 대토보상의 대상에서 제외한다.
	2) 대토보상의 기준 (법 제63조 제1항 제1호)	대토보상의 대상자가 경합할 때에는 제7항 제2호에 따른 부재부동산의 소유자가 아닌 자 중 해당 공익사업지구 내 거주하는 자로서 토지 보유 기간이 오래된 자 순으로 보상한다.
	3) 전매제한 등 (법 제63조 제3항)	토지로 보상받기로 결정된 권리는 그 보상계약의 체결일부터 소유권이전등기를 마칠 때까지 전매할 수 없고, 이를 위반하거나 해당 공익사업과 관련 위법행위를 한 자는 토지로 보상하기로 한 보상금을 현금으로 보상하여야 한다.
	4) 양벌규정 (법 제98조)	법 제93조의2에 따라 동법 제63조 제3항을 위반하여 토지로 보상받기로 한 권리를 전매한 자는 그 행위자를 벌하는 외에 그 법인 또는 개인에게도 해당 조문의 벌금형을 과한다. 다만, 법인이나 개인이 주의·감독 의무를 다하였을 때는 그러지 아니하다.

12 등록갱신 & 거부처분의 집행정지

감정평가법인에 소속된 감정평가사 甲은 계속적으로 감정평가 업무를 수행하다가 고의·과실로 잘못된 평가를 하여 「감정평가 및 감정평가사에 관한 법률」(이하 '감정평가법') 제39조에 따라 업무가 정지되었다. 이후 감정평가법 제17조에 의거 등록갱신기간이 다가옴에 따라 감정평가사 甲은 등록의 갱신을 신청하였으나 국토교통부장관은 이를 거부하였다. 이에 감정평가사 甲은 취소소송을 제기함과 동시에 집행정지신청을 하고자 한다. 이때 감정평가사 甲의 청구에 대해 법원은 어떠한 판단을 하여야 하는지를 검토하시오. (다만, 甲의 업무정지기간은 경과하였으며, 집행정지의 적극적 요건과 소극적 요건을 나누어 논하시오.) 10점

I. 논점의 정리

II. 등록갱신 거부처분의 집행정지의 가능성

1. 감정평가사 등록갱신의 의의 및 취지		등록갱신이란 등록에 기한이 설정된 경우, 종전의 등록의 법적 효과를 유지시키는 행정행위이다. 감정평가법은 5년마다 등록을 갱신하도록 규정하고 있다. 이는 감정평가업무를 수행할 수 있는 적정성을 주기적으로 확인하여 감정평가제도의 신뢰성을 제고함에 취지가 있다.
2. 집행부정지원칙 (행정소송법 제23조 제1항)		행정소송법 제23조 제1항은 취소소송의 제기는 처분 등의 효력이나 그 집행 또는 절차의 속행에 영향을 주지 아니한다고 규정하고 있다.
3. 집행정지의 의의 및 취지		취소소송이 제기된 경우 절차속행으로 회복하기 어려운 손해의 예방을 위해 긴급한 필요가 있는 경우 집행 또는 집행의 속행을 정지하는 것을 말한다. 본안판결의 실효성을 확보하여 당사자의 권익을 보호하는 데 취지가 있다.
4. 집행정지의 요건	1) 적극적 요건	① 본안소송이 적법하게 계속 중일 것, ② 정지대상인 처분이 존재할 것, ③ 회복하기 어려운 손해가 존재할 것, ④ 긴급한 필요가 있을 것을 요건으로 한다.

	2) 소극적 요건	① 집행정지가 공공복리에 중대한 영향이 없을 것, ② 본안 청구가 이유 없음이 명백하지 않을 것을 요건으로 한다.
5. 거부처분에서의 집행정지 인용결정 여부		학설은 집행정지는 거부하기 전의 상태로 돌아가는 것이라는 것을 근거로 부정하는 견해와 법적 이익이 인정되는 경우 제한적으로 긍정하는 견해가 있다. 판례는 거부처분에 대한 집행정지를 부정하는 입장이다.
6. 사안의 해결		등록갱신은 5년에 한 번씩 이루어져야 하므로 집행정지 시 등록 효력이 유지되어 법적 이익이 있다고 판단되므로 집행정지 요건을 충족한다고 보는 것이 타당하다. 따라서 법원은 감정평가사 甲의 집행정지 신청에 대한 인용결정을 하여야 한다고 판단된다.

13 무허가건축물 토지 및 건축물의 보상

경기도 가평군 설악면 일대에서 주말농장 과수원을 운영하여 생활해오던 토지소유자 甲은 공부상 지목이 과수원(果)으로 되어 있는 토지상에 식재되어 있던 사과나무가 이미 폐목이 되어 과수농사를 할 수 없는 상태가 되자, 사과나무를 베어내고 인삼밭(田)으로 사용하여 왔다. 또한 토지소유자 甲은 과수원 옆의 지목 대(垈)인 토지에 1층과 2층짜리 주택을 허가를 받아 건축하여 살고 있었으나, 인삼농사로 업종을 바꾸면서 2019년 4월 1일부터 1층 주택 일부를 임의로 인삼판매장 시설을 하고 인삼을 판매하기 시작한 동시에, 시설비를 보전하기 위해 허가 없이 3층을 증축하여 乙에게 사무실로 임대하였다(임차인 乙은 2019년 5월 1일에 사업자등록을 하고 사무실을 운영 중임). 다음 물음에 답하시오. 30점

(2) 위 토지 및 건축물(1층 주택의 일부, 1층 중 일부 근린생활시설, 2층 주택, 3층 증축 사무실)에 대한 보상평가 시 고려하여야 할 사항(지목, 이용상황, 보상범위 등)에 대하여 설명하시오. 10점

I. 물음 2	
1. 토지 및 건축물에 대한 보상평가기준	헌법 제23조 제3항은 <보상법률주의>를 취하고 있다. 이에 따라 토지보상법 제70조는 토지에 관한 평가방법, 동법 제75조는 건축물 등 물건에 대한 평가방법을 규정함으로써 <법정평가 보상주의>를 취하고 있다.

2. 토지의 보상평가 시 고려하여야 할 사항	1) 원칙적인 평가방법	토지보상법 제70조 제2항은 현실적인 이용상황과 일반적인 이용방법에 의한 객관적 상황을 고려하여 평가한다고 규정하므로 원칙적으로는 현황의 이용상황을 기준으로 평가하여야 한다.
	2) 무허가건축물 등의 부지 및 불법형질변경 토지의 평가	토지보상법 시행규칙 제24조에 따라 「건축법」 등을 위반한 무허가건축물의 부지 또는 「국토계획법」 등을 위반한 불법형질변경토지는 무허가건축물 등이 건축 또는 용도변경될 당시 또는 토지가 형질변경될 당시의 이용상황을 상정하여 평가하도록 규정한다.
	3) 검토	① 「농지법」에 따라 '전ㆍ답ㆍ과수원'은 서로 전용이 가능하므로 현황 인삼밭은 불법형질변경토지에 해당하지 아니한다. 따라서 현황인 <전>으로 평가한다. ② 현황 건축물부지는 주택으로 허가받은바, 용도변경 및 증축 부분은 무허가건축물로서 고려하지 아니한다. 따라서 <주거용>을 기준으로 평가한다.
3. 건축물의 보상평가 시 고려하여야 할 사항	1) 원칙적인 평가방법	토지보상법 제75조에서는 건축물 등은 이전비로 보상함을 원칙으로 한다. 다만 이전이 불가능한 경우, 이전비가 대상 물건의 가격을 초과하는 경우 해당 물건의 가격으로 보상할 수 있다.
	2) 주거용 건축물 보상 특례	토지보상법 시행규칙 제33조 제2항은 건축물의 가격은 원가법으로 평가하되 주거용 건축물의 경우 거래사례비교법에 의하여 평가한 금액과 비교하여 큰 금액으로 보상하도록 규정하고 있다.
	3) 무허가건축물 보상대상 여부	토지보상법 제25조에 따른 사업인정고시일 등을 기준으로 손실보상대상 여부를 판단한다. 따라서 무허가건축물이라도 하더라도 사업인정고시일 전에 건축ㆍ증축이 이루어진 경우 보상 대상에 해당한다고 판단된다.
	4) 검토	사안의 3층의 불법 및 1층의 불법용도변경은 토지보상법상 사업인정고시일 등 전 이루어진바, 건축물 보상의 범위에 포함된다.

14 별표 3 협의의 소익

2022년도 2월 1일자로 국토교통부는 감정평가법인에 대한 일제 지도 · 감독을 실시하게 되었다. 감정평가법인등 甲은 부동산 보상평가를 하면서 신도시에 어머니의 토지가 들어간 것을 미리 알고 시세보다 2배로 높게 평가하였다. 국토교통부의 지도 · 점검 결과 친족의 부동산을 높게 평가한 사실을 국토교통부 감사관이 적발하였다. 이에 「감정평가 및 감정평가사에 관한 법률」(이하 '감정평가법')에 따라 감정평가법인등 甲은 자신의 친족 부동산에 대한 감정평가는 성실의무 위반으로 하였다는 이유로 국토교통부 감정평가관리 · 징계위원회(이하 징계위원회)의 의결을 거쳐 국토교통부장관으로부터 2개월의 업무정지처분을 받았다. 감정평가법인등 甲은 의견제출을 통하여 자기는 위와 같이 친족 소유의 부동산을 감정평가한 사실이 없고, 어머니가 아니라 동명이인의 타인이라고 주장하고 있으나, 국토교통부장관은 감사관이 제시한 증거에 의하여 甲의 성실의무 위반을 인정하고 甲의 주장을 받아들이지 않았다. 甲은 1개월 후 취소소송을 제기하였으나, 서울행정법원은 심리를 진행하다가 이미 업무정지기간이 만료되었음을 이유로 소를 기각하였다. 다음의 구체적인 물음에 답하시오. 40점

(2) 甲은 행정소송법 제12조 제2문의 법률상 이익과 관련하여 협의의 소익(권리보호의 필요)이 있는지를 논하시오. 25점

Ⅰ. 논점의 정리	
Ⅱ. 물음 2	
1. 협의의 소익의 의의 및 취지	협의의 소익이란 구체적 사안에 대하여 본안판결을 받을 현실적 필요성을 의미한다. 협의의 소익은 원고적격과 함께 남소방지와 충실한 본안심사를 통해 소송경제를 도모함에 취지가 있다.
2. 원고적격과 구별	학설은 행정소송법 전 · 후문 모두 원고적격으로 보는 견해, 전문은 원고적격으로 후문은 협의소익으로 구분하는 견해가 있

<table>
<tr><td colspan="3"></td><td>다. 생각건대, '회복되는 법률상 이익'이라고 명문으로 규정하고 있으므로 구분함이 타당하다.</td></tr>
<tr><td colspan="3">3. 회복되는 법률상 이익의 범위</td><td>학설은 법적 보호가치가 인정되는 범위라는 <소극설>, 명예・신용 등을 포함한다는 <적극설>, 문화적 이익까지 포함한다는 <정당한 이익설>이 있다. 판례는 근거법률에 의한 직접적, 구체적 이익만을 의미한다고 판시하였다. 남소방지 및 권리구제의 조화의 측면에서 개별적, 직접적, 구체적 이익에 한하여 인정함이 타당하다.</td></tr>
<tr><td colspan="3">4. 취소소송에서의 협의의 소익 인정 범위</td><td>① 처분의 효력이 소멸한 경우, ② 원상회복이 불가능한 경우, ③ 처분 후의 사정에 의해 이익침해가 해소된 경우, ④ 보다 간이한 구제방법이 있는 경우 협의의 소익이 부정된다.</td></tr>
<tr><td rowspan="3">5. 가중처분과 관련된 협의의 소익</td><td colspan="2">1) 문제점</td><td>해당 처분이 장래의 제재적 처분의 가중요건 또는 전제요건이 되는 경우 제재기간이 지나 효력이 소멸하였더라도 소의 이익이 인정되는지 문제된다. 이하 판례를 중심으로 검토한다.</td></tr>
<tr><td rowspan="2">2) 관련 판례</td><td>(1) 종전 판례</td><td>처분의 근거가 되는 법규명령의 법규성이 인정되는 대통령령인 경우에는 협의의 소익을 인정하였고, 법규성이 인정되지 않는 부령의 경우 협의의 소익을 부정하였다.</td></tr>
<tr><td>(2) 최근 전원합의체 판결 (2003두1684)</td><td>다수의견은 법규성 여부에 상관 없이 행정청의 준수의무가 있고 상대방에게 구체적이고 현실적인 장래의 불이익이 존재하는 경우 회복될 법률상 이익이 있다고 보았다. 다만 별개의견은 부령인 제재적 처분기준의 법규성을 인정하는 이론적 기초 위에 그 법률상 이익을 긍정하는 것이 법리적으로 합당하다고 보았다.</td></tr>
</table>

	3) 검토	해당 처분에 근거하여 향후 가중처분으로 인한 법률상 불이익의 가능성이 존재하는 경우 예외적으로 그 처분의 취소소송을 통하여 그러한 불이익을 제거할 법률상 이익이 남아 있다고 봄이 타당하다.
6. 사안의 해결		사안의 경우 甲이 입은 불이익은 감정평가법에 따른 구체적이고 개별적인 것으로서 향후 감정평가법 별표 3이 규정하는 바에 따라 가중처벌의 근거가 되므로 업무정지기간이 경과하였더라도 해당 처분을 취소함으로써 얻게 되는 법률상 이익이 남아 있다고 판단되므로 협의의 소익이 인정된다. 다만, 이는 별표 3의 법규성을 인정하는 이론적 기초 위에 법률상 이익을 긍정함이 타당하다.

15 사업인정과 부관

공공아파트 건설을 위한 택지 기반시설 조성공사를 하고자 하는 사업시행자 甲은 국토교통부장관에게 사업인정을 신청하였다. 사업시행자 甲의 사업인정 신청에 대하여 국토교통부장관은 택지 기반시설 조성사업 면적의 50%를 기반 시설 이외의 다른 목적을 가진 공공용지로 조성하여 기부채납할 것을 조건으로 사업인정을 하였다. 사업시행자 甲은 해당 국토교통부장관의 기부채납(50% 공공용지 기부채납) 부관의 내용이 너무 과다하여 수익성을 도저히 맞출 수 없다고 판단하고 취소소송을 제기하려 한다. 국토교통부장관의 기부채납 부관에 대하여 사업시행자 甲은 독립하여 취소소송을 제기할 수 있는지의 여부와 부당결부금지의 원칙 관점에서 해당 부관의 위법성을 검토하시오. 20점

I. 논점의 정리

II. 관련 행정작용의 개관

1. 사업인정의 의의 및 법적 성질		사업인정이란 공익사업을 토지 등을 수용하거나 사용할 사업으로 결정하는 것을 말한다. 판례는 사업의 공익성 여부는 모든 사항을 참작하여 구체적으로 판단해야 하므로 행정청의 재량에 속한다고 판시하여 재량행위로 보았다.
2. 기부채납의 법적 성질	1) 부관의 의의 및 취지	행정청의 주된 행정행위에 부가하는 종된 규율이다. 부관은 행정행위의 탄력적 운용과 관련 이해관계를 조절하는 데 취지가 있다. 부관의 종류에는 조건, 기한, 부담 등이 있으며 이하에서는 사안의 부관이 부담인지를 검토한다.
	2) 판단기준	① 해당 부관에 표현된 행정청의 객관화된 법효과의사를 기준으로 판단한다. ② 그러한 기준에 의해서도 불명확한 경우 당사자의 권리구제 측면에서 부담으로 해석하는 것이 타당하다.
	3) 기부채납 부관이 부담인지	부담이란 주된 행정행위에 부가하여 상대방에게 작위, 부작위, 급부, 수인의무를 부과하는 부관이다. 사안의 경우 기부채납에 대한 것으로 급부를 명하는 부관이므로 부담이라고 판단함이 타당하다.

III. 부관의 위법성

1. 부관의 가능성		학설이 대립하나 행정기본법 제17조 및 관련 판례에 따르면 재량행위의 경우 개별법률에 따른 근거 규정이 없더라도 부관 부착이 가능하다고 본다. 따라서 재량행위인 사업인정은 토지보상법상 근거가 없더라도 부관을 붙일 수 있다.
2. 부당결부금지의 원칙	1) 의의 및 근거	행정청은 행정작용을 할 때 상대방에게 해당 행정작용과 <실질적 관련> 없는 의무를 부과해서는 안 된다는 원칙을 말한다. 실정법상 근거는 행정기본법 제13조에 따른다.
	2) 실질적 관련성의 내용	실질적 관련성은 원인적 관련성과 목적적 관련성이 있다. ① 원인적 관련성은 권한 행사와 반대급부 사이에 인과관계가 있어야 함을 말한다. ② 목적적 관련성은 수권행위의 목적 범위 내에서 반대급부가 행해져야 한다는 것이다.
3. 사안의 해결	1) 부당한 내적 관련성 여부	해당 공익사업의 목적과 다른 목적을 가진 공공용지 조성 및 기부채납은 부당결부금지의 원칙에 따른 목적적 관련성이 결여되었으므로 <부당한 내적 관련성>을 갖는다. 따라서 부당결부금지의 원칙에 위배되어 해당 부관은 위법하다고 판단된다.
	2) 위법성의 정도	사안의 기부채납 부관은 부당결부금지의 원칙에 위반되므로 내용상 중대하나 외관상 명백하다고 볼 수 없으므로 중대명백설에 따라 <취소사유>에 해당한다.

IV. 권리구제 방법

1. 부관의 독립쟁송 가능성	1) 학설	① 부담만 독립쟁송이 가능하다는 견해 ② 분리 가능성이 있는 부관만의 독립쟁송 가능성을 인정하는 견해 ③ 모든 부관의 독립쟁송이 가능하다는 견해가 있다.
	2) 관련 판례 및 검토	판례는 부담의 독사적 행정행위성이 인정되므로 독립쟁송 가능성을 인정하였다. 소송의 형태는 '진정일부취소소송'에 의해야 한다고 판시하였다. 부담은 그 자체로 하나의 행정행위를 이루기 때문에 주된 행정행위와 독립하여 그에 대하여 직접 취소쟁송을 제기할 수 있다고 봄이 타당하다.

<table>
<tr><td rowspan="2">2. 부관의 독립취소 가능성</td><td>1) 학설</td><td>위법한 모든 부관이 가능하다는 견해, 기속행위만 가능하다는 견해, 부관이 주된 행정행위의 본질적인 부분인 경우 가능하다는 견해, 분리가능한 부관만 가능하다는 견해가 대립한다.</td></tr>
<tr><td>2) 관련 판례 및 검토</td><td>판례는 부진정일부취소소송의 형태를 인정하고 있지 아니하고 부담에 대해서만 진정일부취소소송을 인정하므로 부담에 대한 취소소송에서 독립적으로 취소가 가능하다고 본다.</td></tr>
<tr><td colspan="2">3. 사안의 해결</td><td>사안의 공공용지 기부채납에 관한 부관은 급부의무에 관한 부담으로써 다수설과 판례에 따라 독자적 행정행위성이 인정된다. 따라서 독립쟁송가능성, 독립취소가능성이 인정되므로 사업시행자 甲은 부담에 대한 취소소송의 제기가 가능하고 그 형태는 진정일부취소소송이 타당하다.</td></tr>
</table>

16 사업인정의 요건이 수용재결의 요건인지

(2) 갑은 수용재결 취소소송을 제기하면서, 乙이 기업도시개발계획승인 이후에 재정 상황이 악화되어 수용재결 당시에 이르러 기업도시개발사업을 수행할 능력을 상실한 상태가 되었음에도 수용재결을 한 위법이 있다고 주장한다. 甲의 소송상 청구가 인용될 가능성에 관하여 설명하시오(소송요건은 충족). 10점

I. 논점의 정리

II. 사업인정의 요건

1. 사업인정의 의의 및 법적 성질		사업인정이란 공익사업을 토지 등을 수용 또는 사용할 사업으로 결정하는 것이다. 판례는 일정한 절차를 거칠 것을 조건으로 수용권을 설정하는 형성행위라고 판시한바 <처분성>을 긍정하였다.
2. 사업인정의 요건	1) 토지보상법 제4조 각 호에 해당하는 공익사업일 것	사업인정을 받기 위해서는 토지보상법 제4조 각 호의 어느 하나에 해당하는 사업이어야 한다. 동법 제4조의2는 이 법에 따른 사업은 제4조 또는 별표에 규정된 법률에 따르지 아니하고는 정할 수 없고 별표는 이 법 외의 다른 법률로 개정할 수 없다고 규정하여 공익사업의 무분별한 확대를 제한하였다.
	2) 공공필요가 있을 것	재산권에 대한 공권적 침해는 공공필요에 의해서만 행해질 수 있는바 공공필요는 공용침해의 <실질적 허용요건>이자 <본질적 제약요소>이다. 공공필요는 대표적 불확정 개념으로 현대는 복리행정의 이념에 따라 공공필요의 범위가 넓어지는 경향이 있다.
	3) 비례의 원칙에 따라 공공성을 판단할 것 (2009두1051)	판례는 해당 사업이 공용수용을 할 만한 공익성이 있는지는 사업인정에 관련된 자들의 이익을 공익과 사익 사이에서는 물론 공익 상호 간 및 사익 상호 간에도 정당하게 비교·교량하여야 하고, 그 비교·교량은 비례의 원칙에 적합하여야 한다고 판시하였다.

	4) 사업시행자의 사업수행 능력과 의사 (2009두1051)	해당 공익사업을 수행하여 공익을 실현할 의사나 능력이 없는 자에게 타인의 재산권을 공권력적·강제적으로 박탈할 수 있는 수용권을 설정하여 줄 수는 없으므로, 사업시행자에게 해당 공익사업을 수행할 의사와 능력이 있어야 하는 것도 사업인정의 한 요건이라고 판시하였다.

III. 수용재결의 요건과 재결의 위법성

1. 수용재결의 의의 및 법적 성질		수용재결이란 사업시행자에게 부여된 수용권의 구체적인 내용을 결정하고 그 실행을 완성시키는 행정행위이다. 판례는 일정한 법률효과의 발생을 목적으로 하는 점에서 일반의 행정처분과 다를 바 없다고 판시하여 <처분성>을 긍정하였다.
2. 수용재결의 요건	1) 주체상 요건 (법 제49조)	재결기관은 관할 토지수용위원회이다. 국가가 사업시행자인 사업의 경우 중앙토지수용위원회가, 지방자치단체 등이 사업시행자인 사업의 경우 지방토지수용위원회가 재결기관이다.
	2) 절차상 요건	① 사업시행자는 재결기간 내 관할 토지수용위원회에 재결신청을 한다(법 제28조). ② 시장·군수·구청장은 재결신청 내용을 공고하여 일반인이 열람할 수 있도록 한다. 토지소유자 등은 열람기간 내에 의견서를 제출할 수 있다(법 제31조 제1항). ③ 토지수용위원회는 열람기간이 지나면 해당 신청에 대한 심리를 한다(법 제32조). ④ 토지수용위원회는 재결이 있기 전에 소위원회로 하여금 화해를 권고한다(법 제33조). ⑤ 토지수용위원회는 심리를 시작한 날부터 14일 이내에 재결을 한다(법 제34조, 제35조).
	3) 형식상 요건 (법 제34조 제1항)	토지수용위원회의 재결은 서면으로 한다. 재결서에는 주문 및 이유와 재결일을 적고, 위원장 등이 기명날인한 후 그 정본을 사업시행자, 토지소유자 등에게 송달하여야 한다. 효력은 송달받을 자에게 도달함으로써 발생한다.
	4) 내용상 요건 (법 제50조)	수용 또는 사용할 토지의 구역 및 사용방법, 손실의 보상, 수용 및 사용의 개시일과 기간, 그 밖에 이 법 및 다른 법률에서 정한 사항이다.

	짧은 버전	신청권자는 사업시행자이고, 재결기관은 관할 토지수용위원회이다. 사업시행자는 사업인정 후 1년 이내에 재결신청을 해야 한다. 재결은 서면에 의하여야 하고 주문과 그 이유를 제시하여 사업시행자와 피수용자에게 재결서정본을 송달하여야 한다. 재결서에는 토지보상법 제50조에 따른 내용이 포함되어야 한다.
3. 사업인정의 요건이 수용재결의 내용상 요건인지	1) 관련 판례 (2009두1051)	판례는 사업인정을 받은 후 사업시행자가 해당 공익사업을 수행할 의사나 능력을 상실하였음에도 여전히 그 사업인정에 기하여 수용권을 행사하는 것은 수용권의 공익 목적에 반하는 수용권 남용에 해당한다고 판시하였다.
	2) 검토	공용수용은 헌법상의 재산권 보장의 요청상 불가피한 최소한도에 그쳐야 한다는 헌법 제23조의 근본 취지에 비추어 볼 때 판례의 태도가 타당하며, 해당 내용은 수용재결의 내용상 요건이라고 판단된다.
4. 사안의 해결		사안의 경우 사업인정 후 대상 토지의 취득 및 임차료 지급 등에 어려움이 있는 등 사업시행자가 해당 공익사업을 수행할 의사나 능력을 상실하였다고 볼 수 있다. 따라서 그러한 사업인정에 기하여 수용권을 행사하는 것은 수용권 남용에 해당되므로 수용권을 행사할 수 없다고 판단된다.

17 사업인정의 절차상 하자 & 권리구제

甲은 A시의 관할구역 내 X토지를 소유하고 있다. A시는 그동안 조선업의 지속적인 발전으로 다수의 인구가 거주하였으나 최근 세계적인 불황으로 인구가 급격하게 감소하고 있다. 국토교통부장관은 A시를 국제관광특구로 발전시킬 목적으로 「기업도시개발 특별법」이 정하는 바에 따라 X토지가 포함된 일단의 토지를 기업도시개발구역으로 지정하고, 개발사업시행자인 乙이 작성한 기업도시개발계획(동법 제14조 제2항에 따른 X토지 그 밖의 수용 대상이 되는 토지의 세부목록 포함, 이하 같다)을 승인(사업인정의제됨) 고시하였다. 공익사업을 위한 토지 등의 취득 및 보상에 관한 법률(이하 '토지보상법')상 乙은 협의취득에 관한 제반 절차를 준수하여 X토지에 대한 협의취득 절차를 시도하였으나 甲이 응하지 않았다. 이에 乙은 X토지에 대하 수용재결을 신청하였고 중앙토지수용위원회는 그 신청에 따른 수용재결을 하였다. 다음 물음에 답하시오. (아래 문제는 별개의 상황임) 40점

(1) 만약 사업시행자가 토지보상법 제21조에서 정한 중앙토지수용위원회 협의와 이해관계인의 의견청취를 하여야 함에도 불구하고, 이러한 절차가 전혀 이행되지 않은 상태에서 기업도시개발계획승인(사업인정의제됨)이 행해졌다면 피수용자 甲은 어떠한 권리구제를 도모해야 하는지 검토하시오(하자의 승계 논의는 생략). 20점

〈물음 1〉

I. 논점의 정리

II. 관련 행정작용의 개관

1. 사업인정의 의의 및 법적 성질	사업인정이란 공익사업을 토지 등을 수용 또는 사용할 사업으로 결정하는 것이다. 판례는 일정한 절차를 거칠 것을 조건으로 수용권을 설정하는 형성행위라고 판시한바 <처분성>을 긍정하였다.

<table>
<tr><td colspan="2">2. 사업인정의 절차상 하자 존재 여부</td><td>토지보상법 제21조 제2항은 사업인정의제사업에 대한 인허가권자는 실시계획인가 등을 하려는 경우 중앙토지수용위원회와 협의를 하고 이해관계인의 의견청취를 하여야 한다고 규정하고 있다. 따라서 이해관계인의 의견청취를 누락한 <절차상 하자>가 존재한다.</td></tr>
<tr><td rowspan="3">3. 절차상 하자의 독자적 위법성</td><td>1) 학설</td><td>적법절차보장과 행정절차의 실효성 보장을 근거로 하는 <긍정설>, 절차는 수단에 불과하므로 행정경제상의 불합리를 근거로 하는 <부정설>, 재량행위와 기속행위를 구분하는 <절충설>이 있다.</td></tr>
<tr><td>2) 관련 판례</td><td>판례는 재량행위인 식품위생법상 청문과 기속행위인 과체처분에 대해 절차상 하자를 이유로 처분이 위법하다고 판시하였다.</td></tr>
<tr><td>3) 검토</td><td>헌법 제12조상 적법절차원칙과 행정소송법 제30조 제3항의 기속력 규정을 고려하여 절차상 하자의 독자적 위법성을 긍정함이 타당하다.</td></tr>
<tr><td colspan="2">4. 사업인정의 위법성 및 위법의 정도</td><td>사안의 사업인정은 절차상 하자로 인한 위법성이 인정된다. 위법의 정도를 판단하는 기준에 대해 판례는 근거가 되는 법규의 목적・의미・기능 등을 목적론적으로 고찰함과 동시에 구체적 사안 자체의 특수성에 관하여도 합리적으로 고찰해야 한다고 판시하였다. 다수설인 중대명백설에 따라 내용상 중대하나 외관상 명백하다고 보기 어려워 <취소사유>라고 판단된다.</td></tr>
<tr><th colspan="3">III. 피수용자의 권리구제 방법</th></tr>
<tr><td colspan="2">1. 항고소송</td><td>토지보상법은 사업인정에 대한 별도의 불복방법을 규정하지 않는바 일반법인 '행정심판법'과 '행정소송법'이 적용된다. 따라서 행정심판법의 취소심판 청구 및 사업인정의 처분성이 인정되므로 행정소송법의 취소소송을 제기할 수 있다.</td></tr>
<tr><td colspan="2">2. 집행정지</td><td>토지소유자 甲에게 집행정지를 할 긴급한 필요가 인정되는 경우 취소소송 중 인용판결의 실효성을 확보하기 위하여 집행정지를 신청할 수 있다.</td></tr>
</table>

18 사용재결서의 하자로 인한 사용재결의 위법

(1) 공익사업을 위한 토지 등의 취득 및 보상에 관한 법률(이하 '토지보상법')상 관할 토지수용위원회가 토지에 관하여 사용재결을 하는 경우, 재결서에 사용할 토지의 위치와 면적, 권리자, 손실보상액, 사용 개시일 외에 사용방법, 사용기간을 구체적으로 특정하여야 하는지 여부에 대하여 검토하시오. 5점

(2) 지방토지수용위원회가 위 甲 소유의 토지 중 일부는 수용하고 일부는 사용하는 재결을 하면서 재결서에는 수용대상 토지 외에 사용대상 토지에 관해서도 '수용' 한다고만 기재한 사안에서, 위 재결 중 사용대상 토지에 관한 부분은 토지보상법 제50조 제1항에서 정한 사용재결의 기재사항에 관한 요건을 갖추지 못한 흠이 있음에도 사용재결로서 적법한 것인지 여부를 검토하시오. 5점

Ⅰ. 논점의 정리

Ⅱ. 물음 1

1. 공용사용의 의의	사업시행자가 타인의 재산권 위에 공법상 사용권을 취득하고 상대방은 그 사용을 수인할 의무를 지는 내용의 공용제한을 말한다.
2. 관련 판례	판례는 관할 토지수용위원회가 토지에 관하여 사용재결을 하는 경우에는 재결서에 사용할 토지의 위치와 면적, 권리자, 손실보상액, 사용 개시일 외에도 사용방법, 사용기간을 구체적으로 특정하여야 한다고 판시하였다.
3. 사안의 해결	재결은 원활한 사업시행을 통한 공공복리의 증진뿐만 아니라 명확한 재결서를 통하여 피수용자의 적정한 재산권을 보호하는 데도 목적이 있으므로 재결서에는 사용할 토지에 대한 사항을 구체적으로 특정함이 타당하다.

III. 물음 2

1. 관련 규정 (토지보상법 제50조)		토지보상법 제50조 제1항은 토지수용위원회의 재결사항을 수용하거나 사용할 토지의 구역 및 사용방법, 손실보상, 수용 또는 사용의 개시일과 기간, 그 밖에 이 법 및 다른 법률에서 규정한 사항으로 규정하고 있다.
2. 관련 판례		판례는 재결로 인하여 토지소유자가 제한받는 권리의 구체적인 내용이나 범위 등을 알 수 없어 이에 관한 다툼을 방지하기도 어려운 점 등을 종합하면 토지보상법 제50조 제1항에서 정한 사용재결의 기재사항에 요건을 갖추지 못한 사용재결은 위법이 있다고 판시하였다.
3. 사용재결의 위법성	1) 위법성	재결서가 불명확할 경우 피수용자가 받게 되는 제한의 정도와 침해되는 권리의 내용과 범위 등을 알 수 없어 권리구제가 제대로 이루어질 수 없으므로 기재사항에 관한 요건을 갖추지 못한 재결서의 하자는 사용재결의 위법을 구성한다고 판단된다.
	2) 위법의 정도	학설은 내용의 중대함, 외관상 명백함을 기준으로 하는 <중대명백설>이 다수설이다. 판례는 그 법규의 목적, 의미, 기능 등을 목적론적으로 고찰함과 동시에 구체적인 사안 자체의 특수성에 관하여도 합리적으로 고찰하여야 한다고 판시하였다. 사안의 경우 중대명백설에 따라 <무효>에 해당한다고 판단된다.

19 사전보상원칙의 위반 및 손해배상책임

> 공익사업의 시행자가 토지소유자와 관계인에게 보상액을 지급하지 않고 승낙도 받지 않은 채 공사에 착수하여 토지소유자와 관계인이 손해를 입은 경우, 사업시행자가 손해배상책임을 지는지 여부와 공익사업의 시행자가 사전보상을 하지 않은 채 공사에 착수하여 토지소유자와 관계인이 손해를 입은 경우, 사업시행자의 손해배상 범위가 어떠한지 설명하시오. 또한 이때 토지소유자와 관계인에게 손실보상금에 해당하는 손해 외에 별도의 손해가 발생한 경우, 사업시행자가 이를 배상할 책임이 있는지 여부 및 그 증명책임의 소재에 대하여 대법원 2021.11.11. 선고 2018다204022 판결[손해배상(기)]을 통해 설명하시오. 10점

I. 논점의 정리

II. 사업시행자의 손해배상책임

1. 사전보상의 원칙 (토지보상법 제62조)	사업시행자는 해당 공익사업을 위한 공사에 착수하기 이전에 토지소유자와 관계인에게 보상금 전액을 지급하여야 한다. 다만, 천재지변 시 토지 사용, 시급한 토지의 사용, 토지소유자 및 관계인의 승낙이 있는 경우는 예외로 한다.
2. 관련 판례 (2018다204022)	공익사업의 시행자가 토지소유자와 관계인에게 보상액을 지급하지 않고 승낙도 받지 않은 채 공사에 착수함으로써 토지소유자와 관계인이 손해를 입은 경우, 토지소유자와 관계인에 대하여 불법행위가 성립할 수 있고, 사업시행자는 그로 인한 손해를 배상할 책임을 진다.
3. 사업시행자의 손해배상책임	사업시행자는 토지보상법 제62조에 따라 공사에 착수하기 전 토지소유자에게 보상액 전액을 지급하여야 한다. 따라서 보상액을 지급하지 않고 승낙도 받지 않은 채 공사에 착수한 경우 토지보상법을 위반한 불법행위가 존재한다. 따라서 해당 불법행위로 인해 발생한 손해를 사업시행자는 배상할 책임이 있다.

PART · 02

III. 사업시행자의 손해배상 범위 및 증명책임	
1. 사업시행자의 손해배상 범위	판례는 토지소유자와 관계인에게 손실보상금에 해당하는 손해 외에 별도의 손해가 발생하였다면, 사업시행자는 그 손해를 배상할 책임이 있다고 판시하였다. 생각건대, 해당 사업으로 인한 손실보상금과 사업시행자의 불법행위로 인한 손해는 그 사유를 달리하는 것으로 손실보상금의 지급과는 별개로 공사 착수로 발생한 손해를 배상해야 한다.
2. 손해배상의 증명책임	증명책임이란 소송상의 일정한 사실의 존부가 확정되지 아니한 경우 불리한 법적 판단을 받게 되는 당사자 일방의 불이익 내지 제 위험을 말한다. 판례는 손해배상책임의 발생과 범위는 이를 주장하는 사람에게 증명책임이 있다고 판시하였다. 따라서 사안의 증명책임은 토지소유자와 관계인에게 있다.
3. 사안의 해결	사업시행자는 토지보상법 제62조에 따른 사전보상원칙을 위반함으로써 발생한 손해에 대하여 손실보상금과 별도로 배상할 책임이 있고, 그 손해의 발생과 범위에 대한 주장책임은 이를 주장하는 자인 토지소유자와 관계인에게 있다고 판단된다.

20 사정판결

> **토지수용행정에서 대규모 공익사업을 시행하다 보면 다수의 이해관계인이 얽혀 있어서 토지소유자들의 주장이 받아들여지지 못하고 사업인정의 경우에는 사정판결의 가능성도 매우 높다. 행정소송법상 사정판결에 대하여 설명하시오.** 10점

I. 사정판결의 요건

<table>
<tr><td colspan="2">1. 사정판결의 의의</td><td>행정소송법 제28조에 따라 취소소송에 있어서 본안심리 결과 원고의 청구가 이유 있다고 인정하는 경우에도 공공복리를 위하여 원고의 청구를 기각하는 판결이다. 이는 법치주의에 대한 중대한 예외로 그 요건은 엄격하게 해석되어야 한다.</td></tr>
<tr><td rowspan="2">2. 사정판결의 요건</td><td>1) 사정판결의 요건</td><td>① 원고의 청구가 이유 있을 것, ② 처분 등의 취소가 현저히 공공복리에 적합하지 않을 것, ③ 당사자의 신청이 있을 것을 요건으로 한다. 다만 당사자의 신청이 필요한지에 대해 견해가 대립하므로 이하 검토한다.</td></tr>
<tr><td>2) 당사자 신청의 필요성</td><td>학설은 행정소송법 제26조에 따라 법원이 보충적으로 직권증거조사할 수 있다고 보는 견해, 당사자가 주장하지 않는 사실에 대하여도 법원이 직권조사할 수 있다고 보는 견해가 있다. 판례는 직권으로 사정판결을 할 수 있다고 판시하였다. 사정판결의 취지상 직권으로 가능하다고 봄이 타당하다.</td></tr>
<tr><td colspan="2">3. 사정판결 필요성의 판단시점</td><td>사정판결에 있어서 해당 처분의 위법성 판단은 <처분 시설>을 취한다. 반면 사정판결의 필요성 판단은 처분 후의 사정이 고려되어야 하므로 <변론종결 시>를 기준으로 함이 타당하다.</td></tr>
</table>

II. 사정판결의 효력 등

1. 처분의 위법이 무효사유인 경우 사정판결의 가능성	학설은 <긍정설>과 <부정설>이 대립한다. 판례는 당연무효의 행정처분을 소송목적물로 하는 행정소송에서는 존치시킬 효력이 있는 행정행위가 없기 때문에 사정판결을 할 수 없다고 판시하였다. 생각건대, 사정판결은 법치주의의 중대한 예외로 무효인 경우에는 부정함이 타당하다.
2. 사정판결의 효과	처분청이 행한 위법한 처분의 효력을 유지한다. 판결의 주문에는 처분 등의 위법이 명기되고 위법한 처분을 공공복리를 위하여 그 효력을 유지시키므로 소송비용은 피고가 부담한다.
3. 사정판결의 권리구제	사정판결로 해당 처분 등이 적법하게 되는 것은 아니므로 원고가 해당 처분 등으로 손해를 입은 경우 손해배상을 청구할 수 있고, 이는 해당 취소소송 등에 병합하여 제기할 수 있다.

21 수용재결 & 원처분주의 재결주의

甲은 A시의 시외로 나가는 일반도로에 접한 자신 소유의 X토지에 교통로를 개설하고 대형음식점을 운영하고 있다. A시에서는 X토지와 이에 접하여 연결된 Y · W토지의 소유권을 취득하여 혼잡한 교통량을 분산할 목적으로 「국토의 계획 및 이용에 관한 법률」에 의거하여 우회도로를 설치한다는 방침을 결정하고, A시의 시장은 X · Y · W토지의 개별공시지가 및 이 개별공시지가 산정의 기초가 된 P토지의 표준지공시지가와 도매물가상승률 등을 반영하여 산정한 보상기준가격을 내부적으로 결정하고 예산확보를 위해 중앙부처와 협의 중이다. 다음 물음에 답하시오. 30점

(2) 만약 정상적인 관할 토지수용위원회의 수용재결이 있었고, 중앙토지수용위원회의 이의재결이 행해졌다. 그런데 피수용자인 토지소유자 甲은 본인 소유 토지는 수용재결안에 편입되는 것이 타당하지 않다고 주장하면서 불복을 하고자 한다. 피수용자인 토지소유자 甲이 수용재결과 이의재결 중 무엇을 소송의 대상으로 삼아야 하는 것인지, 피고는 누구로 해야 하는지에 대하여 대법원 2008두1504 판결을 중심으로 검토하시오. 10점

I. 물음 2

1. 원처분주의 및 재결주의의 의의	원처분주의란 원처분을 취소소송의 대상으로 하고 재결 자체의 고유한 하자가 있는 경우에는 재결을 취소소송의 대상으로 하는 것을 말한다. 재결주의는 재결을 취소소송의 대상으로 하는 것을 말한다.
2. 원처분주의의 법적 근거	① 행정소송법 제19조는 취소소송은 처분 등을 대상으로 하며 재결 자체에 고유한 위법이 있음을 이유로 하는 경우 재결을 대상으로 할 수 있다고 규정한다. ② 토지보상법 제85조 제1항은 '제34조에 따른 재결에 불복할 때'라고 규정하므로 원처분주의의 입장이다.
3. 관련 판례 (2008두1504)	종전 판례는 수용재결에 관하여 재결주의의 입장을 취하였다. 최근 판례는 이의신청을 거친 경우에도 수용재결을 한 관할 토지수용위원회를 피고로 하여 수용재결의 취소를 구해야 하고, 이의재결 자체에 고유한 위법이 있는 경우에는 그 이의재결을 한 중앙토지수용위원회를 피고로 하여 취소를 구할 수 있다고 판시하였다.
4. 재결 자체의 고유한 하자	재결 자체의 고유한 하자에는 주체, 형식, 절차상 하자가 있다. 내용상 하자에 관하여 견해가 대립하나, 제3자효 행정행위인 인용재결의 고유한 위법을 인정하는 것이 다수견해이다. 다만, 재결에 관한 취소소송에서 재결 자체의 고유한 하자가 없는 경우 소송은 각하될 것이다.
5. 사안의 해결	사안의 경우 이의재결 자체에 고유한 위법이 있다고 볼만한 특별한 사정이 있다고 판단되지 않는다. 따라서 소송의 대상을 '수용재결'로 하여 피고는 '관할 토지수용위원회'로 하여 소송을 제기하여야 한다.

22 수용재결 후 협의취득 가능성

(1) 토지보상법상 수용재결의 의의 및 법적 성질을 설명하시오. 10점

(2) 토지보상법상 보상금 공탁제도와 수용재결의 실효에 대하여 설명하시오. 10점

(3) 수용재결에서 정한 수용의 개시일에 당사자가 협의의 형태로 소유권을 이전하고 보상금을 지급하였을 뿐만 아니라 잔여지까지 보상을 마친 경우에 피수용자는 수용재결 무효확인 주장을 하고 있다. 다음에 구체적인 내용을 설명하고 검토하시오. 20점

① 사업인정 전후의 협의의 성립으로 소유권 취득을 설명하시오.
② 수용의 개시일에 소유권 취득에 대해 설명하시오.
③ 수용재결 이후에 협의로 취득할 수 있는지 여부를 검토하시오.
④ 수용재결 무효확인을 구할 실익이 있는지 여부를 검토하시오.

I. 논점의 정리

II. 물음 1

1. 수용재결의 의의 및 취지		수용재결이란 사업시행자에게 부여된 수용권의 구체적인 내용을 결정하고 그 실행을 완성시키는 행정행위이다. 공용수용의 최종단계에서 공익과 사익의 조화를 도모함에 취지가 있다.
2. 수용재결의 법적 성질	1) 처분성	대법원은 일정한 법률효과의 발생을 목적으로 하는 점에서 일반의 행정처분과 다를 바 없다고 판시하였다. 생각건대 재결은 수용권의 구체적 내용을 결정하고 권리취득 및 상실을 결정하는 형성적 행정행위로 <처분성>을 긍정함이 타당하다.
	2) 기속행위 · 재량행위	토지수용위원회는 형식적 요건이 미비되지 않는 한 재결신청이 있으면 재결을 하여야 하므로 재결의 발령 자체는 <기속행위>이다. 다만, 관할토지수용위원회가 손실보상금에 관한 증액재결을 할 수 있다는 점에 비추어 <재량행위>에 해당한다.

	3) 복효적 제3자효 행위	수용재결은 사업시행자에게는 재산권 취득의 수익적 효과를, 피수용자에게는 재산권 박탈의 침익적 효과를 부여하므로 <복효적 행정행위>이다.
	4) 공법상 대리	관할 토지수용위원회가 수용권자와 피수용권자를 대신하여 수용재결의 사항을 판단하므로 <공법상 대리>의 성격도 갖는다.

III. 물음 2

1. 보상금 공탁제도의 개념	1) 의의 및 취지	사업시행자가 보상금을 관할 공탁소에 공탁함으로써 보상금 지급에 갈음하는 제도를 말한다. 이는 재결실효방지, 사전보상 원칙의 실현 및 담보물권자의 권익보호 도모에 취지가 있다.
	2) 법적 성질	<변제공탁설>, <담보공탁설>, <집행공탁설> 등 견해 대립이 있다. 판례는 보상금공탁은 <변제공탁>으로, 압류·가압류에 의한 공탁은 <집행공탁>의 성격이 있다고 본다.
	3) 요건 (토지보상법 제40조 제2항)	① 보상금을 받을 자가 그 수령을 거부하거나 수령할 수 없는 때, ② 사업시행자의 과실 없이 보상금을 받을 자를 알 수 없는 때, ③ 관할 토지수용위원회가 재결한 보상금에 대하여 사업시행자의 불복이 있을 때, ④ 압류 또는 가압류에 의하여 보상금의 지급이 금지된 때를 요건으로 한다.
2. 수용재결 실효의 개념	1) 의의 및 근거	재결의 실효란 유효하게 성립한 재결효력이 객관적 사실의 발생에 따라 상실되는 것을 말한다. 토지보상법 제42조에 근거하며 사전보상원칙 이행에 그 취지가 인정된다.
	2) 실효사유	사업시행자가 수용 또는 사용의 개시일까지 관할 토지수용위원회가 재결한 보상금을 지급하거나 공탁하지 않았을 경우, 재결 이후 사용 또는 수용의 개시일 전에 사업인정이 취소 또는 변경되었을 경우 재결이 실효된다.
	3) 권리구제	사업시행자는 재결의 실효로 토지소유자 등이 입은 손실을 보상하여야 하며 손실이 있음을 안 날로부터 1년이 지났거나 손실이 발생한 날부터 3년이 지난 후에는 청구할 수 없다. 손실의 보상은 사업시행자와 손실을 입은 자가 협의하여 결정한다. 협의가 성립되지 아니하면 관할 토지수용위원회에 재결을 신청할 수 있다.

IV. 물음 3

1. 사업인정 전후의 협의의 성립으로 소유권 취득	1) 협의의 의의 및 법적 성질	협의란 사업시행자가 토지소유자 및 관계인과의 합의에 의하여 수용목적물의 권리를 취득하는 것이다. 협의의 법적 성질에 대하여 학설은 <사법상 계약설>과 <공법상 계약설>이 대립하며 판례는 사경제주체로서 행하는 사법상의 법률행위라고 판시하였으나 공법상 원인으로 성립되는 바 공법상 계약설이 타당하다.
	2) 협의에 따른 소유권 취득	협의에 따른 소유권 취득은 법률행위에 의한 물권변동으로서 사업시행자는 수용목적물을 <승계취득>한다. 따라서 등기를 요한다.
2. 수용의 개시일에 소유권 취득	1) 요건	사업시행자는 수용재결을 받아 수용의 개시일 전까지 보상금 전액을 지급하거나 관할 공탁소에 공탁하는 경우 수용의 개시일에 수용목적물의 소유권을 취득한다.
	2) 수용의 개시일의 소유권 취득	수용의 개시일의 소유권 취득은 법률규정에 의한 물권변동으로서 사업시행자는 수용목적물을 <원시취득>한다. 따라서 등기를 요하지 않는다.
3. 수용재결 이후 협의취득 가능 여부	1) 관련 판례	사업시행자는 보상금을 지급공탁하지 않음으로써 재결의 효력을 상실시킬 수 있는 점, 이의신청 등에서 사업시행자와 토지소유자는 보상금에 관하여 임의로 합의할 수 있는 점, 공익사업의 입법목적을 고려하여 협의취득을 금지할 별다른 필요성을 찾기 어려운 점 등을 고려하여 수용재결 후에도 협의 가능하다고 판시하였다.
	2) 검토	협의는 공용수용에 의하지 않고 당사자 간의 협의에 의하여 수용목적물을 취득하는 것으로 '최소침해의 원칙'을 구현함에 취지가 있다. 따라서 수용재결 이후에도 당사자의 협의에 의하여 협의취득 가능하다고 봄이 타당하다.
4. 수용재결 무효확인을 구할 실익	1) 관련 판례	판례는 별도의 협의취득 절차에 따라 토지에 관하여 소유권이전등기가 마쳐진 것이라면 토지소유자가 수용재결의 무효확인 판결을 받더라도 토지의 소유권을 회복시키는 것이 불가능하고, 무효확인으로써 회복할 수 있는 다른 권리나 이익이 남아 있다고 볼 수 없다고 판시하였다.
	2) 검토	사안은 당사자가 별도의 협의취득 절차에 따라 토지에 관한 소유권 이전등기가 마쳐졌고 보상금을 지급하였을 뿐만 아니라 잔여지까지 보상을 마쳤으므로 피수용자는 수용재결의 무효를 구할 실익이 없다고 봄이 타당하다.

23 업무정지처분과 처분사유 추가변경

> (2) 위 징계절차를 거쳐 국토교통부장관 A는 甲에 대하여 3개월간의 업무정지 징계처분을 하였고, 甲은 해당 처분이 위법하다고 보고 관할법원에 취소소송을 제기하였다. 이 취소소송의 계속 중 국토교통부장관 A는 해당 징계처분의 사유로 감정평가법 제27조의 위반사유 이외에, 징계처분 당시 甲이 국토교통부장관에게 등록을 하지 아니하고 감정평가업무를 수행하였다는 동법 제17조의 위반사유를 추가하는 것이 허용되는가? 10점

I. 논점의 정리

II. 물음 2

1. 자격증 부당행사의 의미	1) 관련 규정 (감정평가법 제27조)	감정평가사 또는 감정평가법인등은 다른 사람에게 자기의 성명 또는 상호를 사용하여 제10조에 따른 업무를 수행하게 하거나 자격증·등록증 또는 인가증을 양도·대여하거나 이를 부당하게 행사하여서는 아니 된다고 규정한다.
	2) 관련 판례	판례는 법인에 적을 두었으나 법인운영에 관여 의사가 없고 실질적인 업무수행 없이 경력을 부당하게 인정받는 등의 목적으로 자격증을 행사한 경우 자격증 부당행사에 해당한다고 판시하였다.
	3) 검토	사안의 甲은 수협에 근무하면서 乙감정평가법인에 소속을 유지하였는데, 구체적 사실관계가 주어지지 아니하였으나 자격증 부당행사에 해당한다고 판단된다.
2. 업무정지처분의 의의 및 법적 성질		업무정지처분이란 감정평가사의 업무수행을 금지시키는 부작위의무를 부과하는 것을 말한다. <강학상 하명>이며 감정평가법 제39조의 법 문언상 <재량행위>이다.
3. 처분사유 추가·변경의 인정 여부	1) 의의 및 취지	처분 당시에 존재하였으나 처분의 근거로 제시하지 않았던 법적 또는 사실적 사유를 소송 계속 중에 추가 또는 변경하는 것을 말한다. 처분 당시 존재하던 사유를 대상으로 한다는 점에서 하자의 치유와 구별된다.

	2) 인정 여부	학설은 <긍정설>, <부정설>, <제한적 긍정설>이 대립한다. 판례는 당초 처분의 근거로 삼은 사유와 기본적 사실관계의 동일성이 인정되는 경우에 예외적으로 긍정한다. 소송경제와 신뢰보호의 원칙에 근거하여 판례의 태도가 타당하다고 판단된다.
	3) 재량행위의 경우	학설은 <긍정설>, <부정설>이 대립한다. 생각건대, 재량행위이더라도 기본적인 사실관계의 동일성이 인정되어 원고의 방어권 행사에 불이익을 초래하지 않을 때에는 허용된다고 봄이 타당하다.
	4) 인정 범위	① 처분 당시 객관적으로 존재하는 사유일 것, ② 기본적 사실관계의 동일성이 인정될 것을 요건으로 한다. 기본적 사실관계의 동일성이란 법률적 평가 이전의 사회적 사실관계의 동일성, 시간적 · 장소적 근접성, 행위의 태양 · 결과의 동일성을 의미한다.

24 이주대책 제외처분과 이주정착금지급청구 가능성

(1) 토지보상법상 주택소유자 甲이 보상에 합의하고 자진 이주하지 아니한 경우에도 이주대책에 의한 분양아파트의 공급 혹은 이주정착금의 지급을 요구할 수 있는지 여부를 검토하시오. 20점

I. 물음 1

1. 이주대책의 의의 및 취지		이주대책이란 공익사업의 시행으로 인하여 주거용 건축물을 제공함에 따라 생활의 근거를 상실하게 된 자에 대하여 사업시행자가 대지를 조성하거나 주택을 건설하여 공급하는 것을 말한다. 국가의 적극적이고 정책적인 배려에 의한 생활보상의 일환으로 보는 것이 일반적이다.
2. 이주대책의 법적 성격	1) 토지보상법 제78조 제1항의 강행규정 여부	판례는 토지보상법 제78조 제1항은 당사자의 합의 또는 사업시행자의 재량에 의하여 그 적용을 배제할 수 없는 강행법규라고 판시하였다. 토지보상법상 이주대책의 취지를 고려하여 강행법규라고 봄이 타당하다.
	2) 이주대책 내용의 재량성	판례는 사업시행자는 이주대책기준을 정하여 이주대책대상자에게 공급할 주택 등의 내용이나 수량 등을 정하는 데 재량을 가지며 그 기준이 객관적으로 합리적이 아니라거나 타당하지 않다고 볼 만한 특별한 사정이 없는 한 존중되어야 한다고 판시하였다.
3. 관련 규정	1) 이주대책 대상자 요건 (토지보상법 영 제40조)	① 무허가건축물 등의 소유자, ② 해당 건축물에 공익사업을 위한 관계법령에 따른 고시 등이 있은 날부터 계약체결일 또는 수용재결일까지 계속하여 거주하고 있지 아니한 건축물의 소유자, ③ 타인 소유 건축물 세입자는 이주대책대상자에서 제외된다.

	2) 이주정착금 대상자 요건 (토지보상법 영 제41조)	① 이주대책을 수립·실시하지 아니하는 경우, ② 이주대책대상자가 이주정착지가 아닌 다른 지역으로 이주하려는 경우, ③ 이주대책대상자가 공익사업을 위한 관계법령에 따른 고시 등이 있은 날의 1년 전부터 계약체결일 등까지 계속하여 해당 건물에 거주하지 않은 경우, ④ 이주대책대상자가 관계행정기관, 지방자치단체 및 공공기관 등에 해당하는 기관에 소속되어 있거나 퇴직한 날부터 3년이 경과하지 않은 경우 이주정착금을 지급해야 한다.
4. 사안의 해결	1) 분양아파트 공급을 요구할 수 있는지	토지보상법 제78조 제1항이 강행법규이므로 법상 이주대책대상자인 甲을 이주대책대상자에서 배제할 수 없다. 또한 자진 이주한 자에 한하여 분양아파트를 공급한다는 이주대책 기준은 타당성이 인정되지 않으므로 자진 이주하지 않은 甲은 분양아파트의 공급을 주장할 수 있다.
	2) 이주정착금을 요구할 수 있는지	甲은 토지보상법상 이주대책대상자에 해당하고 토지보상법 시행령 제41조에 따라 이주정착지가 아닌 다른 지역으로 이주하려는 등의 사정이 있는 경우 사업시행자에게 이주정착금의 요구를 할 수 있다고 판단된다.

25 이주대책 1

「공익사업을 위한 토지 등의 취득 및 보상에 관한 법률」(이하 '토지보상법'이라 함)의 적용을 받는 공익사업으로 인하여 피수용자 甲은 사업시행자인 한국철도시설공단 乙에게 협의절차를 통해 자신이 거주하고 있던 주거용 건축물을 제공하여 생활의 근거를 상실하게 되었다고 주장하면서 토지보상법 제78조 제1항에 따른 이주대책의 수립을 신청하였다. 이에 대해 사업시행자 乙은 "위 공익사업은 선형사업으로서 철도건설에 꼭 필요한 최소한의 토지만 보상하므로 사실상 이주택지공급이 불가능하고 이주대책대상자 중 이주정착지에 이주를 희망하는 자의 가구수가 7호(戶)에 그치는 등 위 공익사업은 토지보상법 시행령 제40조 제2항에서 규정하고 있는 이주대책을 수립하여야 하는 사유에 해당되지 아니한다."는 이유를 들어 피수용자 甲의 신청을 거부하였다. 다음 물음에 답하시오. 30점 (다만 사업시행자 乙은 사업인정을 받은 공무수탁사인으로 행정청의 지위를 가짐)

(1) 토지보상법상 이주대책대상자에 대하여 사업시행자가 확인 결정하는 행위에 대한 법적 성질과 다툼은 어떻게 해야 하는지 판례(대법원 2014.2.27. 선고 2013두10885 판결)를 통해 검토하시오. 10점

(3) 만약 피수용자 甲이 거부처분 취소소송을 제기하였다면, 사업시행자 乙은 그 소송 계속 중에 처분의 적법성을 유지하기 위해 "甲은 주거용 건축물에 계약체결일까지 계속하여 거주하고 있지 아니하였을 뿐만 아니라 이주정착지로의 이주를 포기하고 이주정착금을 받은 자에 해당하므로 토지보상법 시행령 제40조 제2항에 따라 이주대책을 수립할 필요가 없다."는 사유를 추가·변경할 수 있는지를 검토하시오. 10점

I. 논점의 정리

II. 물음 1

1. 이주대책의 의의 및 취지		이주대책이란 공익사업의 시행으로 인하여 주거용 건축물을 제공함에 따라 생활의 근거를 상실하게 된 자에 대하여 사업시행자가 대지를 조성하거나 주택을 건설하여 공급하는 것을 말한다. 국가의 적극적이고 정책적인 배려에 의한 생활보상의 일환으로 보는 것이 일반적이다.
2. 이주대책 확인결정의 법적 성질	1) 학설	확인결정행위로 수분양권이 성립하는 <형성처분>으로 보는 견해, 토지보상법 제78조의 요건이 충족하면 이주자는 수분양권을 가지므로 확인결정은 이주대책절차를 이행하기 위한 <확인·이행처분>으로 보는 견해가 있다.
	2) 관련 판례	판례는 이주대책대상자 확인결정은 구체적인 이주대책상의 수분양권을 부여하는 요건이 되는 행정작용으로서의 <처분>이라고 판시하였다.
	3) 검토	이주대책대상자 확인결정은 이주자의 권리의무에 직접적인 변동을 초래하는 행정행위이므로 항고소송의 대상이 되는 처분이라고 봄이 타당하다. 따라서 항고소송을 통해 이주대책대상자 제외처분이나 거부처분의 취소를 구할 수 있다.
3. 권리구제 방법	1) 항고소송	이주대책대상자 확인결정의 처분성이 인정되고 이주대책대상자 확인결정을 통하여 이주자에게 '절차상 권리'가 인정되므로 이주대책대상자 거부처분에 대해서 취소소송 또는 무효확인소송으로 권리구제를 받을 수 있다.
	2) 당사자 소송	이주대책대상자 확인결정을 통하여 이주자에게 '공법상 권리'가 인정된다. 이주대책신청기간이 경과하거나 분양절차가 종료되는 등의 경우에는 당사자소송의 보충성에 따라 그 법률상 지위에 대한 <확인의 이익>이 존재하므로 당사자소송으로 권리구제를 받을 수 있다.

III. 물음 3

1. 처분사유 추가변경의 의의 및 취지	처분사유 추가변경이란 처분 당시 존재하였으나 처분의 근거로 제시하지 않았던 법적 또는 사실적 사유를 소송계속 중에 추가 또는 변경하는 것을 말한다. 소송경제에 있어서 취지가 인정된다.

<table>
<tr><td colspan="2">2. 처분사유 추가변경의 인정 여부</td><td>① 학설은 소송경제의 관점의 <긍정설>, 국민의 공격방어권 침해의 관점의 <부정설>, 구체적 사안에 따라서 예외적으로 긍정하는 <제한적 긍정설>이 있다. ② 판례는 기본적 사실관계의 동일성이 인정되는 경우에 예외적으로 긍정한다. ③ 생각건대, 소송경제와 신뢰보호의 원칙에 근거하여 판례의 태도가 타당하다고 판단된다.</td></tr>
<tr><td colspan="2">3. 재량행위에서의 처분사유 추가변경 허용 여부</td><td>학설은 <부정설>, <긍정설>이 대립한다. 생각건대, 재량행위이더라도 기본적인 사실관계의 동일성이 인정되어 원고의 방어권 행사에 불이익이 초래하지 않는 경우에는 허용함이 타당하다.</td></tr>
<tr><td rowspan="2">4. 처분사유 추가변경의 요건</td><td>1) 처분 당시 존재</td><td>위법성 판단의 기준시점을 <처분시설>로 볼 때, 처분 이후 발생한 새로운 사유는 허용되지 않는다. 사안은 ~</td></tr>
<tr><td>2) 기본적 사실관계의 동일성</td><td>기본적 사실관계의 동일성이 인정되기 위해서는 법률적 평가 이전의 사회적 사실관계의 동일성, 시간적・장소적 근접성, 행위의 태양 및 결과의 동일성이 인정되어야 한다. 사안은 ~</td></tr>
<tr><td colspan="2">5. 사안의 해결</td><td>사안에서 사업시행자가 제시한 이주대책 수립 거부사유는 ① 기존의 거부처분 당시 객관적으로 존재하고 있던 사유라고 볼 수 있고 ② 기본적 사실관계의 동일성이 인정되므로 처분사유 추가변경이 가능하다고 판단된다.</td></tr>
</table>

26 이주대책 2

(1) 갑은 'B시 이주민지원규정'에서 정한 추가적 요건을 이유로 자신을 이주대책대상자에서 배제한 것은 위법하다고 주장한다. 갑의 주장이 타당한지에 관하여 설명하시오. 10점

(2) 을은 자신의 소지가 분양대상자가 아닌 일반우선 분양대상자로 선정한 것은 위법하다고 보아 이를 소송으로 다투려고 한다. 을이 제기하는 소송의 형식을 설명하시오. 10점

I. 논점의 정리

II. 물음 1

1. 이주대책의 의의 및 취지	이주대책이란 공익사업의 시행으로 인하여 주거용 건축물을 제공함에 따라 생활의 근거를 상실하게 된 자에 대하여 사업시행자가 대지를 조성하거나 주택을 건설하여 공급하는 것을 말한다. 국가의 적극적이고 정책적인 배려에 의한 생활보상의 일환으로 보는 것이 일반적이다.
2. 이주대책 대상자 요건 (토지보상법 영 제40조)	① 무허가건축물 등의 소유자, ② 해당 건축물에 공익사업을 위한 관계법령에 따른 고시 등이 있은 날부터 계약체결일 또는 수용재결일까지 계속하여 거주하고 있지 아니한 건축물의 소유자, ③ 타인 소유 건축물 세입자는 이주대책 대상자에서 제외된다.
3. 토지보상법상 이주대책수립실시 규정이 강행법규인지	판례는 토지보상법 제78조 제1항은 당사자의 합의 또는 사업시행자의 재량에 의하여 그 적용을 배제할 수 없는 강행법규라고 판시하였다. 토지보상법상 이주대책의 취지를 고려하여 강행법규라고 봄이 타당하다.
4. 'B시 이주민지원규정'의 법규성	B시 이주민지원규정은 훈령으로서 행정규칙에 해당한다. 행정규칙의 법규성에 대하여 학설은 <비법규설>, <법규설>, <준법규설>의 견해가 대립하나 다수설과 판례는 법규성을 인정하지 않는다. 법률의 법규창조력에 따라 법규성을 부정함이 타당하다.

<table>
<tr><td colspan="2">5. 이주대책 내용의 재량성</td><td>판례는 사업시행자는 이주대책기준을 정하여 이주대책대상자에게 공급할 주택 등의 내용이나 수량 등을 정하는 데 재량을 가지며 그 기준이 객관적으로 합리적이 아니라거나 타당하지 않다고 볼 만한 특별한 사정이 없는 한 존중되어야 한다고 판시하였다.</td></tr>
<tr><td colspan="2">6. 사안의 해결</td><td>B시 이주민지원규정은 행정규칙으로 법규성이 인정되지 않는다. 따라서 토지보상법 시행령 제40조 제3항에서 규정하고 있는 제외사유에 해당하지 않는 한 동법 제78조 제1항에 따른 이주대책 수립·실시의무는 강행규정이므로 법상의 이주대책대상자를 임의로 배제하는 것은 강행법규 위반으로 무효에 해당한다. 따라서 甲주장의 타당성은 인정된다.</td></tr>
<tr><td colspan="3">III. 물음 2</td></tr>
<tr><td colspan="2">1. 문제점</td><td>무허가건축물 소유자 乙에게 이주대책 청구권이 있는지 여부가 문제된다. 이주대책 청구권은 법상 이주대책대상자인지, 시혜적 이주대책대상자인지에 따라 권리구제 가능 여부가 달라지므로 이하 양자를 검토한다.</td></tr>
<tr><td rowspan="2">2. 이주대책 대상자의 법적 지위</td><td>1) 법상 이주대책 대상자</td><td>판례는 토지보상법 제78조 제1항을 강행규정으로 판시함으로써 법상 이주대책대상자에게 '실체적 권리'를 부여함에 취지가 있다. 따라서 법상 이주대책대상자는 이주대책 제외처분을 받은 경우 이주대책 청구권을 갖는다.</td></tr>
<tr><td>2) 시혜적 이주대책 대상자</td><td>학설은 <이주대책수립이전설>, <이주대책수립시설>, <확인·결정시설>이 대립한다. 판례는 수분양권은 사업시행자의 수분양권 대상자 확인·결정으로 발생한다고 판시하여 '절차적 권리'를 부여하였다. 따라서 시혜적 이주대책대상자는 이주대책 제외처분 시 이주대책 청구권을 갖는다.</td></tr>
<tr><td rowspan="2">3. 乙이 제기하는 소송의 형식</td><td>1) 항고소송</td><td>이주대책대상자 확인결정의 처분성이 인정되고 이주대책대상자 확인결정을 통하여 이주자에게 '절차상 권리'가 인정되므로 이주대책대상자 거부처분에 대해서 취소소송 또는 무효확인소송으로 권리구제를 받을 수 있다.</td></tr>
<tr><td>2) 당사자 소송</td><td>이주대책대상자 확인결정을 통하여 이주자에게 '공법상 권리'가 인정된다. 이주대책신청기간이 경과하거나 분양절차가 종료되는 등의 경우에는 당사자소송의 보충성에 따라 그 법률상 지위에 대한 <확인의 이익>이 존재하므로 당사자소송으로 권리구제를 받을 수 있다.</td></tr>
</table>

27 이주대책신청 거부처분의 절차상 하자

「공익사업을 위한 토지 등의 취득 및 보상에 관한 법률」(이하 '토지보상법'이라 함)의 적용을 받는 공익사업으로 인하여 피수용자 甲은 사업시행자인 한국철도시설공단 乙에게 협의절차를 통해 자신이 거주하고 있던 주거용 건축물을 제공하여 생활의 근거를 상실하게 되었다고 주장하면서 토지보상법 제78조 제1항에 따른 이주대책의 수립을 신청하였다. 이에 대해 사업시행자 乙은 "위 공익사업은 선형사업으로서 철도건설에 꼭 필요한 최소한의 토지만 보상하므로 사실상 이주택지공급이 불가능하고 이주대책대상자 중 이주정착지에 이주를 희망하는 자의 가구수가 7호(戶)에 그치는 등 위 공익사업은 토지보상법 시행령 제40조 제2항에서 규정하고 있는 이주대책을 수립하여야 하는 사유에 해당되지 아니한다"는 이유를 들어 피수용자 甲의 신청을 거부하였다. 다음 물음에 답하시오. 30점 (다만 사업시행자 乙은 사업인정을 받은 공무수탁사인으로 행정청의 지위를 가짐)

(2) 사업시행자 乙이 甲에 대한 거부처분을 하기에 앞서 행정절차법상 사전통지와 이유제시를 하지 아니한 경우 그 거부처분은 위법한지를 검토하시오. 10점

I. 물음 2

1. 거부처분 시 사전통지	1) 사전통지의 의의 및 생략사유 (행정절차법 제21조)	권리의 제한 또는 의무의 부과처분을 하는 경우 미리 상대방에게 일정한 사항을 통지하는 것을 말한다. ① 공공복리를 위해 긴급한 경우, ② 법령상 처분을 하여야 함이 객관적으로 증명된 경우, ③ 처분의 성질상 의견청취가 곤란, 불필요한 경우 생략할 수 있다.
	2) 거부처분 시 사전통지를 요하는지	① 학설은 신청의 기대이익 제한이라는 <긍정설>, 신청만으로는 권익이 발생하지 않는다는 <부정설>, 기존권익이 있는 경우 인정하는 <제한적 긍정설>이 있다. ② 판례는 사전통지를 하지 않은 재량행위의 절차상 하자를 긍정하였다. ③ 사안은 사전통지의 생략사유에 해당하지 않으므로 사전통지를 누락한 절차상 하자가 존재한다.

<table>
<tr>
<td rowspan="2">2. 거부처분 시 이유 제시</td>
<td>1) 이유제시의 의의 및 생략사유 (행정절차법 제23조)</td>
<td>이유제시란 행정청이 행정처분을 하면서 그 근거와 이유를 제시하는 것을 말한다. ① 당사자의 신청대로 모두 인정하는 경우, ② 단순 반복 및 경미한 처분으로 당사자가 그 이유를 명백히 아는 경우, ③ 긴급을 요하는 경우 생략가능하다.</td>
</tr>
<tr>
<td>2) 거부처분 시 이유 제시를 요하는지</td>
<td>이유제시는 서면으로 해야 하며 처분이유를 상대방이 납득할 수 있을 정도로 구체적으로 제시하여야 한다. 판례는 신청을 전제로 하는 거부처분의 경우 침해적 처분에 비해 구체적 정도가 완화될 수 있다고 판시하였다. 사안의 경우 이유제시 생략사유에 해당하지 않는바 이유제시를 누락한 절차상 하자가 존재한다.</td>
</tr>
<tr>
<td colspan="2">3. 절차상 하자의 독자적 위법성</td>
<td>① 학설은 적법절차 보장 및 행정소송법 제30조 제3항의 기속력 인정에 따른 <긍정설>, 절차는 수단에 불과하며 행정경제 도모에 따른 <부정설>, 기속행위와 재량행위를 구별하는 <절충설>이 있다. ② 판례는 재량행위, 기속행위의 구별 없이 절차상 하자의 독자적 위법성을 인정하였다. ③ 행정의 법률적합성의 원칙에 따라 긍정설이 타당하다.</td>
</tr>
<tr>
<td colspan="2">4. 사안의 해결</td>
<td>사안의 경우 이주대책 거부처분에 있어서 사전통지 및 이유제시의 절차상 하자가 인정된다. 판례 및 다수설에 따라 절차상 하자의 독자적 위법성을 인정함이 타당하므로 해당 거부처분은 위법을 구성한다. 이는 중대명백설 및 관련 판례에 따라 중대하나 일반인의 관점에서 명백하다고 보기 어려운바 <취소사유>에 해당한다.</td>
</tr>
</table>

28 재결신청의 위법과 취소판결의 기속력(산업입지법)

국토교통부장관은 2013.11.18. 사업시행자를 'A공사'로, 사업시행지를 'X시 일대 8,958,000㎡'로, 사업시행기간을 '2013.11.부터 2017.12.까지'로 하는 '◇◇공구사업'에 대해서 「공익사업을 위한 토지 등의 취득 및 보상에 관한 법률」에 따른 사업인정을 고시하였고, 사업시행기간은 이후 '2020.12.까지'로 연장되었다. 甲은 ㉮토지 78,373㎡와 ㉯토지 2,334㎡를 소유하고 있는데, ㉮토지의 전부와 ㉯토지의 일부가 사업시행지에 포함되어 있다. 종래 甲은 ㉮토지에서 하우스 딸기농사를 지어 왔고, ㉯토지에서는 농작물직거래판매장을 운영하여 왔다. 甲과 A공사는 사업시행지 내의 토지에 대해 「공익사업을 위한 토지 등의 취득 및 보상에 관한 법률」에 따른 협의매수를 하기 위한 협의를 시작하였다. 다음 물음에 답하시오. (아래의 물음은 각 별개의 상황임) 40점

(1) 만약 해당 사업이 산업입지 및 개발에 관한 법률(이하 산업입지법 제22조 토지수용은 토지소유자 동의율이 50% 이상이여야 한다고 명시하고 있음)상 1공구와 2공구로 나누어져 있고, 1공구와 2공구가 10㎞ 떨어져 있으며, 1공구는 산업단지를 조성하고, 2공구는 성격이 다른 지원사업으로 공동주택을 짓는 사업을 진행한다고 한다면 1공구는 90%의 토지소유자 동의를 받았지만, 2공구는 40%밖에 토지소유자 동의를 받지 못한 상황에서 수용재결 신청이 이루어졌다면 관할 토지수용위원회는 수용재결에 대하여 각하재결을 해야 하는지 인용재결을 해야 하는지, 기각재결을 해야 하는지 검토하시오. 10점

(2) 만약 위 사실관계에서 관할 토지수용위원회에서 수용재결이 이루어졌는데, 향후 대법원에서 수용재결 취소판결이 행해졌다면 사업시행자는 다시 수용재결을 신청할 수 있는지를 검토하시오. 10점

<table>
<tr><td colspan="3">〈물음 1〉</td></tr>
<tr><td colspan="3">I. 논점의 정리</td></tr>
<tr><td colspan="3">II. 재결신청의 위법성</td></tr>
<tr><td colspan="2">1. 재결신청의 의의</td><td>수용재결은 사업시행자에게 부여된 수용권의 구체적 내용을 결정하고 그 실행을 완성시키는 행정행위이다. 수용재결신청은 토지보상법 제28조에 따른 요건을 갖추어 사업시행자가 관할 토지수용위원회에 수용재결을 신청하는 것을 말한다.</td></tr>
<tr><td colspan="2">2. 토지보상법상 재결신청의 요건</td><td>① 사업시행자가 관할 토지수용위원회에 신청할 것, ② 사업시행자는 토지소유자 등과의 성실한 협의를 하였으나 협의가 불성립되었을 것, ③ 재결신청기간을 준수할 것, ④ 재결신청은 서면으로 할 것을 요건으로 한다.</td></tr>
<tr><td colspan="2">3. 1공구, 2공구가 동일한 사업인지</td><td>① 1공구와 2공구는 10km 떨어져 있어 지리적으로 가깝지 않고, ② 1공구는 산업단지를, 2공구는 공동주택을 내용으로 하는 사업이므로 양자 동일한 사업이라고 볼 수 없다. 따라서 수용재결의 요건은 사업별로 갖추어야 한다.</td></tr>
<tr><td rowspan="2">4. 사안의 해결</td><td>1) 재결신청의 위법성</td><td>1공구와 2공구는 별개의 사업으로 판단된다. 2공구는 40%밖에 토지소유자 동의를 받지 못한바 사업시행자가 성실한 협의절차를 거쳤다고 보기 어려운 점, 산업입지법상 재결신청 요건을 갖추지 못한 점을 고려하면 해당 재결신청은 요건을 갖추지 못한 바 위법하다.</td></tr>
<tr><td>2) 토지수용위원회의 재결</td><td>관할 토지수용위원회는 요건을 갖추지 못한 재결신청에 관하여 <각하재결>을 해야 한다고 판단된다.</td></tr>
<tr><td colspan="3">〈물음 2〉</td></tr>
<tr><td colspan="3">I. 논점의 정리</td></tr>
<tr><td colspan="3">II. 수용재결 실효 후 재결신청 가능성</td></tr>
<tr><td colspan="2">1. 기속력의 의의</td><td>판결의 취지에 따라 행동하도록 당사자인 행정청과 그 밖의 관계행정청을 구속하는 효력을 말한다. 기속력은 인용판결에만 미치고 기각판결에는 인정되지 않는다.</td></tr>
</table>

2. 기속력의 내용		판결이 확정된 후 동일한 사유로 동일한 처분을 반복해서는 안 된다는 <반복금지효>, 판결의 취지에 따라 신청에 대한 처분을 해야 한다는 <재처분의무>, 처분에 의해 초래된 위법상태를 제거해야 한다는 <원상회복의무>를 내용으로 한다.
3. 기속력의 범위		① 주관적 범위는 당사자인 행정청과 그 밖의 관계행정청이다. ② 객관적 범위는 판결 주문 및 이유에서 판단된 처분 등의 구체적 위반사유이다. ③ 시간적 범위는 처분의 위법판단시점을 '처분시설'로 보아 처분 당시까지 존재하던 사유에 한한다.
4. 수용재결 신청의 가능성	1) 문제점	수용재결의 취소소송이 인용된 경우 사업시행자가 다시 수용재결 신청하는 것이 기속력의 <반복금지효>에 위반되는지 문제된다. 이하 사안의 위법사유가 절차상 하자에 해당하므로 관련 판례를 근거로 검토한다.
	2) 관련 판례	판례는 판결의 기속력은 판결에 적시된 개개의 절차나 형식의 위법사유에 미치기 때문에 확정판결 후 행정청이 판결에 적시된 절차나 형식의 위법사유를 보완한 경우 다시 동일한 내용의 처분을 하여도 기속력에 위반하지 않는다고 판시하였다.
	3) 검토	사안의 경우 사업시행자가 협의와 관련한 절차상 하자를 보완하여 다시 수용재결을 신청한 경우 판결의 기속력에 위배되지 않는다고 봄이 타당하다. 다만 수용재결의 신청은 관련 법률에 따른 수용재결신청 기간 내에 이루어져야 한다.

29 재결신청청구의 거부 및 부작위

국토교통부장관은 2013.11.18. 사업시행자를 'A공사'로, 사업시행지를 'X시 일대 8,958,000㎡로, 사업시행기간을 '2013.11.부터 2017.12.까지'로 하는 '◇◇공구사업'에 대해서 「공익사업을 위한 토지 등의 취득 및 보상에 관한 법률」에 따른 사업인정을 고시하였고, 사업시행기간은 이후 '2020.12.까지'로 연장되었다. 甲은 ㉮토지 78,373㎡와 ㉯토지 2,334㎡를 소유하고 있는데, ㉮토지의 전부와 ㉯토지의 일부가 사업시행지에 포함되어 있다. 종래 甲은 ㉮토지에서 하우스 딸기농사를 지어 왔고, ㉯토지에서는 농작물직거래판매장을 운영하여 왔다. 甲과 A공사는 사업시행지 내의 토지에 대해 「공익사업을 위한 토지 등의 취득 및 보상에 관한 법률」에 따른 협의매수를 하기 위한 협의를 시작하였다. 다음 물음에 답하시오. (아래의 물음은 각 별개의 상황임)

협의 과정에서 일부 지장물에 관하여 협의가 이루어지지 않아 甲이 A공사에게 재결신청을 청구했으나 A공사가 재결신청을 하지 않는 경우 甲의 불복방법에 관하여 검토하시오. 15점

Ⅰ. 논점의 정리

Ⅱ. 甲의 재결신청청구권 인정 여부

1. 재결신청청구권의 의의 및 법적 성질	재결신청청구란 사업인정 후 협의 불성립 또는 불능의 경우 토지소유자 등이 사업시행자에게 조속히 재결신청할 것을 청구하는 것이다. 공법상 원인으로 발생하는바 재결신청청구권은 <공권>에 해당한다.
2. 재결신청청구 요건	① 청구권자는 토지소유자 등이고 피청구자는 사업시행자이다. ② 토지소유자 등은 협의기간 만료일부터 재결신청기간 만료일 내에 청구할 수 있다. 판례는 협의 불성립이 명백하거나 상당 기간 협의 통지가 없는 경우 협의기간 만료 전이라도 재결신청청구가 가능하다고 판시하였다. ③ 청구사유는 협의 불성립·불능뿐만 아니라 판례는 협의대상에서 제외한 경우도 포함한다고 판시하였다.

<table>
<tr><td>3. 甲에게 재결신청청구권이 인정되는지</td><td>사업시행지구에 편입된 토지의 소유자인 甲은 협의가 성립되지 아니하거나 불가능한 경우 재결신청을 청구할 수 있다. 따라서 사안의 경우 협의가 불성립하였으므로 甲에게는 재결신청청구권이 인정된다.</td></tr>
</table>

III. 토지소유자 甲의 불복방법

<table>
<tr><td colspan="2">1. 관련 판례</td><td>종전 판례는 재결신청청구 거부에 관하여 민사소송으로 그 이행을 소구할 수 없다고 판시하였다. 최근 판례는 재결신청청구권은 공법상 권리이므로 이에 대한 거부 등은 부작위위법확인소송 또는 거부처분취소소송으로 다툴 수 있다고 판시하였다. 이하 양자를 검토한다.</td></tr>
<tr><td rowspan="3">2. 부작위로 보는 경우</td><td>1) 부작위위법 확인소송의 개념</td><td>부작위란 행정청이 당사자의 신청에 대하여 상당한 기간 내에 일정한 처분을 하여야 할 법률상의 의무가 있음에도 불구하고 이를 하지 아니한 것을 말한다. 부작위위법확인소송은 행정청의 부작위가 위법하다는 것을 확인하는 소송을 말한다.</td></tr>
<tr><td>2) 소송의 적법성</td><td>부작위는 ① 당사자의 신청이 있을 것, ② 행정청에게 일정한 처분을 할 법률상 의무가 있을 것, ③ 상당기간 이를 이행하지 아니하였을 것을 요건으로 한다. 사안의 경우 A공사가 재결신청청구에 대해 아무런 처분을 하고 있지 않은 것은 부작위에 해당하여 다른 소송요건을 충족한다고 보아 소송의 적법성이 인정된다.</td></tr>
<tr><td>3) 소송의 인용가능성</td><td>부작위위법확인소송의 심리범위에 견해가 대립하나, 판례 및 다수설에 따라 무응답이라는 소극적인 위법상태의 제거가 목적이라고 판단된다. 따라서 사업시행자인 A공사는 토지소유자 甲의 재결신청에 대한 응답의무가 존재하므로 인용판결 받을 수 있다.</td></tr>
<tr><td>3. 거부처분으로 보는 경우</td><td>1) 거부가 처분이 되기 위한 요건</td><td>판례는 ① 공권력 행사로서의 거부일 것, ② 국민의 권리·의무에 직접 영향을 미칠 것, ③ 법규상·조리상 신청권이 존재할 것을 요건으로 보았다. 사안의 경우 A공사의 재결신청 거부는 공권력 행사로서의 거부로 토지소유자 甲의 권리에 직접 영향을 미치고, 甲에게 재결신청청구권이 인정되므로 처분성이 인정된다.</td></tr>
</table>

2) 소송의 적법성	사업시행자의 거부는 취소소송의 대상인 처분이므로 대상적격을 충족하고, 토지소유자 甲에게 원고적격이 인정된다. 따라서 제소기간, 관할 등의 소송요건이 적법하다고 판단되면, 취소소송의 적법성이 인정된다.
3) 소송의 인용가능성	토지소유자 甲은 해당 공익사업시행지구에 편입된 자신의 토지 등에 대한 재결신청청구의 거부처분을 다툴 법률상 이익이 존재한다. 따라서 특별한 사정이 없는 한, 사업인정 후 협의 불성립 시 조속히 재결신청을 할 의무가 있는 사업시행자의 재결신청거부처분은 위법성이 인정되므로 인용판결을 받을 수 있다.

30 토지가격비준표와 기준시가 산정의 위법

개별공시지가가 없는 토지(토지소유자 甲)의 가액을 그와 지목 · 이용상황 등 지가형성요인이 유사한 인근토지를 표준지로 보고 부동산 가격공시 및 감정평가에 관한 법률(이하 '부동산공시법') 제3조에 따른 비교표(이하 '토지가격비준표'라고 한다)에 따라 평가하도록 규정함으로써, 납세의무자가 표준지 선정과 토지가격비준표 적용의 적정 여부, 그에 따라 평가된 가액이 인근 유사토지의 개별공시지가와 균형을 유지하고 있는지 여부 등을 확인할 수 있도록 하고 있으므로, 표준지를 특정하여 선정하지 않거나 토지가격비준표에 의하지 아니한 채 개별공시지가가 없는 토지의 가액을 평가하고 그에 기초하여 기준시가를 정하는 것은 위법하다고 토지소유자 甲은 주장한다. 부동산공시법상 토지가격비준표의 법적 성질과 토지소유자 甲의 위법 주장이 타당한지에 대하여 검토하시오. 20점

I. 논점의 정리

II. 토지가격비준표에 따르지 않은 기준시가 산정의 위법성

1. 개별공시지가의 의의 및 근거	개별공시지가란 시장 · 군수 · 구청장이 부담금의 부과 등 일정한 행정목적에 활용하기 위하여 표준지공시지가를 기준으로 일정한 절차에 따라 결정 · 공시한 개별토지의 단위면적당 가격이다. 부동산공시법 제10조에 근거한다.
2. 개별공시지가의 법적 성질	학설은 <행정행위설>, <행정규칙설>, <사실행위설> 등이 있다. 판례는 과세의 기준이 되어 국민의 권리, 의무 내지 법률상 이익에 직접적으로 관계된다고 하여 처분성을 긍정하였다. 생각건대, 과세 등과 관련하여 국민의 권리구제의 측면에서 처분성을 인정함이 타당하다.
3. 토지가격비준표의 의의 및 법적 근거	토지가격비준표란 국토교통부장관이 행정목적상 지가산정을 위해 필요하다고 인정하는 경우에 작성하는 표준지와 개별토지의 지가형성요인에 관한 표준적 비교표이다. 부동산공시법 제3조 제8항에 근거한다.

4. 토지가격 비준표의 법적 성질	1) 문제점	토지가격비준표는 개별공시지가 산정의 구체적인 기준을 규정하여 상위법령을 보충하므로 형식은 행정규칙이나 실질은 법규명령이므로 <법령보충적 행정규칙>에 해당한다. 이하 법령보충적 행정규칙의 법규성에 관하여 검토한다.
	2) 학설	형식을 기준으로 하는 <행정규칙설>, 실질을 기준으로 하는 <법규명령설>, 헌법상 인정되지 않은 규범은 무효라는 <위헌무효설>, 법률을 구체화한 것으로 법규성을 긍정하는 <규범구체화 행정규칙설>의 견해가 대립한다.
	3) 관련 판례	판례는 상위법령이 그 구체적 내용을 보충할 권한을 부여한 경우, 그 위임의 한계를 벗어나지 않는 한 상위법령과 결합하여 대외적 구속력을 갖는다고 판시하였다. 개발부담금 부과와 관련하여 토지가격비준표는 법률보충적인 구실을 하는 법규적 성질을 가지고 있는 것으로 보아 토지가격비준표에 의하여 부과종료시점의 지가를 산정한 것은 정당하다고 판시하였다.
	4) 검토	생각건대 토지가격비준표는 부동산공시법 제3조 제8항의 구체적인 위임을 받아 개별공시지가 산정의 기준을 규정하고 있으므로 위임 범위 내에서 상위법령과 결합하여 대외적 구속력을 갖는다고 봄이 타당하다.
5. 관련 판례 (2013두25702)		판례는 소득세법은 개별공시지가가 없는 토지의 가액을 토지가격비준표에 따라 평가하도록 규정하고 있는바 표준지를 특정하여 선정하지 않거나 토지가격비준표에 의하지 아니한 채 개별공시지가가 없는 토지의 가액을 평가하고 기준시가를 정하는 것은 위법하다고 판시하였다.
6. 사안의 해결		부동산공시법 제10조 제1항은 개별공시지가는 '국세·지방세 등 각종 세금의 부과, 그 밖의 다른 법령에서 정하는 목적을 위한 지가산정에 사용'되므로 소득세법에 따른 기준시가 산정에 있어서 구속력을 미친다고 봄이 타당하다. 따라서 토지가격비준표에 따라 평가하지 않은 기준시가 산정에 위법이 있다고 봄이 타당하다.

31 표준지공시지가 평가서의 기재의 정도

(1) 부동산공시법상 표준지공시지가의 결정절차와 효력에 대하여 설명하시오. 10점

(2) 표준지공시지가 감정평가서의 기재내용과 그 정도와 평가의견을 추상적으로만 기재하는 경우 적정가격 평가에서 위법성이 인정되는지를 설명하시오. 10점

I. 논점의 정리

II. 물음 1

1. 표준지공시지가의 의의 및 법적 성질		표준지공시지가란 부동산공시법이 정한 절차에 따라 국토교통부장관이 조사·평가하여 공시한 표준지의 단위면적당 적정가격이다. 판례는 표준지공시지가 결정이 위법한 경우에는 그 자체를 행정소송의 대상이 되는 <처분>으로 보아 그 위법 여부를 다툴 수 있다고 판시하였다.
2. 표준지 공시지가의 결정절차	1) 표준지 선정 및 조사·평가 의뢰	① 국토교통부장관은 표준지 선정 및 관리지침에 따라 표준지를 선정하고, ② 감정평가법인등의 조직규모, 실무경력, 업무실적, 업무수행능력을 고려하여 둘 이상의 감정평가법인등에게 조사·평가를 의뢰한다.
	2) 감정평가법인등의 표준지 조사, 평가	① 감정평가법인등은 인근 유사토지의 거래가격, 임대료 및 조성비용을 고려하여 적정가격을 평가하고, ② 시장·군수·구청장의 의견청취 후 보고서를 제출하여 산술평균하여 결정한다. ③ 국토교통부장관은 필요한 경우 재평가를 실시할 수 있다.
	3) 심의 및 공시·열람	① 국토교통부장관은 중앙부동산가격공시위원회의 심의를 거쳐 ② 표준지의 지번, 단위면적당 가격, 이의신청에 관한 사항 등을 공시하고 ③ 특별시장 등을 거쳐 시장·군수·구청장에게 송부하여 일반인으로 하여금 열람하게 한다.

<table>
<tr><td></td><td>짧은 버전</td><td>① 국토교통부장관은 표준지선정・관리지침에 따라 표준지를 선정하고, 둘 이상의 감정평가법인등에게 조사・평가를 의뢰한다. ② 감정평가법인등은 관할 시장・군수・구청장의 의견을 듣고 적정가격을 평가한다. ③ 국토교통부장관은 중앙부동산가격공시위원회의 심의를 거친 후, ④ 표준지공시지가를 공시하여 일반인이 열람하게 한다.</td></tr>
<tr><td colspan="2">3. 표준지공시지가의 효력
(부동산공시법 제9조)</td><td>부동산공시법 제9조에 따라 토지시장에 지가정보를 제공하고, 일반적인 토지거래의 지표가 되며, 국가 및 지방자치단체 등의 기관이 그 업무와 관련하여 지가를 산정하거나, 감정평가법인등이 토지를 평가하는 데 그 기준이 된다.</td></tr>
<tr><th colspan="3">III. 물음 2</th></tr>
<tr><td colspan="2">1. 적정가격의 의의
(부동산공시법 제2조)</td><td>적정가격이란 토지, 주택 및 비주거용 부동산에 대하여 통상적인 시장에서 정상적인 거래가 이루어지는 경우 성립될 가능성이 가장 높다고 인정되는 가격을 말한다.</td></tr>
<tr><td rowspan="2">2. 관련 규정</td><td>1) 부동산공시법
제3조 제4항</td><td>표준지공시지가를 조사・평가하는 경우에는 인근 유사토지의 거래가격・임대료 및 해당 토지와 유사한 이용가치를 지닌다고 인정되는 토지의 조성에 필요한 비용추정액, 인근지역 및 다른 지역과의 형평성・특수성, 표준지공시지가 변동의 예측 가능성 등을 종합적으로 참작해야 한다.</td></tr>
<tr><td>2) 감정평가에 관한
규칙 제13조</td><td>감정평가법인등은 감정평가법 제6조에 따른 감정평가서를 의뢰인과 이해관계자가 이해할 수 있도록 명확하고 일관성 있게 작성해야 한다고 규정하고 있다. 동조 제2항, 제3항에서는 기재사항을 구체적으로 규정하고 있다.</td></tr>
<tr><td colspan="2">3. 관련 판례
(2007두20140)</td><td>감정평가서에는 평가원인을 구체적으로 특정하여 명시함과 아울러 각 요인별 참작내용과 정도가 객관적으로 납득이 갈 수 있을 정도로 설명됨으로써 그 평가액이 해당 토지의 적정가격으로 평가한 것임을 인정할 수 있어야 한다.</td></tr>
</table>

4. 사안의 해결	1) 평가원인의 구체적 특정성 여부	甲의 표준지공시지가의 감정평가서는 거래선례나 평가선례를 고려하지 아니하였고, 거래사례비교법, 원가법 및 수익환원법 등을 구체적으로 적용하지 못하였다. 따라서 평가원인을 구체적으로 특정하지 못하였다고 판단된다.
	2) 요인별 참작 내용과 정도가 객관적으로 설명되는지 여부	해당 표준지공시지가는 전년도의 공시지가와 세평가격만이 참고가격으로 적시되어 있고 그러한 참고가격이 평가액 산정에 어떻게 참작되었는지에 관한 별다른 설명이 없으므로 요인별 참작내용과 정도가 객관적으로 설명되었다고 보기 어렵다.
	3) 토지소유자 주장의 타당성	사안의 표준지공시지가 감정평가서는 평가원인의 구체적 특정 및 요인별 참작내용과 정도를 객관적으로 설명하지 못하고 있으므로 해당 평가액이 적정가격임을 입증할 수 없다고 판단된다. 따라서 이러한 감정평가서에 근거한 표준지공시지가 결정은 위법하다고 판단되므로 토지소유자 주장의 타당성이 인정된다.

32 표준지공시지가결정과 수용재결 하자의 승계

甲은 A시의 시외로 나가는 일반도로에 접한 자신 소유의 X토지에 교통로를 개설하고 대형음식점을 운영하고 있다. A시에서는 X토지와 이에 접하여 연결된 Y · W토지의 소유권을 취득하여 혼잡한 교통량을 분산할 목적으로 「국토의 계획 및 이용에 관한 법률」에 의거하여 우회도로를 설치한다는 방침을 결정하고, A시의 시장은 X · Y · W토지의 개별공시지가 및 이 개별공시지가 산정의 기초가 된 P토지의 표준지공시지가와 도매물가상승률 등을 반영하여 산정한 보상기준가격을 내부적으로 결정하고 예산확보를 위해 중앙부처와 협의 중이다. 다음 물음에 답하시오. 30점

(1) 甲은 보상이 있을 것을 예상하여 더 많은 보상금을 받기 위해 「부동산 가격공시 및 감정평가에 관한 법률」에 의거하여 감정평가사를 통해 산정된 P토지의 표준지공시지가에 불복하여 취소소송을 제기하려고 한다. 그런데 표준지공시지가의 불가쟁력이 발생하였다. 따라서 甲은 공익사업을 위한 토지 등의 취득 및 보상에 관한 법률상 수용재결을 다투면서 표준지공시지가 결정의 위법을 다투고자 한다. 어떠한 법리로 다툴 수 있는지 검토하시오. 20점

I. 논점의 정리

II. 물음 1

1. 표준지공시지가 결정의 의의 및 법적 성질	표준지공시지가 결정이란 부동산공시법이 정한 절차에 따라 국토교통부장관이 조사 · 평가하여 표준지의 단위면적당 가격을 공시하는 것을 말한다. 판례는 표준지공시지가 결정이 위법한 경우에는 그 자체를 행정소송의 대상이 되는 <처분>이라고 판시하였다.
2. 수용재결의 의의 및 법적 성질	수용재결이란 사업시행자에게 부여된 수용권의 구체적인 내용과 범위를 정하고 그 실행을 완성시키는 행정행위이다. 판례는 일정한 법률효과의 발생을 목적으로 하는 점에서 일반의 행정처분과 다를 바 없다고 판시하여 <처분성>을 긍정하였다.
3. 하자승계의 의의 및 취지	하자승계란 동일한 법률효과를 목적으로 하는 둘 이상의 행정행위가 연속적으로 행해지는 경우, 선행행위의 하자를 이유로 후행행위를 다툴 수 있는 것을 의미한

		다. 이는 법적 안정성과 국민의 권리구제의 조화에서 그 취지가 있다.
4. 하자승계의 전제 요건		① 선·후행 행정행위가 처분일 것, ② 선행행위에 취소사유가 존재할 것, ③ 선행행위에 불가쟁력이 발생할 것, ④ 후행행위는 적법할 것을 전제로 한다. 표준지공시지가 결정의 위법의 정도가 중대명백설에 따라 취소사유에 해당한다고 판단되므로 나머지 요건을 충족한다고 보아 전제요건을 충족한다.
5. 하자승계의 인정 여부	1) 학설	선·후행 행정행위가 동일한 법률효과를 목적으로 하는 경우에 한하여 하자승계를 인정하는 <전통적 하자승계론>, 선행행위의 구속력이 후행행위에 미치는 경우 후행행위를 다툴 수 없다는 <구속력이론>이 있다.
	2) 관련 판례 (2007두13845)	판례는 표준지공시지가 결정은 인근 토지소유자에게 개별적으로 고지하지 않는바 인근 토지소유자는 보상금 산정의 기준이 되는 표준지가 어느 토지인지 알 수 없는 점 등을 고려하여 예측가능성과 수인가능성을 넘는 손실이 있다고 보아 수용재결에서 표준지공시지가의 위법을 주장할 수 있다고 판시하였다.
	3) 검토	헌법 제27조에 따른 국민의 재판받을 권리를 보장하기 위해 구체적인 사안에서 예측가능성, 수인가능성을 넘는 손실이 있다고 판단되는 경우 동일한 법률효과를 목적으로 하지 않더라도 하자승계를 인정함이 타당하다.
6. 사안의 해결	1) 동일한 법률효과를 목적으로 하는지	표준지공시지가 결정은 토지시장에 지가정보를 제공하고 일반적인 토지거래의 지표가 되며 행정청이나 감정평가사가 토지를 평가하는 기준으로의 목적이 있고, 수용재결은 공용수용의 완성을 목적으로 한다. 따라서 수용재결은 별개의 법률효과를 목적으로 하는 행정행위이다.
	2) 예측 가능성과 수인가능성 여부	표준지공시지가 결정은 인근 토지소유자에게 개별통지를 하지 않으므로 수용재결에서 위법한 표준지공시지가를 기준으로 보상금을 산정한 사안에서 예측가능성 및 수인가능성을 넘는 손실이 있다고 판단되는바, 하자의 승계를 인정함이 타당하다. 따라서 甲은 하자승계법리로 수용재결에서 표준지공시지가 결정의 위법을 주장할 수 있을 것이다.

33 협의가 필요적 전치절차인지 & 협의성립확인의 법적 효과

「공익사업을 위한 토지 등의 취득 및 보상에 관한 법률」 제26조는 수용재결 신청 전에 사업시행자로 하여금 수용대상 토지에 관하여 권리를 취득하거나 소멸시키기 위하여 토지소유자 및 관계인과 교섭하도록 하는 협의제도를 규정하고 있다. 이에 따른 협의가 수용재결 신청 전의 필요적 전치절차인지 여부와 관할 토지수용위원회에 의한 협의성립확인의 법적 효과를 설명하시오. 10점

Ⅰ. 협의가 수용재결신청 전의 필요적 전치절차인지

1. 협의의 의의 및 취지	협의란 사업시행자가 토지소유자 및 관계인과의 합의에 의하여 수용목적물의 권리를 취득하는 것이다. 이는 임의적 합의를 바탕으로 최소침해의 원칙을 구현하고 신속한 사업을 수행함에 취지가 있다.
2. 협의의 법적 성질	학설은 <공권설>, <사권설>이 대립하며 사업인정 후 협의는 공권설이 다수설이다. 판례는 사업인정 전・후 협의 모두 행정청이 사경제주체로 행하는 행위로 보아 사권설의 입장이다. 생각건대, 사업인정 후 협의는 공법상 원인으로 발생함을 고려하여 사업인정 전 협의는 사권, 후 협의는 공권으로 봄이 타당하다.
3. 필요적 전치절차 여부 (토지보상법 제26조)	사업시행자는 사업인정을 받은 경우 토지소유자 및 관계인과의 협의절차를 거쳐야 한다. 다만, 사업인정 전 협의절차를 거친 경우로서 토지・물건 조서에 변동이 없는 경우 사업인정 후 협의를 생략할 수 있다. 따라서 협의는 사업인정 전 또는 후에 한 번은 거쳐야 하는 필요적 전치절차라고 판단된다.

Ⅱ. 협의성립확인의 법적 효과

1. 협의성립확인의 의의 및 취지	사업인정 후 협의가 성립된 경우 사업시행자가 토지소유자 등의 동의를 얻어 관할 토지수용위원회의 협의성립확인을 받음으로써 재결로 간주하는 제도를 말

		한다. 수용을 둘러싼 법적 관계의 조속한 확정 및 분쟁 예방에 취지가 있다.
2. 협의성립확인의 절차		① 토지보상법 제29조 제2항에 따라 재결절차를 준용한다. 사업시행자의 확인신청, 확인신청 내용의 공고·열람·의견제출, 관할 토지수용위원회의 심리, 확인의 절차를 거친다. ② 공증에 의한 경우 관할 토지수용위원회가 신청을 '수리'함으로써 협의성립이 확인된 것으로 본다.
3. 협의성립 확인의 법적 효과 (토지보상법 제29조 제4항)	1) 재결로 간주	당사자 사이에 협의가 성립하여 체결된 계약의 내용은 관할 토지수용위원회가 결정한 것과 동일한 효력이 발생한다. 따라서 목적물에 대한 권리취득은 <원시취득>이다.
	2) 협의에 대한 차단효	협의성립확인이 되면, 사업시행자와 토지소유자 및 관계인은 확인된 협의의 성립이나 내용을 다툴 수 없는 <차단효>가 발생한다. 따라서 협의 자체에 불복하는 경우 행정쟁송을 하여 해당 확인의 효력을 소멸시킨 후 민사소송 또는 당사자소송으로 협의의 내용을 다투어야 한다.

PART

03

감정평가 및 보상법규 스터디 암기장 3

PART 03

감정평가 및 보상법규 스터디 암기장 3

01 개별공시지가에 행정심판을 거친 경우 제소기간의 기산점

(1) 개별공시지가의 의의 및 법적 성질에 대하여 설명하고, 개별공시지가의 이의신청의 의의 및 법적 성질을 설명하시오. 10점

(2) 개별공시지가에 대하여 직권 정정으로 변경 처분을 하였는데 당사자에게 유리한 변경처분으로 판례에 따라 소급효가 인정되어 원래의 개별공시지가 공시기준일로 보아 그 최초 개별공시지가가 결정공시된 날인 2006.5.31.에 결정 공시된 것으로 볼 수 있다. 그러면 이때 소송의 대상은 무엇인지 설명하고, 만약 개별공시지가에 결정공시에 대하여 행정심판을 제기한 경우에 대법원2008두19987판결에 따라 행정소송의 제소기간은 언제인지 설명하시오. 20점

I. 논점의 정리

II. 관련 행정작용의 개관

1. 개별공시지가의 의의 및 법적 성질	개별공시지가란 시장・군수・구청장이 부담금의 부과 등 일정한 행정목적에 활용하기 위하여 표준지공시지가를 기준으로 일정한 절차에 따라 결정・공시한 개별토지의 단위면적당 가격이다. 판례는 과세의 기준이 되어 국민의 권리・의무 등 법률상 이익에 직접적으로 영향을 주므로 처분이라고 판시하였다.
2. 개별공시지가 이의신청의 의의 및 법적 성질	개별공시지가에 대하여 이의가 있는 자가 시장・군수・구청장에게 이의를 신청하면 시장・군수・구청장은 이를 심사하는 제도이다. 판례는 개별공시지가에 대한 이의신청을 제기한 이후에도 별도로 행정심판을 제기할 수 있다고 판시하였다. 생각건대, 이의신청의 상대방이 처분청이라는 점, 부동산공시법에서 이의신청 후 행정심판을 금지하는 별다른 규정이 없는 점을 고려하여 강학상 이의신청으로 봄이 타당하다.

III. 취소소송의 제소기간의 기산점

1. 소송의 대상	시장·군수·구청장의 개별공시지가 정정 결정·고시는 변경처분으로서 소송의 대상이 문제된다. 학설의 대립이 있으나, 판례는 신청자에게 유리해진 처분의 경우 변경된 원처분을 소송의 대상으로 보았다. 사안의 경우 토지소유자에게 유리한 변경처분이므로 변경된 원처분일에 결정·고시된 개별공시지가가 소송의 대상이다.
2. 취소소송의 제소기간	제소기간이란 소송을 제기할 수 있는 시간적 간격을 의미한다. 행정소송법 제20조에 따라 처분이 있음을 안 날로부터 90일, 처분이 있은 날로부터 1년 이내에 소송을 제기해야 하며 행정심판을 거친 경우 재결서의 정본을 송달받은 날로부터 기산한다.
3. 처분이 '있음을 안 날'과 '있은 날'의 관계	처분이 있음을 안 날이란 당사자가 통지·공지 등의 방법으로 해당 처분이 있음을 현실적으로 안 날을 의미한다. 처분이 있은 날은 처분이 통지에 의해 외부에 표시되어 효력이 발생한 날이다. 이 두 경우 하나의 기간이 경과해도 취소소송을 제기할 수 없다.
4. 관련 판례	판례는 이의신청을 하여 그 결과 통지를 받은 후 다시 행정심판을 거쳐 행정소송을 제기할 수 있다고 보아야 하고, 이 경우 행정소송의 제소기간은 그 행정심판 재결서 정본을 송달받은 날부터 기산한다고 판시하였다.
5. 사안의 해결	사안의 경우 행정심판을 거친 후 행정소송을 제기하는 경우이므로 제소기간의 기산점은 행정심판의 재결서 정본을 송달받은 날이 된다.

02 건축물 등의 보상 기준(무허가건축물 & 가설건축물) 및 법 제25조 관련

(1) 「공익사업을 위한 토지 등의 취득 및 보상에 관한 법률」에서 규정하는 물건평가의 일반적인 기준을 설명하고, 무허가건축물(가설건축물 포함)이 보상대상이 될 수 있는지에 대하여 논하시오. 10점

(2) 건축법상 건축허가를 받았으나 허가받은 건축행위에 착수하지 않고 있는 사이 「공익사업을 위한 토지 등의 취득 및 보상에 관한 법률」상 사업인정고시가 된 경우, 고시된 토지에 건축물을 건축하려는 자는 「공익사업을 위한 토지 등의 취득 및 보상에 관한 법률」 제25조에 정한 허가를 따로 받아야 하는지 여부를 논하시오. 5점

(3) 「공익사업을 위한 토지 등의 취득 및 보상에 관한 법률」 제15조 제1항에 따른 사업시행자의 보상계획공고 등으로 공익사업의 시행과 보상대상 토지의 범위 등이 객관적으로 확정된 후 해당 토지에 지장물을 설치하는 경우, 손실보상의 대상에 해당하는지 여부를 논하시오. 5점

I. 논점의 정리

II. 물음 1에 대하여

1. 물건평가의 일반적인 기준	1) 이전비 보상 원칙 (토지보상법 제75조)	건축물 등에 대한 보상은 이전비로 보상함을 원칙으로 규정한다. 다만, 이전하기 어렵거나 그 이전으로 인하여 건축물 등을 종래의 목적대로 사용할 수 없는 경우, 건축물 등의 이전비가 그 물건의 가격을 넘는 경우 가격으로 보상한다고 규정한다.
	2) 원가법 및 거래사례비교법 (토지보상법칙 제33조)	건축물의 가격은 원가법으로 평가한다. 다만, 주거용 건축물은 거래사례비교법에 의한 평가액이 원가법에 의한 평가액보다 큰 경우 및 구분소유부동산의 가격은 거래사례비교법으로 평가한다고 규정한다.

2. 무허가 건축물 보상 여부	1) 무허가건축물의 의의	건축법 등 관계법령에 따라 허가를 받거나 신고를 하고 건축하거나 용도변경하는 건축물을 허가를 받지 아니하거나 신고를 하지 아니하고 건축하거나 용도변경한 건축물을 말한다.
	2) 관련 규정 (토지보상법 제25조 제3항)	제2항을 위반하여 건축물의 건축 · 대수선, 공작물의 설치 또는 물건의 부가 · 증치를 한 토지소유자 또는 관계인은 해당 건축물 · 공작물 또는 물건을 원상으로 회복하여야 하며 이에 관한 손실의 보상을 청구할 수 없다.
	3) 허가와 재산권의 관계	허가란 법령에 의하여 일반적 · 상대적 금지를 특정한 경우 해제하여 적법하게 금지된 행위를 할 수 있게 하는 행정행위이다. 허가를 요하는 행위를 허가 없이 행한 경우 행위 자체의 효력은 부인될 수 있으나, 재산권의 범위가 달라질 수는 없다고 보아야 한다.
	4) 관련 판례 및 검토	판례는 사업인정고시 전에 건축한 건물은 그 건축물이 적법하게 허가를 받아 건축한 것인지, 허가를 받지 아니하고 건축한 무허가건축물인지 여부와 관계없이 손실보상대상이라고 판시하였다. 허가의 성질을 고려하여 사업인정 전 무허가건축물은 손실보상대상이라고 봄이 타당하다.
3. 가설건축물 보상 여부		판례는 가설건축물은 원상회복의무가 있으므로 공익사업의 시행으로 해당 가설건축물의 철거를 명하는 것이 특별한 희생을 발생시킨다고 볼 수 없어 보상대상이 될 수 없다고 판시하였다. 다만, 허가 시 수익기간이 보장된 경우에는 그 기간 이익의 손실은 보상대상이라고 판단된다.

III. 물음 2에 대하여

1. 관련 규정 (토지보상법 제25조 제2항)	사업인정고시가 된 후에 고시된 토지에 건축물의 건축 등을 하려는 자는 시장 · 군수 · 구청장의 허가를 받아야 한다. 이 경우 시장 · 군수 · 구청장은 미리 사업시행자의 의견을 들어야 한다.

2. 관련 판례	판례는 건축허가를 받았더라도 건축행위에 착수하지 아니하고 있는 사이에 사업인정고시가 된 경우 고시된 토지에 건축물을 건축하려는 자는 토지보상법 제25조에 정한 허가를 따로 받아야 하고, 그 허가 없이 건축된 건축물은 토지보상법상 손실보상을 청구할 수 없다고 판시하였다.
3. 사안의 해결	생각건대, 토지보상법 제25조는 토지보전의무 및 건축 시 별도의 허가를 규정하고 있는 점, 사업인정고시 전 건축허가를 받았더라도 정당한 사유 없이 건축행위에 착수하지 않은 점을 고려하여 건축을 하려는 자는 시장·군수·구청장에게 별도의 허가를 받아야 한다고 봄이 타당하다.
Ⅳ. 물음 3에 대하여	
1. 관련 판례	판례는 보상계획공고 등으로 손실보상대상 토지의 범위 등이 객관적으로 확정된 후 지장물이 해당 토지의 통상 이용과 관계없거나 이용 범위를 벗어나는 것으로 손실보상만을 목적으로 설치되었음이 명백하다면, 예외적으로 손실보상의 대상에 해당하지 아니한다고 판시하였다.
2. 사안의 해결	손실보상은 적법한 공용침해로 인하여 재산권에 가하여진 특별한 희생에 대한 정당보상에 취지가 있다. 따라서 사업인정고시 전이라도 보상계획공고 등으로 손실보상 대상이 객관적으로 확정되었고 해당 지장물이 손실보상만을 목적으로 설치되었음이 명백하다면 손실보상에서 제외함이 타당하다.

03 공익성 검토

사업시행자 甲은 4차산업을 위한 메타버스 단지(공익사업을 위한 토지 등의 취득 및 보상에 관한 법률 제4조 별표에 규정된 공익사업으로 가정함)를 조성하기 위한 공익사업을 하기 위해서 화성시 일대 40,000㎡ 토지를 취득해서 사업진행을 하던 중에 피수용자 10인이 비상대책위원회를 꾸려 공익사업에 협조를 하지 않고 있다. 이에 사업시행자는 강제취득을 위한 사업인정의제를 받기 위해 인허가권자인 화성시에 관련 서류를 제출하였는데, 사업인정의제를 받기 위해서는 공익사업을 위한 토지 등의 취득 및 보상에 관한 법률 제21조에서 중앙토지수용위원회와 공익성 협의(공익성 검토)를 하도록 하고 있다. 공익사업을 위한 토지 등의 취득 및 보상에 관한 법률 제21조에서 규정한 공익성 협의(공익성 검토)에 대하여 설명하고, 해당 사업이 공익성 협의를 위한 형식적 심사대상에 부합하는지, 또한 실질적 심사대상인 사업의 공공성과 수용의 필요성이 있는지 여부를 구체적으로 검토하시오(사실관계가 불명확한바 논리적인 전제와 전개를 통해 논증을 할 것). 20점

Ⅰ. 논점의 정리

Ⅱ. 토지보상법상 공익성 협의

1. 사업인정 의제사업의 공익성 협의	1) 관련 규정	토지보상법 제21조 제2항은 동법 제4조 별표에 따른 공익사업을 사업인정의제하려는 경우 중앙토지수용위원회와 협의하여야 하고 동조 제3항에 따라 중앙토지수용위원회는 협의를 요청받은 경우 대상 사업의 공공성, 수용의 필요성, 그 밖의 사항을 검토하여야 한다고 규정한다.
	2) 토지보상법 제21조 개정의 취지	토지보상법 제21조의 개정으로 사업인정의제사업에 있어서 중앙토지수용위원회의 공익성 협의 절차 및 이해관계인의 의견 수렴절차를 명시적으로 규정하였다. 이는 사업인정의제의 무분별한 확산을 방지하고 국민의 재산권 보호와 공공복리의 실현의 균형에 취지가 있다.

2. 공익성 검토의 기준	1) 형식적 심사	형식적 심사는 토지보상법 제4조상 토지수용이 가능한 사업인지 여부, 의견 수렴 및 사업시행절차의 준수 여부 등 형식적 요건을 판단하는 절차이다. 토지수용사업에 해당하지 않는 경우 사업인정 신청을 반려하고 의견수렴절차 등을 이행하지 않은 경우 보완요구 또는 신청을 각하한다.
	2) 실질적 심사	사업의 공공성 심사와 필요성 심사로 구분된다. 사업의 공공성은 ① 시행목적 공공성, ② 사업시행자유형, ③ 목적 및 상위계획 부합여부, ④ 사업의 공공기여도, ⑤ 공익의 지속성, ⑥ 시설의 대중성을 심사한다. 수용의 필요성은 ① 피해의 최소성, ② 방법의 적절성, ③ 사업의 시급성, ④ 사업수행능력을 평가한다.

III. 해당 사업의 공익성 검토

1. 형식적 심사 검토		사안의 공익사업은 토지보상법 제4조 별표에 규정된 공익사업으로 가정되며, 개별법령상 의견청취절차 및 사업시행절차를 준수하여 사업인정의제를 신청하였다고 판단되므로 형식적 심사에서의 적법성이 인정되는바 실질적 심사를 검토한다.
2. 실질적 심사 검토	1) 사업의 공공성	해당 사업은 4차산업을 위한 메타버스 단지로서 사업의 공공성 및 공공기여도가 인정된다고 판단된다. 사업시행자 甲에 관한 사업시행자의 유형등을 충족한다고 가정하고 해당 사업의 근거법률의 목적 및 상위계획 부합여부, 사업의 공공기여도, 공익의 지속성, 시설의 대중성이 인정된다고 한다면 사업의 공공성이 인정된다.
	2) 수용의 필요성	해당 사업의 시행을 위한 토지취득과 피수용자의 이익침해에 대한 이익형량은 비례의 원칙에 적합해야 한다. 이익형량의 적법성이 인정된다면 피해의 최소성, 방법의 적절성이 인정되므로 사업의 시급성을 충족하는 경우 해당 공익사업의 필요성이 인정된다. 또한 사업시행자의 사업수행능력을 검토하여 사업재원의 확보수준, 사업시행자가 민간인 경우에는 보상업무 수행능력을 추가적으로 검토하여 수용의 필요성을 판단하는 것이 타당하다.

3. 사안의 해결	사안의 공익사업은 특별한 사유가 존재하지 않는 한 토지보상법 제21조 제2항에 따른 공익성 검토에서 형식적 심사와 실질적 심사를 통한 공익성이 인정된다고 판단된다.

04 과징금부과처분의 권리구제

(3) 1년이 경과되자 다시 등록을 신청하여 등록증을 교부받은 후 감정평가사 10인을 규합하여 신설법인을 만들어 감정평가업을 영위하고 있다. 그런던 중 2022년 표준지공시지가 업무를 하던 감정평가사 甲은 잘못된 평가를 하여 업무정지 3개월을 맞을 위기에 처하자 국토교통부장관에 탄원을 하였고, 이에 국토교통부장관은 공적업무를 수행하는 것을 감안하여 변형된 과징금으로 3천만원을 부과하였다. 감정평가사 甲은 과징금 3천만원에 너무 과도하다고 생각하여 이의신청을 하였고, 그 이의신청 결과를 2022년 4월 23일 통지받은 상태이다. 최근 행정기본법이 제정된바, 현재 이 법률이 시행된다는 전제하에 감정평가사 甲의 과징금처분에 대한 권리구제 여부를 검토하시오. 10점

I. 물음 3에 대하여		
1. 과징금의 법적 성질	1) 감정평가법상 과징금	과징금이란 행정법규의 위반으로 얻은 경제적 이익을 박탈하기 위하여 부과되는 금전상 제재금이다. 감정평가법상 과징금은 국토교통부장관이 업무정지처분을 하여야 하는 경우 해당 업무정지처분으로 인하여 공적업무의 정상적인 수행에 지장을 초래하는 등 공익을 현저히 해칠 우려가 있는 경우 업무정지처분에 갈음하여 부과하는 것으로 <변형된 의미의 과징금>이다.
	2) 과징금 부과의 법적 성질	과징금 부과행위는 과징금 납부의무를 명하는 행위이므로 <급부하명>에 해당한다. 감정평가법 제41조는 "과징금을 부과할 수 있다."고 규정하므로 법문언상 <재량행위>이다.
2. 과징금 처분에 대한 권리구제	1) 감정평가법상 이의신청 (감정평가법 제42조)	국토교통부장관의 과징금의 부과에 이의가 있는 경우 이를 통보받은 날부터 30일 이내에 국토교통부장관에게 이의를 신청할 수 있다. 감정평가법 제42조 제3항은 이의신청에 대한 결정에 이의가 있는 자는 행정심판을 제기할 수 있다고 규정하는바 <강학상 이의신청>에 해당한다.

2) 행정기본법 제36조 제4항 적용 시	이의신청에 대한 결과를 통지받은 후 행정심판 또는 행정소송을 제기하려는 자는 그 결과를 통지받은 날부터 90일 이내에 행정심판 또는 행정소송을 제기할 수 있다.
3) 검토	입법 예정된 행정기본법 제36조 제4항에 따르면 甲은 이의신청 결과를 통지받은 2022.4.23.부터 90일 이내에 행정심판 또는 행정소송을 제기할 수 있다. 과징금 부과행위는 항고소송의 대상이 되는 처분이며 재량행위이므로 재량권 일탈남용 여부로 위법성을 심사할 것이다.

05 대집행

(1) 공익사업을 위한 토지 등의 취득 및 보상에 관한 법률(이하 '토지보상법')상 대집행을 설명하고, 협의취득 시 건물소유자가 매매대상 건물에 대한 철거의무를 부담하겠다는 취지의 약정을 한 경우, 그 철거의무가 행정대집행법에 의한 대집행의 대상이 되는지 여부를 검토하시오. 20점

〈물음 1〉

I. 논점의 정리

협의취득에 따른 철거의무는 토지보상법 또는 토지보상법에 의한 처분으로 인한 의무에 해당하지 않으므로 이에 대한 이행을 대집행의 방법으로 실행할 수 있는지 문제된다.

II. 대집행의 개관

III. 철거의무가 대집행의 대상인지

1. 공법상 의무인지	1) 협의의 법적 성질	협의란 사업시행자가 토지소유자 등과의 합의를 통해 수용목적물의 권리를 취득하는 것을 말한다. 학설은 <공법상 계약설>, <사법상 계약설>의 견해대립이 있다. 판례는 사업인정 전·후 여부와 관계없이 행정청이 사경제의 주체로서 행하는 계약으로 보았다. 생각건대, 사업인정 전 협의는 <사법상 계약>으로 봄이 타당하다.
	2) 관련 판례	협의취득 시 건물소유자가 매매대상 건물에 대한 철거의무를 부담하겠다는 취지의 약정을 하였더라도 이러한 철거의무는 공법상의 의무가 될 수도 없으므로 대집행의 방법으로 실현할 수 없다고 판시하였다.
	3) 검토	사업인정 전 협의취득 시 건물 소유자가 매매대상 건물에 대한 철거의무를 부담하겠다는 약정은 사법상 의무로 봄이 타당하다. 따라서 해당 의무는 행정대집행법상 대집행의 대상이 되는 공법상 의무가 아니다.

2. 토지보상법 제43조에 따른 의무인지	1) 토지 등의 인도이전 의무 (토지보상법 제43조)	수용하거나 사용할 토지나 그 토지에 있는 물건에 관한 권리를 가진 자는 수용 또는 사용의 개시일까지 그 토지나 물건을 사업시행자에게 인도하거나 이전하여야 한다.
	2) 관련 판례	철거의무는 토지보상법 제89조에서 정한 '이 법 또는 이 법에 의한 처분으로 인한 의무'에 해당하지 아니하므로 위 철거의무에 대한 강제적 이행은 대집행의 방법으로 실현할 수 없다고 판시하였다.
	3) 검토	협의취득에 따른 철거약정은 토지보상법 제43조에 따른 인도이전의무에 해당한다고 볼 수 없다. 따라서 위 철거의무에 대한 강제적 이행은 대집행의 방법으로 실현할 수 없다고 판시하였다.
3. 사안의 해결		대집행은 국민의 권익침해 개연성이 높은 점, 법률유보의 원칙을 고려하여 법적 근거 없이 대집행의 대상을 확대할 수 없다. 따라서 사안의 철거약정은 행정대집행법 및 토지보상법에 따른 대집행의 대상이 되지 아니한다.

06 등록취소 및 갱신등록거부처분의 권리구제

(1) 국토교통부장관은 2010.10.3. 신문보도를 통하여 甲의 구속사실을 알게 되었고 지도ㆍ감독의 권한에 근거하여 A감정평가법인에게 관련사항을 보고하도록 하였다. 그러나 보고를 받은 후에도 甲의 등록을 취소하지는 않았고, 이에 甲은 A감정평가법인에서 계속 평가업무를 할 수 있다고 믿고 수년간 업무를 계속해왔다. 2015.3.1.에 이르러서야 수년 후에야 국토교통부장관은 甲의 등록을 취소하려고 하는데 이것이 가능한지를 검토하시오. 10점

(2) 이후 2015.4.1. 甲이 갱신등록을 신청하자 국토교통부장관은 등록여부를 검토 중 甲의 집행유예기간이 만료되지 않았다는 사실을 확인하고 갱신등록을 거부하였다. 이때 甲은 국토교통부장관의 갱신등록 거부를 취소소송으로 다툴 수 있는지 검토하시오. 10점

I. 논점의 정리

II. 물음 1에 대하여

1. 등록취소의 법적 성질		등록 후 일정한 사유 발생 시 감정평가사 자격의 등록을 취소하는 것을 말한다. 후발적인 사정에 의하여 처분을 취소하는 것으로 <강학상 철회>에 해당한다. 또한 감정평가법 제19조 제1항에서 '취소하여야 한다'고 규정하므로 <기속행위>에 해당한다.
2. 철회의 법적 근거 요부		철회의 법적 근거의 필요성에 대해 다수설과 판례는 행정의 탄력성을 고려하여 <불요설>을 취한다. 사안의 경우 감정평가법에 등록취소의 근거 및 사유가 규정되어 있는 바, 이에 관한 위법은 없는 것으로 판단된다.
3. 철회의 제한 법리	1) 실권의 법리의 의의	행정청이 위법한 상태를 장기간 방치함으로써 개인이 이를 신뢰하여 이를 기초로 새로운 법률관계를 형성한 경우 행정청은 사후에 그 위법성을 주장할 수 없다는 법리이다.
	2) 요건	① 행정청이 권리행사의 가능성을 알 것, ② 장기간에 걸쳐 권리의 불행사가 계속될 것, ③ 당사자가 행정청의 권리 불행사를 신뢰한 것에 대한 정당한 사유가 있을 것을 요건으로 한다.

4. 사안의 해결		사안의 경우 2010.10.3. 당시 국토교통부장관이 甲에 대한 등록취소 가능성을 알고 있었음에도 2015.3.1.에 이르러서야 등록을 취소하려고 하였으므로 이는 실권의 법리에 위배된다고 판단된다. 따라서 국토교통부장관이 甲의 등록을 취소하는 것은 불가능하다고 판단된다.

III. 물음 2에 대하여

1. 감정평가사 자격 등록갱신의 의의 및 취지		갱신이란 등록에 기한이 정해져 있는 경우 종전의 등록의 효력을 유지시키는 행정행위를 말한다. 감정평가법은 5년마다 등록갱신을 하도록 규정하고 있는데, 이는 주기적으로 감정평가업무 수행의 적정성을 검토하여 감정평가사제도의 신뢰성을 확보함에 취지가 있다.
2. 취소소송의 의의 및 요건		취소소송이란 행정청의 위법한 처분 등을 취소 또는 변경하는 소송을 말한다. 취소소송의 소송요건에는 대상적격, 원고적격, 제소기간, 소의 이익, 피고적격, 관할 등이 있다. 사안은 대상적격이 문제되므로 이하 검토한다.
3. 대상적격 인정 여부	1) 처분의 의의 (행정소송법 제2조)	처분이란 행정청이 행하는 구체적 사실에 관한 법집행으로서의 공권력의 행사 또는 그 거부와 그 밖에 이에 준하는 행정작용 및 행정심판에 대한 재결을 말한다.
	2) 거부 처분의 성립요건	① 공권력 행사로서의 거부일 것, ② 거부가 국민의 권리·의무에 영향을 미칠 것, ③ 당사자에게 법규상, 조리상 신청권이 있을 것을 요건으로 한다. 판례는 신청권은 행정청의 응답을 구하는 형식적 권리이며 신청된 대로의 처분을 구하는 실체적 권리가 아니라고 판시하였다.
	3) 검토	사안의 국토교통부장관의 등록갱신 거부처분은 공권력 행사로서의 거부로, 甲의 권리·의무에 직접적인 영향을 미치고, 甲에게는 감정평가법에 따른 등록갱신의무가 있으므로 법규상 신청권이 인정된다. 따라서 거부처분의 성립요건을 충족한다.
4. 사안의 해결		국토교통부장관의 갱신등록 거부의 처분성이 인정되고 甲은 등록갱신의 당사자로서 원고적격이 인정되며 다른 소송요건을 충족한다고 본다면, 甲은 취소소송으로 갱신등록 거부를 다툴 수 있다고 판단된다.

PART • 03

07 자격취소의 권리구제

(1) 감정평가 및 감정평가사에 관한 법률상 감정평가사 자격취소처분의 법적 성질과 행정소송법상 취소소송의 적법성을 논하시오. 10점

(2) 감정평가 및 감정평가사에 관한 법률상 징계절차에 대하여 설명하고, 감정평가사법 제45조 및 행정절차법상 10일을 준수하지 않은 청문절차의 하자가 있으나 당사자가 자진해서 청문장에 출석하여 충분한 소명을 한 경우라면 하자는 치유될 수 있는지 여부를 논하시오. 20점

I. 논점의 정리

II. 물음 1에 대하여

1. 자격취소의 의의 및 법적 성질		감정평가사로서의 자격을 박탈하여 향후 감정평가사로서의 지위를 향유할 수 없도록 하는 것을 말한다. 후발적 사정을 이유로 장래 효력을 상실시키는 행위로 <강학상 철회>이며 법 문언상 <재량행위>이다.
2. 취소소송의 적법성	1) 취소소송의 의의 및 소송요건	취소소송이란 행정청의 위법한 처분을 취소하거나 변경하는 소송을 말한다. 취소소송의 소송요건에는 대상적격, 원고적격, 제소기간, 협의의 소익, 관할, 피고적격 등이 있다. 이하에서는 자격취소 처분의 대상적격 및 해당 감정평가사의 원고적격를 중심으로 검토한다.
	2) 대상적격 인정 여부	행정청의 구체적 법집행으로서의 공권력 행사 또는 그 거부 및 그 밖에 이에 준하는 행정작용으로서 행정심판에 관한 재결을 의미한다. 감정평가법상 자격취소는 강학상 철회로 독립된 행정행위로서 국민의 권리의무에 직접적이고 구체적인 영향을 미치므로 항고소송의 대상이 되는 <처분>이다. 따라서 대상적격이 인정된다.
	3) 원고적격 인정 여부	원고적격이란 본안판단을 받을 수 있는 자격을 말한다. 행정소송법 제12조는 '법률상 이익이 있는 자'라고 규정한다. 법률상 이익의 의미에 관하여 학설의 대립이 있으

<table>
<tr><td></td><td></td><td>나 판례는 처분의 근거법률 및 관계법률에서 보장하는 개별적, 직접적, 구체적 이익이라고 규정한다. 사안의 경우 자격취소처분의 당사자인 甲에게 원고적격이 인정된다.</td></tr>
<tr><td></td><td>4) 검토</td><td>사안의 감정평가사 자격취소처분의 대상적격 및 감정평가사 甲의 원고적격이 인정된다. 따라서 제소기간 등 다른 소송요건을 충족한다는 전제로 자격취소처분 취소소송은 적법하다.</td></tr>
<tr><td colspan="3">III. 물음 2에 대하여</td></tr>
<tr><td colspan="2">1. 감정평가법상 징계절차</td><td>① 국토교통부장관이 징계위원회에 징계의결을 요구한다.
② 위원회는 징계요구 내용과 징계심의기일을 해당 감정평가사에게 통지하고 당사자는 징계위원회에 출석하여 의견진술 기회를 갖는다.
③ 위원회는 징계의결을 요구받은 날부터 60일 이내에 징계를 의결한다.
④ 국토교통부장관은 위원회의 의결에 따라 징계를 하였을 때는 징계사유를 명시하여 당사자와 협회에 각각 서면으로 통보하고 징계내용을 관보에 공고해야 한다.</td></tr>
<tr><td rowspan="3">2. 자격취소 처분의 위법성 및 위법의 정도</td><td>1) 관련 규정</td><td>국토교통부장관은 감정평가법 제45조에 따른 처분을 하는 경우 청문을 실시하여야 한다. 또한 동법 시행령 제41조에 따라 징계의 당사자인 감정평가사는 징계위원회에 출석하여 자신에게 유리한 사실을 진술하거나 필요한 증거를 제출할 수 있다.</td></tr>
<tr><td>2) 자격취소 처분의 위법성</td><td>사안은 청문서의 도달기간에 위법이 존재하므로 <절차상 하자>가 존재한다. 절차상 하자의 독자적 위법성에 대하여 견해의 대립이 있으나 판례는 기속행위・재량행위 모두 절차상 하자의 독자적 위법성을 긍정하였다. 헌법상 적법절차원칙 및 행정소송법 제30조 제3항의 기속력 규정에 근거하여 긍정함이 타당하다.</td></tr>
<tr><td>3) 위법의 정도</td><td>판례는 하자가 중대하고 명백한 것인지 여부를 판별함에 있어서는 그 법규의 목적, 의미, 기능 등을 목적론적으로 고찰함과 동시에 구체적 사안 자체의 특수성에 관하여도 합리적으로 고찰해야 한다고 판시하였다. 생각건대, 중대명백설에 따라 내용상 중대하나 외관상 명백하다고 볼 수 없으므로 <취소사유>에 해당한다.</td></tr>
</table>

3. 하자의 치유 가능성	1) 하자의 치유 의의 및 취지	하자의 치유란 성립 당시의 하자를 사후에 보완하여 행정행위의 효력을 유지하는 것을 말한다. 행정·소송경제와 권리구제 요청 조화에 취지가 있다.
	2) 인정 여부	학설은 <부정설>, <긍정설>, <제한적 긍정설>이 있다. 판례는 하자 있는 행정행위의 치유는 법치주의의 관점에서 원칙적으로 허용되지 않으나, 국민의 권리와 이익을 침해하지 않는 범위에서 구체적 사정에 따라 합목적적으로 인정해야 한다고 판시하였다. 법적 안정성과 행정경제의 관점에서 제한적으로 긍정함이 타당하다.
	3) 인정범위	판례는 하자치유의 인정범위에 대해 행정행위의 위법이 취소사유 또는 절차상, 형식상 하자에 해당하는 경우 하자의 치유가 가능하다고 보았다. 다만 위법이 무효사유이거나 내용상 하자에 해당하는 경우 하자치유가 불가능하다고 판시하였다.
	4) 인정시기	학설은 <쟁송제기 전>, <소송제기 전>, <판결 시>라는 견해가 대립한다. 판례는 처분에 대한 불복 여부의 결정 및 불복신청에 편의를 줄 수 있는 상당한 기간 내라고 판시하였으므로 쟁송제기 전의 입장이다. 국민의 권리구제의 측면에서 판례의 태도가 타당하다.
	5) 검토	판례는 청문서 도달일에 위법이 존재하더라도 당사자가 자진해서 청문장에 출석하여 충분한 소명을 하였다면 청문서 도달일에 대한 하자는 치유된 것으로 보았다. 생각건대, 당사자가 의견진술 기회를 가졌다면 절차상 하자는 치유된 것으로 봄이 타당하다.

08 주택가격 및 비주거용 부동산가격 공시

부동산가격공시에 관한 법률상 제3장 주택가격의 공시와 제4장 비주거용 부동산가격의 공시에 대하여 설명하시오. 10점

I. 주택가격의 공시

1. 주택가격 공시의 내용	1) 표준주택 가격 공시	국토교통부장관이 용도지역, 건물구조 등이 일반적으로 유사하다고 인정되는 일단의 단독주택 중에서 선정한 표준주택에 대하여 매년 공시기준일 현재의 적정가격을 조사・산정하고, 제24조에 따른 중앙부동산가격공시위원회의 심의를 거쳐 이를 공시하는 것을 말한다.
	2) 개별주택 가격 공시	시장・군수 또는 구청장이 시・군・구부동산가격공시위원회의 심의를 거쳐 매년 표준주택가격의 공시기준일 현재 관할 구역 안의 개별주택의 가격을 결정・공시하는 것을 말한다.
	3) 공동주택 가격 공시	국토교통부장관이 공동주택에 대하여 매년 공시기준일 현재의 적정가격을 조사・산정하고 중앙부동산가격공시위원회의 심의를 거쳐 공시하는 것을 말한다.
2. 주택가격 공시의 효력 (부동산공시법 제19조)		① 표준주택가격은 국가・지방자치단체 등이 그 업무와 관련하여 개별주택가격을 산정하는 경우에 그 기준이 된다. ② 개별주택가격 및 공동주택가격은 주택시장의 가격정보를 제공하고, 국가・지방자치단체 등이 과세 등의 업무와 관련하여 주택의 가격을 산정하는 경우에 그 기준으로 활용될 수 있다.

II. 비주거용 부동산가격의 공시

1. 비주거용 부동산가격 공시의 내용	1) 비주거용 표준부동산 가격 공시	국토교통부장관이 용도지역, 이용상황, 건물구조 등이 일반적으로 유사하다고 인정되는 일단의 비주거용 일반부동산 중에서 선정한 비주거용 표준부동산에 대하여 매년 공시기준일 현재의 적정가격을 조사・산정하고, 중앙부동산가격공시위원회의 심의를 거쳐 이를 공시하는 것을 말한다.

	2) 비주거용 개별부동산 가격 공시	시장·군수 또는 구청장이 시·군·구부동산가격공시위원회의 심의를 거쳐 매년 비주거용 표준부동산가격의 공시기준일 현재 관할 구역 안의 비주거용 개별부동산의 가격을 결정·공시하는 것을 말한다.
	3) 비주거용 집합부동산 가격 공시	국토교통부장관이 비주거용 집합부동산에 대하여 매년 공시기준일 현재의 적정가격을 조사·산정하여 중앙부동산가격공시위원회의 심의를 거쳐 공시하는 것을 말한다.
2. 비주거용 부동산가격 공시의 효력 (부동산공시법 제23조)		① 비주거용 표준부동산가격은 국가·지방자치단체 등이 그 업무와 관련하여 비주거용 개별부동산가격을 산정하는 경우에 그 기준이 된다. ② 비주거용 개별부동산가격 및 비주거용 집합부동산가격은 비주거용 부동산시장에 가격정보를 제공하고, 국가·지방자치단체 등이 과세 등의 업무와 관련하여 비주거용 부동산의 가격을 산정하는 경우에 그 기준으로 활용될 수 있다.

PART

04

감정평가 및 보상법규 스터디 암기장 4

PART
04
감정평가 및 보상법규 스터디 암기장 4

01 개별공시지가 산정 시 비교표준지 선택기준

(1) 부동산가격공시에 관한 법률에 따라 개별공시지가 산정 시 비교표준지 선택기준에 대하여 검토하시오. 5점

I. 논점의 정리	
II. 물음 1	
1. 개별공시지가의 의의 및 취지	개별공시지가는 시장·군수·구청장이 개별토지에 대해 시·군·구 부동산공시위원회 심의를 거쳐 매년 결정 공시하는 단위면적당 가격을 말한다. 개별공시지가는 토지 관련 국세 및 지방세의 부과기준, 개발부담금 등 각종 부담금의 부과기준으로 활용되며, 과세의 형평을 위하여 도입된 제도이다.
2. 부동산공시법 제10조 개별공시지가	시장·군수 또는 구청장이 개별공시지가를 결정·공시하는 경우에는 해당 토지와 유사한 이용가치를 지닌다고 인정되는 하나 또는 둘 이상의 표준지의 공시지가를 기준으로 토지가격비준표를 사용하여 지가를 산정하되, 해당 토지의 가격과 표준지공시지가가 균형을 유지하도록 하여야 한다.
3. 관련 판례	개별토지가격은 기본적으로 대상 토지와 같은 가격권 안에 있는 표준지 중에서 지가형성요인이 가장 유사한 표준지를 비교표준지로 선택하여야 보다 합리적이고 객관적으로 산정할 수 있는 것이므로 그 비교표준지는 대상 토지와 용도지역, 토지이용상황 기타 자연적·사회적 조건 등 토지특성이 같거나 가장 유사한 표준지 중에서 선택하여야 한다.

02 미래시점 감정평가 시 감정평가서의 위법성

감정평가사 甲은 토지소유자 乙로부터 그 소유의 토지(이하 '이 사건 토지'라고 한다)를 물류단지로 조성한 후에 형성될 이 사건 토지에 대한 추정 시가를 평가하여 달라는 감정평가를 의뢰받아 1천억 원으로 평가하였다(이하 '이 사건 감정평가'라고 한다). 甲은 그 근거로 단순히 인근 공업단지 시세라고 하며 공업용지 평당 3백만 원 이상이라고만 감정평가서에 기재하였다. 그러나 얼마 후 이 사건 토지에 대한 경매절차에서 법원의 의뢰를 받은 감정평가사 丙은 이 사건 토지의 가격을 1백억 원으로 평가하였다. 평가금액 간에 10배에 이르는 현저한 차이가 발생하자 사회적으로 문제가 되었다. 이에 국토교통부장관은 적법한 절차를 거쳐 甲에게 "부동산의 적정한 가격을 산정하기 위해서는 정확한 자료를 검토하고 이를 기반으로 가격형성요인을 분석하여야 함에도 그리하지 않은 잘못이 있다."는 이유로 징계를 통보하였다. 이에 대해 甲은 이 사건 감정평가는 미래가격 감정평가로서 비교표준지를 설정할 수 없어 부득이하게 인근 공업단지의 시세를 토대로 평가하였던 것이고, 미래가격 감정평가에는 구체적인 기준이 따로 없으므로 일반적인 평가방법을 따르지 않았다고 해서 자신이 잘못한 것은 아니라고 주장한다. 甲의 주장은 타당한지 여부를 검토하시오. 10점

Ⅰ. 논점의 정리

Ⅱ. 감정평가의 기준

1. 감정평가의 기준		감정평가법 제3조 제1항은 토지를 감정평가하는 경우 표준지공시지가를 기준으로 하여야 하고 적정한 실거래가가 있는 경우 이를 기준으로 할 수 있다고 규정한다. 다만 동조 제2항에 해당하는 경우 해당 토지의 임대료, 조성비용 등을 고려하여 감정평가할 수 있다고 규정한다.
2. 신의성실의 원칙	1) 감정평가법 제25조	감정평가법인등은 감정평가법 제10조에 따른 업무를 하는 경우 품위를 유지하여야 하고, 신의와 성실로써 공정하게 감정평가를 하여야 하며, 고의 또는 중대한 과실로 잘못된 평가를 하여서는 아니 된다고 규정한다.

	2) 감정평가에 관한 규칙 제3조	감정평가법인등은 ① 자신의 능력으로 업무수행이 불가능하거나 매우 곤란한 경우, ② 이해관계 등의 이유로 자기가 감정평가하는 것이 타당하지 아니하다고 인정되는 경우 감정평가를 하여서는 아니 된다고 규정한다.
3. 관련 판례		판례는 특수한 조건을 반영하거나 현재가 아닌 시점의 가격을 기준으로 하는 경우 제시된 자료와 대상물건의 구체적인 비교·분석을 통해 평가액의 산출근거를 밝히는 데 더욱 신중을 기해야 하며 이와 같이 하는 것이 곤란한 경우 대상물건에 대한 평가를 하지 말아야 한다고 판시하였다.
4. 사안의 해결		甲은 이 사건 토지에 대한 추정 시가를 평가함에 있어서 단순히 인근 공업단지 시세라고 하며 구체적인 산출근거를 밝히지 아니한 채 감정평가를 행한바, 이는 감정평가법 제25조에 따른 신의성실의무에 대한 위반으로써 위법한 감정평가에 해당한다. 따라서 甲주장의 타당성은 인정되지 않는다.

03 보상금증감청구소송

(2) 피수용자 甲은 위 관할 토지수용위원회의 재결에 불복하여 토지보상법에 따라 보상금의 증액을 구하는 소송을 제기하고자 한다. 토지보상법에서 이 소송의 의의와 그 특수성을 검토하시오. 10점

I. 물음 2에 대하여

<table>
<tr><td colspan="2">1. 보상금증감청구소송의 의의 및 취지</td><td>보상금증감청구소송은 보상금에 대한 직접적인 이해당사자인 사업시행자와 토지소유자 및 관계인이 보상금의 증액을 소송을 통해 직접 다툴 수 있는 소송을 말한다. 당사자 간에 보상재결의 취소판결을 받지 않고도 법원이 직접 보상금을 결정하여 명할 수 있도록 하여 보상금과 관련된 분쟁을 일회적으로 해결하는 데 그 취지가 있다.</td></tr>
<tr><td rowspan="2">2. 보상금증감청구소송의 법적 성질</td><td>1) 형식적 당사자소송</td><td>토지보상법 제85조 제2항은 소송을 제기하는 자가 사업시행자인 경우 토지소유자 등을, 토지소유자 등인 경우 사업시행자를 피고로 하도록 규정한다. 따라서 법률관계를 소송의 대상으로 하나 실질은 보상금에 대해 다투는 형식적 당사자소송에 해당한다.</td></tr>
<tr><td>2) 확인급부소송</td><td>학설은 <형성소송설>과 <확인급부소송설>이 대립한다. 판례는 실질적으로 보상액을 확인하고 지급을 명한다는 점에서 확인급부소송의 입장이다. 생각건대, 형성소송설은 권력분립에 반할 수 있고, 재결청의 개입 없이 당사자 사이의 보상금증감의 분쟁을 종국적으로 해결하려는 취지를 고려하여 <확인급부소송>으로 봄이 타당하다.</td></tr>
<tr><td>3. 보상금증감청구소송의 특수성</td><td>1) 소송의 대상</td><td>학설은 원처분주의와 재결주의가 대립한다. 생각건대, 보상금증감청구소송은 취소소송과 달리 처분 등으로 인해 형성된 '법률관계'라는 점에서 원처분주의는 적용되지 않는다고 봄이 타당하다. 따라서 소송의 대상은 보상금증감에 관한 <법률관계>이다.</td></tr>
</table>

2) 제소기간	당사자소송은 원칙적으로 제소기간의 제한이 없다. 다만 보상금증감청구소송은 토지보상법 제85조 제1항에 따른 취소소송의 제소기간이 적용된다. 따라서 재결서 정본 송달일로부터 90일 또는 이의신청을 거친 경우 이의재결서 정본 송달일로부터 60일 이내에 제기함이 타당하다.
3) 심리범위	보상금증감소송이 구체적으로 어느 범위까지 다툴 수 있는가에 관해 논란이 있으나, 최근 판례에 따르면 보상금액, 보상금 지급방법 등 뿐만 아니라 지연가산금, 잔여지 수용 여부, 보상금 유용에 관한 사항도 심리할 수 있다고 봄이 타당하다.
4) 판결의 효력	보상금증감청구소송에서 법원은 스스로 보상액의 증감을 결정할 수 있고 토지수용위원회는 별도의 처분을 할 필요가 없다.
5) 취소소송과의 병합 가능성	민사소송법 제70조에서 주관적 예비적 병합을 인정하고 있으므로 수용재결에 대한 취소소송과 보상금증감청구소송을 주관적 예비적으로 병합하여 제기할 수 있다.

(3) 만약 세입자 丙 등이 토지보상법 제78조 등에서 정한 주거이전비, 이주정착금, 이사비의 미지급(이하 주거이전비 등)을 이유로 인도를 거절할 수 있는지 여부와 만약 세입자 丁 등은 주거이전비를 주지 않아 수용의 개시일까지 인도를 거절하여 사업시행자로부터 법적조치되어 토지보상법 제95조의2 제2호, 제43조를 위반하였음을 이유로 벌금 20만원을 선고받았다면 재판부의 벌금형 선고가 타당한 것인지 검토하시오. 10점

I. 물음 3에 대하여

1. 丙 등의 건축물 인도 거절 가능 여부	1) 관련 규정 (토지보상법 제43조) + 배점 고려 사전보상의 원칙 서술 가능	토지보상법 제43조는 토지소유자 및 관계인과 그 밖에 토지소유자나 관계인에 포함되지 아니하는 자로서 수용하거나 사용할 토지나 그 토지에 있는 물건에 관한 권리를 가진 자는 수용 또는 사용의 개시일까지 그 토지나 물건을 사업시행자에게 인도하거나 이전하여야 한다고 규정한다.
	2) 관련 판례	가. 판례는 토지보상법 제78조 등에서 정한 주거이전비, 이주정착금, 이사비 등도 도시정비법에서 정하는 '토지보상법에 따른 손실보상'에 해당하므로 토지나 지장물 등 보상금을 지급하거나 공탁한 것만으로는 토지보상법에 따른 손실보상이 완료되었다고 볼 수 없다고 판시하였다. 나. 판례는 협의취득의 경우 주거이전비 지급의무와 부동산 인도의무가 동시이행 관계이고 재결에 의한 경우 사전보상원칙에 따라 주거이전비 지급절차가 부동산 인도에 선행되어야 한다고 판시하였다.
	3) 검토	주거이전비의 취지 및 세입자의 불안정한 법적 지위를 고려하여 주거이전비 지급이 부동산 인도의무와 동시이행 관계 또는 선행의무라고 봄이 타당하다. 따라서 세입자 丙 등은 주거이전비 미지급을 이유로 부동산의 인도를 거절할 수 있다고 판단된다.

2. 재판부의 벌금형 선고의 타당성	1) 관련 규정 (토지보상법 제95조의2)	동법 제43조를 위반하여 토지 또는 물건을 인도하거나 이전하지 아니한 자는 1년 이하의 징역 또는 1천만원 이하의 벌금에 처한다.
	2) 관련 판례	판례는 도시정비법에 따라 주거이전비 등의 미지급을 이유로 부동산의 인도를 거절할 수 있고 이러한 경우 수용의 개시일까지 수용대상 부동산을 인도하지 않았다고 해서 토지보상법 제43조, 제95조의2 제2호 위반죄로 처벌해서는 안 된다고 판시하였다.
	3) 검토	주거이전비 미지급을 이유로 세입자 丙 등이 부동산의 인도를 거부할 수 있다고 판단되므로, 이는 토지보상법 제43조에 따른 위법이라고 판단되지 않는바, 동법 제2호 위반죄로 처벌할 수 없으므로 재판부의 벌금형 선고는 타당하지 않다고 판단된다.

04 사실상 사도

(2) 공익사업을 위한 토지 등의 취득 및 보상에 관한 법률 시행규칙 제26조 제1항 제2호에 의하여 '사실상의 사도'의 부지로 보고 인근토지 평가액의 3분의 1 이내로 보상액을 평가하기 위한 요건에 대해서 설명하시오. 15점

(3) 공익사업을 위한 토지 등의 취득 및 보상에 관한 법률 시행규칙 제26조 제2항 제1호에서 규정한 '도로개설 당시의 토지소유자가 자기 토지의 편익을 위하여 스스로 설치한 도로'에 해당하는지 판단하는 기준에 대하여 설명하시오. 5점

(4) 공익사업을 위한 토지 등의 취득 및 보상에 관한 법률 시행규칙 제26조 제2항 제2호가 규정한 '토지소유자가 그 의사에 의하여 타인의 통행을 제한할 수 없는 도로'의 의미 및 그에 해당하는지 판단하는 기준에 대하여 설명하시오. 5점

Ⅰ. 물음 2

1. 사실상 사도의 의의 및 취지		사실상 사도란 사도법상의 사도 외에 관할 시장 등의 허가를 받지 않고 개설하거나 형성된 사도를 말한다. 사실상 사도는 인근 토지에 비교하여 낮게 평가하는데 이는 화체이론에 근거한 정당보상에 취지가 있다.
2. 관련 규정 (토지보상법 칙 제26조)	1) 평가방법	사실상의 사도의 부지는 인근토지에 대한 평가액이 3분의 1 이내로 평가하여야 한다. 인근토지라 함은 해당 도로부지 또는 구거부지가 도로 또는 구거로 이용되지 아니하였을 경우에 예상되는 표준적인 이용상황과 유사한 토지로서 해당 토지와 위치상 가까운 토지를 말한다.
	2) 사실상 사도의 의미	① 도로개설 당시의 토지소유자가 자기 토지의 편익을 위하여 스스로 설치한 도로, ② 토지소유자가 그 의사에 의하여 타인의 통행을 제한할 수 없는 도로, ③ 건축법에 따라 건축허가권자가 그 위치를 지정·공고한 도로, ④ 도로개설 당시의 토지소유자가 대지 또는 공장용지 등을 조성하기 위하여 설치한 도로를 말한다.

3. 관련 판례	판례는 도로의 개설경위, 목적, 주위환경, 인접 토지의 획지면적, 소유관계, 이용상태 등의 제반사정에 비추어 인근토지에 비하여 낮은 가격으로 보상하여 주어도 될 만한 객관적인 사유가 인정되는 경우에만 인근 토지의 1/3 이내에서 평가하여야 한다고 판시하였다.
II. 물음 3	
1. 관련 판례 (2013두21687)	도로부지로 제공된 부분으로 인하여 나머지 부분 토지의 편익 증진 등으로 도로부지로 제공된 부분의 가치를 낮게 평가해도 전체적으로 정당보상의 원칙에 어긋나지 않는다고 볼 만한 객관적인 사유가 존재하는 것을 말한다.
2. 검토	건축허가 등을 받기 위해 토지의 일부를 도로부지로 분할하는 경우와 같이, 도로부지로 사용함으로써 나머지 부분 토지의 가치가 증대되는 경우 '토지소유자가 자기 토지의 편익을 위하여 스스로 설치한 도로'라고 판단할 수 있다.
III. 물음 4	
1. 관련 판례 (2011두7007)	도로로의 이용상황이 고착화되어 해당 토지의 표준적 이용상황으로 원상회복하는 것이 용이하지 않은 상태에 이르러야 할 것이어서 단순히 해당 토지가 불특정 다수인의 통행에 장기간 제공되어 왔고 이를 소유자가 용인하여 왔다는 사정만으로는 사실상의 도로에 해당한다고 할 수 없다.
2. 검토	해당 토지가 일시적으로 도로부지로 이용되는 것은 사실상 사도라고 볼 수 없고 장기간 일반의 통행에 제공되어 그 이용을 토지소유자가 제한할 수 없음이 객관적으로 인정된 경우 사실상 사도로 판단할 수 있을 것이다.

05 사업인정의 요건과 수용재결의 관계 끝판왕

(1) 사업인정기관이 공익사업을 위한 토지 등의 취득 및 보상에 관한 법률상의 사업인정을 하기 위한 4가지 요건을 설명하고 해당 사안이 사업인정을 받은 것은 적정한 것인지에 대하여 논하시오. 20점

(2) 사업시행자가 사업인정을 받은 후 그 사업이 공용수용을 할 만한 공익성을 상실하거나 사업인정에 관련된 자들의 이익이 현저히 비례의 원칙에 어긋나게 된 경우 또는 사업시행자가 해당 공익사업을 수행할 의사나 능력을 상실한 경우, 그 사업인정에 터잡아 수용권을 행사할 수 있는지 여부를 논하시오. 20점

I. 논점의 정리

II. 물음 1

1. 사업인정의 법적 성질		사업인정이란 공익사업을 토지 등을 수용 또는 사용할 사업으로 결정하는 것이다. 판례는 일정한 절차를 거칠 것을 조건으로 수용권을 설정하는 형성행위라고 판시한바 <처분성>을 긍정하였다.
2. 사업인정의 요건	1) 토지보상법 제4조 각 호에 따른 사업인지	토지보상법 제4조는 이 법에 따라 토지 등을 취득하거나 사용할 수 있는 사업은 제4조 각 호의 어느 하나에 해당하는 사업이어야 한다고 규정한다. 또한 동법 제4조의2는 토지 등을 수용·사용할 수 있는 사업을 제한함으로써 공익사업의 무분별한 확대를 제한한다.
	2) 공공필요가 있을 것	재산권에 대한 공권적 침해는 공공필요에 의해서만 행해질 수 있는바 공공필요는 공용침해의 <실질적 허용요건>이자 <본질적 제약요소>이다. 판례는 공공필요는 '공익성'과 '필요성'으로 구성되고 공익성의 판단은 근거법률의 입법목적, 사업의 내용, 대중의 이용 접근가능성 등을 아울러 고려해야 한다고 판시하였다.

	3) 공공필요의 판단은 비례의 원칙에 적합할 것	판례는 해당 사업이 공용수용을 할 만한 공익성이 있는지는 사업인정에 관련된 자들의 이익을 공익과 사익 사이에서는 물론 공익 상호 간 및 사익 상호 간에도 정당하게 비교·교량하여야 하고, 그 비교·교량은 비례의 원칙에 적합하여야 한다고 판시하였다.
	4) 사업시행자의 공익사업 수행능력과 의사가 있을 것	판례는 해당 공익사업을 수행하여 공익을 실현할 의사나 능력이 없는 자에게 타인의 재산권을 공권력적·강제적으로 박탈할 수 있는 수용권을 설정하여 줄 수는 없으므로, 사업시행자에게 해당 공익사업을 수행할 의사와 능력이 있어야 하는 것도 사업인정의 한 요건이라고 판시하였다.
3. 사안의 해결		가. 사안의 골프연습장 사업은 산업입지법에 따른 기반시설로서 토지보상법 제4조 제8호 별표에서 규정하고 있는 공익사업으로 민간자본 유치를 통한 도시공원 내 체육시설로서 공공성이 인정된다고 판단된다. 나. 다만, 사업시행자 丙이 사업인정 조건인 토지의 매입 또는 사용승낙을 갖추지 못하고 차임 등을 전혀 지급하지 않은 채 일방적으로 점유, 사용해온 점을 고려하여 사업시행자의 <사업수행능력과 의사>가 인정되지 않는다고 판단된다. 다. 따라서 해당 사업인정은 사업인정 요건을 갖추지 못한 것으로 <위법>하며, 위법의 정도는 중대명백설에 따라 내용상 중대하나 외견상 명백하다고 보기 어려워 <취소사유>에 해당한다고 판단된다.

III. 물음 2

1. 수용재결의 법적 성질	수용재결이란 사업시행자에게 부여된 수용권의 구체적인 내용을 결정하고 그 실행을 완성시키는 행정행위이다. 판례는 일정한 법률효과의 발생을 목적으로 하는 점에서 일반의 행정처분과 다를 바 없다고 판시하여 <처분성>을 긍정하였다.

2. 검토	1) 주체상 요건	재결기관은 관할 토지수용위원회이다. 국가가 사업시행자인 사업의 경우 중앙토지수용위원회가, 지방자치단체 등이 사업시행자인 사업의 경우 지방토지수용위원회가 재결기관이다.
	2) 절차상 요건	① 사업시행자의 재결신청기간 내 관할 토지수용위원회에 재결신청, ② 재결신청내용의 공고 및 토지소유자 등의 의견서 제출, ③ 관할 토지수용위원회의 심리, ④ 소위원회의 화해 권고, ⑤ 관할 토지수용위원회의 재결의 절차를 거친다.
	3) 형식상 요건	토지수용위원회의 재결은 서면으로 한다. 재결서에는 주문 및 이유와 재결일을 적고, 위원장 등이 기명날인한 후 그 정본을 사업시행자, 토지소유자 등에게 송달하여야 한다. 효력은 송달받을 자에게 도달함으로써 발생한다.
	4) 내용상 요건	수용 또는 사용할 토지의 구역 및 사용방법, 손실의 보상, 수용 및 사용의 개시일과 기간, 그 밖에 이 법 및 다른 법률에서 정한 사항이다.
3. 사업인정의 요건이 수용재결의 내용상 요건인지	1) 관련 판례	판례는 사업인정을 받은 후 그 사업이 공용수용을 할 만한 공익성을 상실하거나 사업인정에 관련된 자들의 이익이 현저히 비례의 원칙에 어긋나게 된 경우 또는 사업시행자가 해당 공익사업을 수행할 의사나 능력을 상실하였음에도 여전히 그 사업인정에 기하여 수용권을 행사하는 것은 수용권의 공익 목적에 반하는 수용권 남용에 해당한다고 판시하였다.
	2) 검토	공용수용은 헌법상의 재산권 보장의 요청상 불가피한 최소한도에 그쳐야 한다는 헌법 제23조의 근본 취지에 비추어 볼 때 판례의 태도가 타당하며 해당 내용은 수용재결의 내용상 요건이라고 판단된다.

4. 사안의 해결	가. 사안의 경우 골프연습장은 일부 철거된 채 영업을 하지 못하고 있음을 고려하여 해당 사업이 공용수용을 할 만한 "공익성을 상실"하였다고 판단되는 점, 나. 이 사건 토지는 장차 학교부지 등 교육목적으로 사용될 수 있는 것으로 보아 골프연습장으로 달성되는 공익과 교육목적의 침해라는 공익이 현저히 비례의 원칙에 어긋나게 되었다고 판단되는 점, 다. 사업시행자 丙이 소유한 토지의 일부가 담보권 실행을 위한 경매절차가 개시되어 매각된 점, 다수의 가압류 및 압류가 이루어진 점을 고려하여 라. 해당 공익사업이 적법하게 사업인정을 받았더라도 이후 사업인정의 요건을 충족시키지 못하는 사정변경이 있는 경우로서 그 사업인정에 터잡아 수용권을 행사하는 것은 수용권 남용으로 <위법>이라고 판단된다.

06 자격증 부당행사의 의미

(1) 감정평가법 제25조(성실의무 등)와 감정평가법 제27조(명의대여 등의 금지)규정의 입법취지와 내용에 대하여 설명하시오. 5점

(2) 감정평가법에서 정한 '자격증 등을 부당하게 행사'한다는 의미 및 감정평가사가 감정평가법인에 적을 두었으나 해당 법인의 업무를 수행하거나 운영 등에 관여할 의사가 없고 실제 업무 등을 전혀 수행하지 않았다거나 소속 감정평가사로서 업무를 실질적으로 수행한 것으로 평가하기 어려운 경우, 자격증 등의 부당행사에 해당하는지 여부를 해당 판례를 통하여 검토하시오. 15점

I. 논점의 정리

II. 물음 1

1. 감정평가법 제25조 및 제27조의 입법 취지	감정평가법인등에 대하여 성실의무 및 명의대여 등의 금지 의무에 대하여 규정하는 것은 감정평가 및 감정평가사에 관한 제도를 확립하여 공정한 감정평가를 도모함으로써 국민의 재산권을 보호하고 국가경제 발전에 기여함을 목적으로 하는 데 취지가 있다.
2. 감정평가빕 제25조의 내용	제25조(성실의무 등) ① 감정평가법인등(감정평가법인 또는 감성평가사사무소의 소속 감정평가사를 포함한다. 이하 이 조에서 같다)은 제10조에 따른 업무를 하는 경우 품위를 유지하여야 하고, 신의와 성실로써 공정하게 하여야 하며, 고의 또는 중대한 과실로 업무를 잘못하여서는 아니 된다. ② 감정평가법인등은 자기 또는 친족 소유, 그 밖에 불공정하게 제10조에 따른 업무를 수행할 우려가 있다고 인정되는 토지등에 대해서는 그 업무를 수행하여서는 아니 된다. ③ 감정평가법인등은 토지등의 매매업을 직접 하여서는 아니 된다.

	④ 감정평가법인등이나 그 사무직원은 제23조에 따른 수수료와 실비 외에는 어떠한 명목으로도 그 업무와 관련된 대가를 받아서는 아니 되며, 감정평가 수주의 대가로 금품 또는 재산상의 이익을 제공하거나 제공하기로 약속하여서는 아니 된다. ⑤ 감정평가사, 감정평가사가 아닌 사원 또는 이사 및 사무직원은 둘 이상의 감정평가법인(같은 법인의 주·분사무소를 포함한다) 또는 감정평가사사무소에 소속될 수 없으며, 소속된 감정평가법인 이외의 다른 감정평가법인의 주식을 소유할 수 없다. ⑥ 감정평가법인등이나 사무직원은 제28조의2에서 정하는 유도 또는 요구에 따라서는 아니 된다.
3. 감정평가법 제27조의 내용	제27조(명의대여 등의 금지) ① 감정평가사 또는 감정평가법인등은 다른 사람에게 자기의 성명 또는 상호를 사용하여 제10조에 따른 업무를 수행하게 하거나 자격증·등록증 또는 인가증을 양도·대여하거나 이를 부당하게 행사하여서는 아니 된다. ② 누구든지 제1항의 행위를 알선해서는 아니 된다.

III. 물음 2

1. 문제점		감정평가법 제27조는 자격증 명의·대여와 부당행사를 함께 규정하고 있다. 자격증 명의·대여에 따른 위법행위는 동법 제39조에 따른 자격취소의 사유가 되므로 구별 실익이 있다. 이하 관련 판례를 근거로 검토한다.
2. 관련 판례	1) 자격증 대여의 의미	자격증 자체를 타인에게 대여하거나 이를 본래의 용도 외에 행사하게 하는 것, 다른 사람이 자격증 등을 이용하여 자격자로 행세하면서 그 업무를 행하려는 것을 알면서도 자격증 등을 빌려주는 것을 의미한다고 판시하였다.
	2) 자격증 부당행사의 의미	가. 감정평가사가 감정평가법인에 적을 두기는 하였으나 해당 법인의 업무를 수행하거나 운영 등에 관여할 의사가 없고 실제로도 업무 등을 전혀 수행하지 않는 등 해당 소속 감정평가사로서 업무를 실질적으로 수행한 것으로 평가하기 어려운 정도인 것이라고 판시하였다.

		나. 감정평가사의 인원수만 형식적으로 갖추게 하거나 법원으로부터 감정평가 물량을 추가로 배정받을 목적으로 등록증을 사용하는 경우를 의미한다고 판시하였다. 다. 감정평가사 자격증 등을 본래의 용도가 아닌 다른 용도로 행사하거나, 본래의 행사목적을 벗어나 감정평가사의 자격이나 업무 범위에 관한 법의 규율을 피할 목적으로 이를 행사하는 경우를 의미한다고 판시하였다.
3. 사안의 경우	1) 본래의 용도가 아닌 다른 용도로 행사하였는지	한석봉 감정평가사는 KK은행에서 근무하면서도 감정평가법인에 등록하여 소속만 유지할 뿐 실질적으로 감정평가업무에 관여하지 아니하는 방법으로 감정평가사 자격증을 부당하게 행사하였다. 따라서 이는 해당 법인의 업무를 수행하거나 운영 등에 관여할 의사가 없고, 실제 업무 등을 수행했다고도 보기 어려우므로, 자격증을 본래의 용도가 아닌 다른 용도로 행사했다고 볼 수 있다.
	2) 법의 규율을 피할 목적으로 행사하였는지	한석봉 감정평가사는 감정평가법인에 등록하여 법인을 유지하는 데에 방조한 책임이 있다. 감정평가법 제32조에서는 감정평가사의 수가 미달된 경우 인가취소 등에 대해서 규정하고 있고, 사안에서는 이러한 법의 규율을 피할 목적으로 한석봉 감정평가사를 해당 법인에 등록하여 소속을 유지시켰다고 볼 수 있으므로 자격증의 부당행사에 해당한다고 볼 수 있다.
	3) 소결	생각건대, 사안의 한석봉 감정평가사는 타인이 아닌 본인이 자격증을 행사하였으므로, 자격증의 양도대여에는 해당하지는 않는다. 하지만 자격증을 본래의 용도가 아닌 목적으로 행사하였으며 또한 감정평가법인의 감정평가사 수에 관한 규정을 충족하여 법의 규율을 피할 목적으로 자격증을 행사한 경우에도 해당된다고 볼 수 있다. 따라서 감정평가법 제27조에서 규정한 자격증의 부당행사에 해당한다고 판단된다.

07 잔여영업손실보상

(1) 공익사업을 위한 토지 등의 취득 및 보상에 관한 법률(이하 '토지보상법') 시행규칙 제47조 제3항에서 정한 잔여 영업시설 손실보상의 요건인 "공익사업에 영업시설의 일부가 편입됨으로 인하여 잔여시설에 그 시설을 새로이 설치하거나 잔여시설을 보수하지 아니하고는 그 영업을 계속할 수 없는 경우"의 의미를 검토하시오. 10점

(2) 공익사업에 영업시설 일부가 편입됨으로써 잔여 영업시설에 손실을 입은 사람이 구 공익사업을 위한 토지 등의 취득 및 보상에 관한 법률 제34조, 제50조 등에 규정된 재결절차를 밟지 않은 채 곧바로 사업시행자를 상대로 토지보상법 시행규칙 제47조 제3항에 따라 잔여 영업시설의 손실보상을 청구할 수 있는지 여부와 이때 재결절차를 거쳤는지를 판단하는 방법 및 영업의 단일성 · 동일성이 인정되는 범위에서 보상금 산정의 세부요소를 추가로 주장하는 경우, 별도로 재결절차를 거쳐야 하는지 여부를 검토하시오. 10점

(3) 어떤 보상항목이 공익사업을 위한 토지 등의 취득 및 보상에 관한 법령상 손실보상대상에 해당함에도 관할 토지수용위원회가 사실을 오인하거나 법리를 오해함으로써 손실보상대상에 해당하지 않는다고 잘못된 내용의 재결을 한 경우, 피보상자가 제기할 소송과 그 상대방은 누구인지 검토하시오. 10점

I. 논점의 정리

II. 물음 1

1. 영업손실보상의 의의 및 성격		공익사업의 시행으로 영업을 폐지하거나 휴업하게 된 경우 해당 영업의 손실에 대하여 영업이익과 시설의 이전비 등으로 보상하는 것을 말한다. 합리적인 기대이익의 상실에 대한 보상이라는 점에서 일실손실보상이며 생활보상의 성격을 갖는다.
2. 잔여 영업손실 보상 요건(토지보상법 칙 제47조 제3항)	1) 보상의 대상	잔여영업손실보상 대상의 영업손실이란 공익사업에 영업시설의 일부가 편입됨으로 인하여 잔여시설에 그 시설을 새로이 설치하거나 잔여시설을 보수하지 아니하고는 그 영업을 계속할 수 없는 경우의 영업손실을 말한다.
	2) 보상의 기준	해당 시설의 설치 등에 소요되는 기간의 영업이익(제1호), 해당 시설의 설치 등에 통상 소요되는 비용(제2호), 영업규모의 축소에 따른 영업용 고정자산・원재료・제품 및 상품 등의 매각손실액(제3호)의 합으로 보상한다. 다만 해당 금액은 휴업에 대한 영업손실보상액을 초과하지 못한다.
3. 잔여 영업시설 손실보상 요건의 의미	1) 관련 판례	판례는 잔여 영업시설에 시설을 새로이 설치하거나 잔여 영업시설을 보수하지 않고는 그 영업이 전부 불가능하거나 곤란하게 되는 경우뿐만 아니라 잔여 영업시설의 운영에 일정한 지장이 초래되어 종전처럼 정상적인 영업을 계속하기 위해서는 잔여 영업시설에 시설을 새로 설치하거나 잔여 영업시설을 보수할 필요가 있는 경우도 포함된다고 보아야 한다고 판시하였다.
	2) 검토	잔여 영업시설 보상도 잔여지 손실보상과 같이 사업시행자가 공익사업의 시행을 위하여 필요한 토지 등의 일부를 분할하여 취득함으로써 잔여토지 등에 발생한 손실에 대한 정당보상을 목적으로 하는 점을 고려하면, 잔여 영업시설로는 그 영업이 전부 불가능하거나 곤란하게 된 경우뿐만 아니라 잔여 영업시설의 운영에 일정한 지장이 초래되는 경우도 손실보상의 대상에 포함된다고 봄이 타당하다.

III. 물음 2

1. 잔여 영업시설 손실보상 청구 시 재결절차를 거쳐야 하는지	1) 관련 판례	판례는 잔여 영업시설의 손실에 대한 보상을 받기 위해서는 토지보상법 제34조, 제50조 등에 규정된 재결절차를 밟은 다음 그 재결에 대하여 불복이 있는 때에 비로소 토지보상법 제83조부터 제85조까지 규정된 절차에 따라 권리구제를 받을 수 있고 이러한 재결절차를 밟지 않은 채 곧바로 사업시행자를 상대로 손실보상을 청구할 수 없다고 판시하였다.
	2) 검토	토지보상법 제85조는 "제34조에 따른 재결에 불복할 때에는"이라고 규정하는바 토지보상법은 재결전치주의를 취하고 있다고 판단된다. 따라서 잔여 영업시설 손실보상을 청구하려는 경우 토지보상법 제34조, 제50조에 규정된 재결절차를 밟은 다음 그 재결에 불복이 있는 경우 동법 제83조 및 제85조에 따른 권리구제를 받을 수 있다고 봄이 타당하다.
2. 재결절차를 거쳤는지 판단하는 방법	1) 관련 판례	판례는 재결절차를 거쳤는지는 보상항목별로 판단하여야 한다. 피보상자별로 어떤 토지, 물건, 권리 또는 영업이 손실보상대상에 해당하는지, 나아가 그 보상금액이 얼마인지를 심리·판단하는 기초 단위를 보상항목이라고 한다고 판시하였다.
	2) 검토	토지보상법 제64조는 개인별보상을 규정하고 동법 시행규칙 제20조는 토지와 그 정착물을 각각 평가하여야 한다고 규정하고 있으므로 재결절차를 거쳤는지 여부를 판단하는 경우에는 보상항목별로 판단함이 타당하다.
3. 보상금 산정의 세부요소를 추가로 주장하는 경우	1) 관련 판례	판례는 잔여 영업시설 손실보상을 포함하는 영업손실보상의 경우에는 '전체적으로 단일한 시설 일체로서의 영업' 자체가 보상항목이 되므로 영업의 단일성·동일성이 인정되는 범위에서 보상금 산정의 세부요소를 추가로 주장하는 것은 하나의 보상항목 내에서 허용되는 공격방법일 뿐이므로, 별도로 재결절차를 밟을 필요가 없다고 판시하였다.
	2) 검토	영업손실보상의 경우 전체적으로 단일한 시설 일체로의 영업이 보상항목이 된다는 특성을 고려하여 영업손실보상금 산정의 세부요소를 추가로 주장하더라도 별도의 재결절차를 밟을 필요가 없다고 봄이 타당하다.

IV. 물음 3

1. 피보상자가 제기할 소송의 형태	1) 보상금증감청구소송의 의의 및 취지	보상금증감의 다툼에 대하여 직접적인 이해당사자인 사업시행자와 토지소유자 및 관계인이 소송의 제기를 통해 직접 다툴 수 있도록 하는 당사자소송으로 분쟁의 일회적 해결과 신속한 권리구제에 취지가 있다.
	2) 관련 판례	판례는 어떤 보상항목이 토지보상법령상 손실보상대상에 해당하는데도 관할 토지수용위원회가 사실을 오인하거나 법리를 오해함으로써 손실보상대상에 해당하지 않는다고 잘못된 내용의 재결을 한 경우에는, 피보상자는 관할 토지수용위원회를 상대로 그 재결에 대한 취소소송을 제기할 것이 아니라 사업시행자를 상대로 토지보상법 제85조 제2항에 따른 보상금증감의 소를 제기하여야 한다고 판시하였다.
	3) 검토	보상금증감에 대한 취소소송의 우회적 권리구제의 문제를 시정하고 분쟁의 일회적 해결과 신속한 권리구제를 도모하기 위함이라는 토지보상법 제85조 제2항 보상금증감청구소송의 개정 취지에 따라 사안의 영업손실이 잔여 영업손실보상에 해당함에도 손실보상대상에 해당하지 않는다는 잘못된 내용의 재결을 한 경우 보상금증감청구소송을 제기함이 타당하다.
2. 피보상자가 제기할 소송의 피고	1) 관련 규정	토지보상법 제85조 제2항은 그 소송을 제기하는 자가 토지소유자 또는 관계인일 때에는 사업시행자를, 사업시행자일 때에는 토지소유자 또는 관계인을 각각 피고로 한다고 규정한다. 따라서 보상금증감청구소송은 법률관계 일방 당사자를 피고로 하여 제기하나 실질은 보상금의 증감을 다투는 형식적 당사자소송이다.
	2) 검토	상기 판례도 사업시행자를 상대로 토지보상법 제85조 제2항에 따른 보상금증감청구소송을 제기하여야 한다고 판시하는 바, 관할 토지수용위원회의 재결에 대하여 피보상자가 제기할 소송의 상대방은 사업시행자인 <한국토지주택공사>가 된다.

08 주거이전비

(1) 토지보상법상 주거이전비에 대하여 설명하고, 특히 주거이전비의 필요성에 대하여 논하시오. 10점

Ⅰ. 물음 1에 대하여

1. 주거이전비의 의의 및 취지		공익사업의 시행으로 주거용 건축물이 공익사업에 편입되어 생활의 근거를 상실한 자에 대하여 주거이전에 필요한 비용을 보상하는 것을 말한다. 이는 생활보상의 일환으로 국가의 정책적 배려에 그 취지가 인정된다.
2. 주거이전비의 요건 (토지보상법 칙 제54조)	1) 주거용 건축물의 소유자	가구원수에 따라 2개월분의 주거이전비를 보상하여야 한다. 다만, 건축물의 소유자가 해당 건축물 또는 공익사업시행지구 내 타인의 건축물에 실제 거주하고 있지 아니하거나 해당 건축물이 무허가건축물인 경우 제외된다.
	2) 주거용 건축물의 세입자	사업인정고시일 등 당시 또는 공익사업을 위한 관계법령에 의한 고시 등이 있은 당시 해당 공익사업시행지구 안에서 3개월 이상(무허가건축물의 경우 1년) 거주한 자에 대하여는 가구원수에 따라 4개월분의 주거이전비를 보상해야 한다.
3. 주거이전비의 필요성		가. 판례는 주거이전비는 해당 공익사업시행지구 안에 거주하는 세입자들의 조기 이주를 장려하여 사업추진을 원활하게 하려는 정책적인 목적과 주거이전으로 인하여 특별한 어려움을 겪게 될 세입자들을 대상으로 하는 사회보장적인 차원에서 지급되는 금원의 성격이라고 판시하였다. 나. 주거이전비는 헌법 제34조에 따른 인간다운 생활을 할 권리와 제23조 제3항에 따른 재산권보상으로서의 '생활보상'의 일환으로, 그 필요성이 인정된다.

09 타당성 조사

(1) 국토교통부장관은 감정평가사 甲과 丙의 감정평가에 대하여 타당성 조사를 하려고 한다. 감정평가 및 감정평가사에 관한 법률상 타당성 조사에 관하여 설명하시오. 10점

I. 물음 1에 대하여

1. 타당성 조사의 의의	국토교통부장관이 감정평가서가 발급된 후 해당 감정평가가 감정평가법 등의 절차와 방법 등에 따라 타당하게 이루어졌는지를 직권 또는 관계기관 등의 요청에 따라 조사하는 것을 말한다.
2. 타당성 조사의 절차	국토교통부장관은 직권 또는 관계기관 등이 조사를 요청하는 경우 등에 타당성 조사를 할 수 있다. 타당성 조사에 착수한 경우 10일 내 감정평가법인등에 타당성 조사 사유 등을 알려야 하며 감정평가법인등 및 이해관계인에게 "의견진술기회"를 주어야 한다. 국토교통부장관은 타당성 조사를 완료한 경우 이를 지체 없이 통지해야 한다.
3. 타당성 조사를 실시하는 경우	법 제8조(감정평가 타당성조사 등) ① 국토교통부장관은 제6조에 따라 감정평가서가 발급된 후 해당 감정평가가 이 법 또는 다른 법률에서 정하는 절차와 방법 등에 따라 타당하게 이루어졌는지를 직권으로 또는 관계 기관 등의 요청에 따라 조사할 수 있다. ② 제1항에 따른 타당성조사를 할 경우에는 해당 감정평가법인등 및 대통령령으로 정하는 이해관계인에게 의견진술기회를 주어야 한다. ③ 제1항 및 제2항에 따른 타당성조사의 절차 등에 필요한 사항은 대통령령으로 정한다. ④ 국토교통부장관은 감정평가 제도를 개선하기 위하여 대통령령으로 정하는 바에 따라 제6조 제1항에 따라 발급된 감정평가서에 대한 표본조사를 실시할 수 있다.

	법 시행령 제8조(타당성조사의 절차 등) ① 국토교통부장관은 다음 각 호의 어느 하나에 해당하는 경우 법 제8조 제1항에 따른 타당성조사를 할 수 있다. 1. 국토교통부장관이 법 제47조에 따른 지도·감독을 위한 감정평가법인등의 사무소 출입·검사 결과나 그 밖의 사유에 따라 조사가 필요하다고 인정하는 경우 2. 관계 기관 또는 제3항에 따른 이해관계인이 조사를 요청하는 경우
4. 타당성 조사를 생략·중단하는 경우	① 법원의 판결에 따라 확정된 경우 ② 재판이 계속 중이거나 수사기관에서 수사 중인 경우 ③ 관계 법령에 따른 권리구제절차가 진행 중이거나 이행할 수 있는 경우 ④ 징계처분, 제재처분, 형사처벌을 할 수 없어 타당성 조사에 실익이 없는 경우 생략 또는 중단할 수 있다.

PART

05

감정평가 및 보상법규 스터디 암기장 5

PART 05

감정평가 및 보상법규 스터디 암기장 5

01 감정평가법상 손해배상의무 및 1.3배

대법원 판례는 "최고감정평가액과 최저감정평가액의 편차가 1.3배인 점에 비추어 볼 때에 이 사건 토지들에 대한 감정평가법인등의 감정평가액인 금 1,234,805,000원은 일응의 적정가격으로 보여지는 제1심법원의 감정 결과인 금 961,323,000원의 1.28배에 불과하고, … 중략 … 감정평가법인등은 감정평가 및 감정평가사에 관한 법률이 규정하는 방식에 따라 이 사건 토지들과 유사한 이용가치를 지닌다고 인정되는 표준지를 선정하여 그 표준지의 공시지가를 기준으로 그 표준지와 이 사건 토지들의 위치, 지형, 환경 등 토지의 객관적인 가치에 영향을 미치는 제 요인을 비교평가하여야 하는데 그와 같은 방법으로 평가하지 아니하고 별다른 근거 없이 이 사건 토지들의 위치, 형상 및 주위의 거래시세에 비추어 이 사건 토지들의 가격은 평당 금 1,000,000원으로 유추된다는 정도로만 감정평가하였으므로 감정평가법인등에게는 이 사건 토지들을 감정평가함에 있어 감정평가 및 감정평가사에 관한 법률에 따라 감정평가할 성실의무를 제대로 이행하지 아니한 과실이 있다고 봄이 상당하다. (출처 : 대법원 1997.5.7. 선고 96다52427 판결 [손해배상(기)])"라고 판시한바 다음 물음에 답하시오. (종전 법률을 현행 법률로 바꾸어서 기재하였음) 20점

(1) 감정평가 및 감정평가사에 관한 법률 제28조상 '현저한 차이'를 인정함에 있어서 최고평가액과 최저평가액 사이에 1.3배 이상의 격차율이 유일한 판단 기준인지 여부 및 '현저한 차이'를 인정하기 위하여 부당감정에 대한 감정평가법인등의 귀책사유를 고려하여야 하는지 여부를 검토하시오. 10점

(2) 감정평가법인등이 감정평가 및 감정평가사에 관한 법률과 감정평가규칙의 기준을 무시하고 자의적 방법에 의하여 대상 토지를 감정평가한 경우, 감정평가법인등의 고의·중과실에 의한 부당감정을 근거로 하여 같은 법 제28조 제1항의 '현저한 차이'를 인정할 수 있는지를 검토하시오. 10점

I. 논점의 정리

II. 감정평가법상 손해배상책임의 개관

1. 감정평가법상 손해배상책임의 의의	감정평가법인등이 감정평가를 하면서 고의 또는 과실로 감정평가 당시의 적정가격과 현저한 차이가 있게 감정평가를 하거나 감정평가서류에 거짓을 기록함으로써 감정평가 의뢰인이나 선의의 제3자에게 손해를 발생하게 하였을 때 감정평가법인등이 손해를 배상할 책임을 말한다.
2. 손해배상책임의 법률관계	감정평가의뢰 시 사법관계에 있어서 도급계약인지 위임계약인지 견해가 대립한다. 감정평가업무가 중간에 중단되어도 투입된 실비를 청구할 수 있으므로 위임계약이 타당하다. 따라서 의뢰인 등에게 손해가 발생한 경우 채무불이행책임이 발생한다.
3. 감정평가법 제28조가 민법상 특칙인지	민법 제750조와의 관계를 두고 특칙인지 견해가 대립한다. 판례는 부실감정으로 손해를 입게 된 감정평가 의뢰인 등은 감정평가법상 손해배상책임과 민법상 불법행위에 의한 손해배상책임을 함께 물을 수 있다고 판시하였다. 특칙이 아니라고 본다면 감정평가법 제28조의 의미가 무색해지므로 특칙으로 봄이 타당하다.

III. 물음 1에 대하여

1. 손해배상책임의 요건		① 감정평가법인등이 감정평가를 하는 경우일 것, ② 고의 또는 과실이 있을 것, ③ 적정가격과 현저한 차이가 있게 감정평가하거나 감정평가서류에 거짓을 기재하였을 것, ④ 감정평가 의뢰인이나 선의의 제3자에게 손해를 발생하게 하였을 것을 요건으로 한다. 이하 현저한 차이에 대하여 구체적으로 검토한다.
2. 1.3배 이상의 격차율이 유일한 판단 기준인지	1) 관련 규정 (부동산공시법 영 제8조)	국토교통부장관은 조사·평가액 중 최고평가액이 최저평가액의 1.3배를 초과하는 경우에는 해당 감정평가법인등에게 보고서를 시정하여 다시 제출하게 할 수 있다고 규정한다.

PART · 05

2) 관련 판례	판례는 부동산공시법 및 시행규칙의 1.3배가 유일한 판단 기준이 될 수 없고, 부당감정에 이르게 된 귀책사유를 고려하여 사회 통념에 따라 탄력적으로 판단해야 한다고 판시하였다.
3) 검토	감정평가법상 손해배상책임의 취지를 고려하여 1.3배라는 획일적인 기준만으로 현저한 차이를 판단하는 것은 그 정의에 반하는 것이라고 판단된다. 따라서 감정평가액과 적정가격 사이의 현저한 차이는 감정평가법인등의 귀책사유를 고려하여 사회적 통념에 따라 탄력적으로 판단함이 타당하다.

IV. 물음 2에 대하여

1. 현저한 차이의 의의	현저한 차이란 일반적으로 달라질 수 있다고 인정할 수 있는 범위를 초과하여 발생한 차이를 의미한다. 가치추계라는 감정평가업무의 특수성을 고려하여 평가주체에 따라 달라질 수 밖에 없는 점을 고려하면 일반적 차이의 경우까지 현저한 차이로 볼 수 없다고 판단된다.
2. 관련 규정 (감정평가법 제3조)	감정평가법인등이 토지를 감정평가하는 경우 그 토지와 이용가치가 비슷하다고 인정되는 표준지공시지가를 기준으로 하여야 한다. 다만, 적정한 실거래가가 있는 경우 이를 기준으로 할 수 있고, 해당 토지의 임대료, 조성비용 등을 고려하여 감정평가할 수 있다.
3. 관련 판례	판례는 감정평가에 관한 규칙을 무시하고 자의적인 방법에 의하여 토지를 감정평가한 것은 고의 또는 중과실에 의한 부당한 감정평가라고 할 수 있다고 판시하였다.
4. 사안의 해결	감정평가법인등은 부동산공시법, 감정평가법, 감정평가에 관한 규칙 등 관련 법규에서 정하고 있는 기준과 방법에 따라 감정평가를 수행하여야 하므로 이러한 기준을 무시하고 자의적인 방법에 의하여 토지를 평가한 경우 '고의 또는 중과실'에 의한 부당한 감정평가로서 감정평가법 제28조상 현저한 차이를 인정할 수 있다고 봄이 타당하다.

02 감정평가사 징계처분 사례 검토문제

(사례 1) 해당 표준지의 경매평가 및 매각가격의 선례가 있음에도 이를 조사 · 수집, 참작하여 평가하지 않음을 이유로 감정평가관리 · 징계위원회에 회부되어 업무정지 1개월의 행정처분을 받은 사건에 대하여 징계사례의 타당성을 분석하고, 감정평가법상 제재조치에 대하여 설명하시오. 5점

(사례 2) 개별공시지가 검증결과보고서를 지연제출하였으며, 검증의뢰승낙서 및 의견제출 검증결과보고서를 미제출하였고, 이에 업무정지 1개월의 행정처분을 받은 사건에 대하여 징계사례의 타당성을 분석하고, 감정평가법상 제재조치에 대하여 설명하시오. 5점

(사례 3) 2022년 국 · 공유재산 매각목적의 감정평가에 대하여 담당 공무원이 전화로 재평가를 요구하였으나, 담당평가사는 2020년에 평가한 평가서 원본의 일부를 수정하여 다시 제출하였고, 이에 감사원은 2022년 의뢰한 평가서의 원본이 존재하지 않음을 이유로 서류보존의무를 위반하였다고 국토교통부에 통보한 건으로서 업무정지 1년의 행정처분을 받은 사안으로, 징계사례의 타당성을 분석하고, 감정평가법상 제재조치에 대하여 설명하시오. 5점

(사례 4) 공익사업에 의하여 복수의 보상평가를 하던 중에 감정평가법인등 甲은 20억원이 적정 보상가격인데 감정평가법인등 을에게 30억원으로 보상가격을 유도하고 강요하여 결국 보상금이 30억원이 나가고 감사원에서 이것이 적발되었다. 이에 대하여 감사원은 국토교통부 감사실에 징계를 요청하였고 국토교통부장관은 감정평가관리 · 징계위원회를 열어 1년의 업무정지를 의결하여 1년의 업무정지처분을 하였다. 이 제재조치가 타당한지 검토하시오. 5점

I. 사례 1

1. 사건개요 및 징계처분의 내용	해당 표준지의 경매평가 및 매각가격의 선례가 있음에도 이를 조사 및 수집, 참작하여 평가하지 않음을 이유로 감정평가관리・징계위원회에 회부되었으며 업무정지 1개월의 행정처분을 받았다.
2. 징계의 타당성	가. 부동산공시법 제3조는 표준지의 적정가격을 조사・평가하는 경우 인근 유사토지의 거래가격, 임대료, 조성비용을 고려할 수 있고 인근지역 및 다른 지역과의 형평성・특수성, 표준지공시지가 변동의 예측가능성 등 제반사항을 종합적으로 참작하여야 한다고 규정한다. 나. 사안은 해당 표준지의 경매평가 및 매각가격의 선례가 있음에도 이를 조사・수집하지 아니한바, 감정평가법 제25조에 위반하여 고의 또는 과실로서 위법한 평가를 하였다고 판단되므로 1개월의 업무정지처분은 타당하다.
3. 감정평가법상 제재조치	감정평가법 제25조의 신의성실의무를 위반하여 고의 또는 중대한 과실로 잘못된 감정평가를 한 경우 동법 제39조에 따른 등록취소, 업무정지, 견책의 징계를 받을 수 있다. 또한 동법 제49조는 제25조를 위반하여 고의로 잘못된 평가를 한 경우 3년 이하의 징역 또는 3천만원 이하의 벌금을 부과할 수 있다고 규정한다.

II. 사례 2

1. 사건개요 및 징계처분의 내용	개별공시지가 검증결과보고서를 지연제출하였으며 검증의뢰승낙서 및 의견제출 검증결과보고서를 미제출하여 업무정지 1개월의 처분을 받았다.
2. 징계의 타당성	가. 감정평가법 제6조에 따라 감정평가법인등은 감정평가를 의뢰받은 때에는 지체 없이 감정평가를 실시한 후 감정평가의뢰인에게 감정평가서를 발급하여야 한다. 나. 감정평가법 제6조를 위반한 경우 동법 제39조에 따른 징계처분이 가능하다. 사안은 개별공시지가 검증결과보고서를 지연제출하였으며 검증의뢰승낙서 및 의견제출 검증결과보고서를 미제출한바, 이는 감정평가법 제6조의 위반행위가 있으므로 1개월의 업무정지처분은 정당하다.
3. 감정평가법상 제재조치	감정평가법 제6조에 따른 감정평가서의 작성・발급 등에 관한 사항을 위반한 경우 동법 제39조에 따른 등록취소, 업무정지, 견책의 징계를 받을 수 있다.

III. 사례 3

1. 사건개요 및 징계처분의 내용	공유재산 매각 관련 담당 공무원이 전화로 재평가를 요구하였으나 평가사는 2020년에 평가한 평가서 원본의 일부를 수정하여 다시 제출하였고 이에 감사원이 서류보존의무를 위반하였다고 국토교통부에 통보한 건으로서 업무정지 1년의 징계처분을 받았다.
2. 징계의 타당성	가. 감정평가법 제6조에 따라 감정평가법인등은 감정평가서의 원본은 발급일로부터 5년, 관련 서류는 2년 이상 보존하여야 하며 해산하거나 폐업하는 경우에도 해당 기간 동안 보존하여야 한다. 나. 감정평가법 제6조를 위반한 경우 동법 제39조에 따른 징계처분이 가능하다. 사안은 2020년에 평가한 평가서 원본을 수정하여 제출함으로써 원본 보존 규정을 위반하였으나 1년의 업무정지처분은 비례의 원칙에 따른 재량권 남용이 있다고 판단된다. 따라서 해당 징계처분은 타당하지 않다.
3. 감정평가법상 제재조치	감정평가법 제6조에 따른 감정평가서의 작성·발급 등에 관한 사항을 위반한 경우 동법 제39조에 따른 등록취소, 업무정지, 견책의 징계를 받을 수 있다. 또한 동법 제52조에 따라 3백만원 이하의 과태료를 부과할 수 있다.

IV. 사례 4

1. 사건개요 및 징계처분의 내용	공익사업에 의하여 복수의 보상평가를 하던 중에 감정평가법인등 甲은 20억원이 적정 보상가격인데 감정평가법인등 을에게 30억원으로 보상가격을 유도하고 강요하여 결국 보상금이 30억원이 나가고 감사원에서 이것이 적발돼 감정평가관리·징계위원회로부터 1년의 업무정지처분을 받았다.
2. 징계의 타당성	가. 감정평가법 제28조의2에 따라 누구든지 감정평가법인등(감정평가법인 또는 감정평가사사무소의 소속 감정평가사를 포함한다)과 그 사무직원에게 토지 등에 대하여 특정한 가액으로 감정평가를 유도 또는 요구하는 행위를 하여서는 아니 된다. 나. 감정평가법 제25조는 감정평가법인등이나 사무직원은 동법 제28조의2에서 정하는 유도 또는 요구에 따라서는 아니 된다고 규정한다. 사안은 감정평가법 제25조를 위반하였으므로 해당 1년의 업무정지처분은 타당하다.
3. 감정평가법상 제재조치	감정평가법 제25조의 신의성실의무를 위반한 경우 동법 제39조에 따른 등록취소, 업무정지, 견책의 징계를 받을 수 있다. 또한 동법 제49조에 따른 3년 이하의 징역 또는 3천만원 이하의 벌금에 처할 수 있다.

03 농업손실보상의 사전보상원칙 위배 및 손해배상청구

甲과 乙 토지상 소유의 미나리 등에 대한 보상금을 영농손실보상금 150,000,000원, 지장물보상금 30,000,000원(미나리 28,000,000원, 관정 2,000,000원) 합계 180,000,000원으로 정하고, 수용의 개시일은 2009.3.3.로 하는 수용재결을 하였다. 이에 甲과 乙은 수용재결 전에 이루어진 공사 착수로 인하여 영농을 할 수 없게 된 손실도 보상받아야 한다고 주장하나 경기도지사는 이미 2년분의 영농손실보상금이 지급된 이상 더 이상의 손해배상을 청구할 수 없다고 주장한다. 위의 사실관계를 토대로 농업손실보상의 법적 성질 및 구체적 보상방법에 대하여 설명하고 사업시행자와 피수용자 양 당사자 각 주장의 타당성을 논하시오. 15점

Ⅰ. 사례 1

1. 농업손실보상의 법적 성질		공익사업시행지구에 편입되는 농지에 대하여 실제 재배하는 농작물 보상과는 별도로 농민이 편입농지에서 영농을 계속하지 못함에 따른 농업의 손실보상을 말한다. 판례는 손실보상의 일종으로 공법상의 권리라고 판시하였다.
2. 농업손실의 구체적인 보상방법	1) 보상대상 (토지보상법칙 제48조 제1항)	농지법 제2조 제1호 가목 및 동법 시행령 제2조 제3항 제2호 가목에 해당하는 토지로서 ① 사업인정고시일 등 이후부터 농지로 이용되는 토지, ② 토지이용계획・주위환경 등으로 보아 일시적으로 농지로 이용되고 있는 토지, ③ 타인소유의 토지를 불법으로 점유하여 경작하고 있는 토지, ④ 농민이 아닌 자가 경작하고 있는 토지, ⑤ 토지의 취득에 대한 보상 이후에 사업시행자가 2년 이상 계속하여 경작하도록 허용하는 토지는 농지로 보지 아니한다.
	2) 보상방법	편입되는 농지면적에 도별 연간 농가평균 단위경작면적당 농작물총수입의 직전 3년간 평균의 2년분을 곱하여 산정하며 실제소득을 입증하는 경우 이를 기준으로 보상한다. 다만, 지력을 이용하지 않는 영농은 단위경작면적당 실제소득의 4개월분으로 보상한다.

	3) 농기구 등 보상 (토지보상법 규칙 제48조 제6항)	해당 지역에 경작하고 있는 농지의 3분의 2 이상에 해당하는 면적이 공익사업시행지구에 편입됨으로 인하여 농기구를 이용하여 해당 지역에서 영농을 계속할 수 없게 된 경우 해당 농기구에 대한 매각손실액을 보상하여야 한다.
3. 사전보상의 원칙 (토지보상법 제62조)		사업시행자는 해당 공익사업을 위한 공사에 착수하기 이전에 토지소유자와 관계인에게 보상액 전액을 지급하여야 한다. 다만, 천재지변 시의 토지 사용, 시급한 토지 사용 및 토지소유자 등의 승낙이 있는 경우 그러하지 아니한다.
4. 양 당사자 주장의 타당성	1) 관련 판례	사업시행자가 토지소유자 등에게 보상금을 지급하지 아니하고 그 승낙도 받지 아니한 채 미리 공사에 착수하여 영농을 계속할 수 없게 하였다면 이는 사전보상의 원칙을 위반한 것으로 위법하다.
	2) 검토	사안의 경우 보상금 전액을 지급하거나 시공 승낙을 받지 아니한 채로 甲과 乙 소유의 토지상에 진입로 개설작업 및 미나리 수거 작업을 시작한 바, 이는 사전보상원칙의 위반으로 불법행위에 해당하고 영농손실보상금을 지급한 것만으로 이러한 손해배상이 이루어지는 것도 아니므로 사업시행자의 타당성은 인정되지 않고 사업시행자는 공사착수로 인한 손해배상액을 별도로 보상해야 함이 타당하다.

04 대집행 추가

한국도로공사(甲)는 서울 – 경기도 외곽 제3순환(국책사업) 고속도로확장 공사를 진행하면서 건물의 소유자인 乙과 「공익사업을 위한 토지 등의 취득 및 보상에 관한 법률」상 협의를 진행하였으나, 乙은 보상협의를 거부하였고, 이에 사업시행자인 한국도로공사 甲은 사업인정을 받은 이후 중앙토지수용위원회에 재결을 신청하였다. 이에 따라 중앙토지수용위원회는 해당 건물이 이전이 곤란하거나 이전으로 인하여 종래의 목적대로 사용할 수 없는 경우에 해당한다는 이유로 손실보상금을 해당 물건의 가격으로 결정하면서, 그 인도이전의 기한을 2021.3.10.으로 정하였다. 그런데 사업시행자인 한국도로공사 甲은 경기도지사에게 대집행을 신청하였고, 경기도지사는 서울 – 경기도 외곽 제3순환 고속도로공사 일정이 촉박하다는 이유로 「공익사업을 위한 토지 등의 취득 및 보상에 관한 법률」 제89조상 "기간 내에 완료하기 어려운 경우"임을 내세워 乙에게 2021.2.2. 대집행 계고서를 발송하여 2021.2.8.까지 해당 건물을 자진 철거할 것을 요구하고, 2021.2.8. 현재 대집행영장(일시 2021.2.10. 15:30 물건 반출 및 건물철거를 내용으로 함)을 첨부하여 대집행 통지를 하였다. 다음 물음에 답하시오. 40점

(1) 이러한 대집행 사건에 대하여 건물소유자의 철거의무가 토지보상법상 반드시 철거해야 하는 의무인지, 기한 내 완료하기 어려운 상황인지 여부를 검토하고, 행정청인 경기도지사의 건물소유자 乙에 대한 계고처분을 취소소송으로 다투려고 하는바, 그 인용가능성을 검토하시오. 20점

(2) 행정청인 경기도지사의 대집행 영장에 의거 그 실행이 2021.2.10. 예정되어 있는바, ① 대집행 실행 전, ② 대집행 실행 당시, ③ 대집행 실행 후에 있어서 건물소유자 乙의 권리구제를 검토하시오. 10점

(3) 만약 행정청인 경기도지사의 대집행이 실행되자 건물소유자 乙이 철거현장을 막고 방해하는 경우 실력으로 경기도지사 또는 사업시행자인 한국도로공사 甲은 그 저항을 배제할 수 있는지를 검토하시오. 10점

I. 논점의 정리

II. 물음 1에 대하여

1. 대집행의 의의		대집행이란 공법상 대체적 작위의무의 불이행이 있는 경우에 해당 행정청이 스스로 의무자가 행할 행위를 하거나 제3자로 하여금 이를 행하게 하고 그 비용을 의무자로부터 징수하는 것을 말한다.
2. 대집행의 요건	1) 행정대집행법 제2조	공법상 대체적 작위의무를 의무자가 이행하지 아니하는 경우, 다른 수단으로써 그 이행을 확보하기 곤란하고, 그 불이행을 방치함이 심히 공익을 해할 것으로 인정되는 경우 대집행이 가능하며 그 비용을 의무자로부터 징수할 수 있다.
	2) 토지보상법 제89조	이 법 또는 이 법에 따른 처분으로 인한 의무를 이행하여야 할 자가 정하여진 기간 이내에 의무를 이행하지 아니하거나 완료하기 어려운 경우, 그 의무를 이행하게 하는 것이 현저히 공익을 해친다고 인정되는 경우에는 사업시행자는 행정청에 대집행을 신청할 수 있다.
3. 건물소유자의 철거의무가 대집행 대상인지	1) 관련 판례	판례는 사업시행자가 지장물에 관해 이전비에 못미치는 가격으로 보상한 경우 지장물의 소유권을 취득하거나 지장물의 소유자에게 철거 및 토지 인도를 요구할 수 없고 자기의 비용으로 이를 제거할 수 있는 권한과 부담을 가지며 지장물의 소유자는 사업시행자의 지장물 제거를 수인할 지위에 있다고 판시하였다.
	2) 검토	토지보상법 시행규칙 제33조는 가격으로 보상한 건축물의 철거비용은 사업시행자가 부담한다고 규정하는 점, 건물의 철거의무는 토지보상법에 따른 의무에 해당하지 않으므로 대집행의 대상이 아니다. 따라서 건물소유자 乙은 건물의 철거의무를 부담하지 않는다.
4. 고속도로공사 일정이 촉박하다는 이유가 대집행 대상인지		乙은 수용재결에서 정한 2021.3.10.까지 건물을 인도 이전하면 되므로 단순히 고속도로공사 일정이 촉박하다는 이유는 토지보상법 제89조에 따른 '기한 내 완료하기 어려운 경우'라고 볼 수 없다.

5. 계고처분 취소소송의 인용가능성	1) 취소소송의 적법성	계고처분은 항고소송의 대상이 되는 <처분>에 해당하고 乙에게 본안판결을 받을 <법률상 이익>이 존재하므로 제소기간 등 다른 소송요건을 충족한다고 보아 해당 취소소송은 적법하다.
	2) 취소소송의 인용가능성	사안의 경우 乙의 건축물 철거의무는 토지보상법 제89조에 따른 대집행 대상이 아니므로 대집행의 요건을 충족하지 못한다. 계고처분은 대집행의 일련의 절차인바 대집행의 요건을 갖추지 못한 계고처분의 위법성이 있다. 따라서 해당 취소소송은 <인용판결>을 받을 것이다.

III. 물음 2에 대하여

1. 대집행 전		대집행 전 실효적 권리구제수단으로 예방적 금지소송 제기가 가능한지 문제된다. 학설의 대립이 있으나 명문 규정이 존재하지 않고 판례도 준공처분의 부작위를 구하는 청구를 허용하지 않아 부정하는 입장이다. 대집행의 경우 취소소송 및 집행정지로 권리구제가 가능하므로 예방적 금지소송은 인정되기 어렵다고 판단된다. 따라서 예방적 금지소송의 가구제인 가처분도 인정되지 않을 것이다.
2. 대집행 당시	1) 항고쟁송의 가능성	대집행은 행정청의 권력적 사실행위로서 처분성이 인정되므로 행정심판법의 취소심판, 무효확인심판 및 행정소송법의 취소소송, 무효확인소송으로 권리구제가 가능하다. 다만, 대집행은 단기간에 효력이 완성되므로 대집행 실행이 종결되면 소의 이익이 없어 각하판결을 받을 수 있다.
	2) 집행정지의 가능성	대집행은 단기간에 그 효력이 완성되는 행위로서 인용판결의 실효성을 확보하기 위하여 집행정지를 신청할 필요가 있다. 사안의 경우 취소소송의 적법성, 집행정지의 대상인 대집행의 존재, 회복하기 어려운 손해의 존재, 긴급한 필요, 집행정지가 공공복리에 중대한 영향을 미칠 우려가 없다고 판단되고 乙의 청구가 이유 없음이 명백하지 아니하므로 집행정지 신청이 인용될 것이다.

3. 대집행 후	1) 국가배상 청구소송	대집행의 실행이 위법하고 행정청의 지위를 갖는 사업시행자의 고의 또는 과실이 인정되므로 대집행으로 발생한 乙의 손해에 대하여 국가배상청구소송을 제기할 수 있다.
	2) 결과제거 청구	대집행이 완료되면 건물은 이미 철거된바 원상회복이 불가능하므로 결과제거청구권은 인정되기 어려울 것으로 판단된다.

IV. 물음 3에 관하여

1. 대집행 가능성	1) 문제점	건물소유자 乙이 철거현장을 막고 방해하는 경우 이를 배제하기 위해서는 실력행사가 필요하므로 대집행이 가능한지 문제된다.
	2) 학설	대집행 실행을 위해 필요한 한도 내에서 실력으로 저항을 배제하는 것은 명문 근거가 없이도 인정한다는 <긍정설>, 신체에 대한 물리력 행사는 대집행에 포함한다고 볼 수 없어 별도의 법률상 근거가 필요하다는 <부정설>이 대립한다.
	3) 관련 판례	매점점유자의 점유이전의무는 그것을 강제적으로 실현함에 있어 직접적인 실력행사가 필요한 것이지 대체적 작위의무에 해당하는 것은 아니어서 대집행의 대상이 되는 것은 아니라고 판시하였다.
	4) 검토	대집행은 국민의 권익침해 개연성이 높은 점, 법률유보의 원칙을 고려하여 법적 근거 없이 대집행의 대상을 비대체적 작위의무로까지 확대해석할 수 없다. 따라서 사람이 신체로써 점유를 수반하는 경우에는 대집행의 대상이 되지 않는다고 보는 것이 타당하다.
2. 직접강제 도입가능성 (행정기본법 제32조)		의무의 불이행이 있을 때 행정청이 직접 의무자의 신체나 재산에 실력을 가하여 의무자가 직접 의무를 이행한 것과 같은 상태를 실현하는 것을 말한다. 직접강제는 국민의 권익에 직접적이고 중대한 침해를 수반하는 점, 토지보상법 제89조 제3항에서 <인권침해 방지규정>을 두는 점을 고려하여 개별법상 구체적 근거 없이는 원칙적으로 부정함이 타당하다.

PART • 05

05 등록거부처분과 선결문제 & 기판력

감정평가법인의 구성원인 감정평가사 甲은 감정평가업무를 수행하기 위하여 개정된 「감정평가 및 감정평가사에 관한 법률」에 의한 등록을 적법한 요건을 갖추어 국토교통부장관에게 신청하였다. 그러나 국토교통부장관 乙은 종전 甲이 업무수행 중 수수료 및 실비 외의 뇌물을 수뢰한 전력이 있어 평가업무를 수행하기 곤란하다는 이유를 들어 등록을 거부하였다. 다음 물음에 답하시오. 30점

(1) 甲은 이 처분으로 인한 재산상의 손해를 서울지방민사법원에 청구하고자 한다. 甲의 소송에 대해 민사법원은 등록거부처분의 위법성을 심사할 수 있는지 검토하시오. 15점

(2) 甲은 이때에 먼저 행정쟁송의 제기방법을 택하여 취소심판을 거쳐, 서울행정법원에 해당 처분의 취소소송을 제기하였다. 그러나 청구가 기각되자 항소를 포기하고, 바로 서울지방민사법원(민사부)에 손해배상청구소송을 제기하였다. 이 경우 서울행정법원의 판결은 서울지방민사법원(민사부)의 판결에 영향을 미치는지 검토하시오. 15점

I. 논점의 정리

II. 물음 1에 대하여

1. 구성요건적 효력	구성요건적 효력이란 하자 있는 행정행위라도 무효가 아닌 한 제3의 국가기관은 그 행정행위의 존재 및 내용을 존중하여 판단 기초로 삼아야 하는 구속력이다. 공정력과 구성요건적 효력은 내용, 범위, 근거를 달리하므로 구별하는 것이 타당하며 이하에서는 구성요건적 효력을 중심으로 논한다.
2. 선결문제의 의의	소송에서 본안판단 시 행정행위의 위법성 확인 또는 효력 부인에 대한 해결이 필수적 전제가 되는지의 법문제를 말한다. 행정소송법 제11조를 근거로 한다.

3. 국가배상 소송에서의 선결문제	1) 문제점	사안은 국토교통부장관의 등록거부처분에 대하여 취소소송을 거치지 않고 민법상 국가배상소송을 제기한 경우 해당 처분의 위법성 판단이 문제된다.
	2) 학설 및 판례	가. 학설은 구성요건적 효력은 적법성 추정 효력이며 행정소송법 제11조를 제한적으로 해석하는 <부정설>, 구성요건적 효력을 잠정적 유효성의 힘이고 동조를 예시적으로 해석하는 <긍정설>이 있다. 나. 판례는 행정처분의 취소판결이 있어야만 손해배상을 청구할 수 있는 것은 아니라고 보아 <긍정설>의 입장이다.
	3) 검토	위법성의 판단은 행정행위의 효력을 부인하는 것이 아니라, 단순한 위법성 심사에 그치는 것이므로 구성요건적 효력에 반하지 않는다고 보아 <긍정설>이 타당하다. 따라서 민사법원은 해당 등록거부처분의 위법성을 심사할 수 있다고 봄이 타당하다.
4. 사안의 해결		사안의 국가배상소송에서 국토교통부장관의 등록거부처분의 위법성을 판단하는 것은 구성요건적 효력에 위반하지 않는다고 판단된다. 따라서 민사법원은 등록거부처분의 위법성을 심사할 수 있다고 판단된다.

III. 물음 2에 대하여

1. 기판력의 의의 및 취지	판결이 확정된 후 소송당사자는 전소에 반하는 주장을 할 수 없고 후소법원도 전소에 반하는 판결을 할 수 없는 효력을 말한다. 소송절차의 무용한 반복을 방지하고 법적 안정성을 도모하는 데 취지가 있다.
2. 기판력의 효력	기판력이 발생하면 동일 소송물에 대해 다시 소를 제기할 수 없다는 <반복금지효(일사부재리효)>, 후소에서 당사자는 '전소의 확정판결'에 반하는 주장을 할 수 없고 후소법원 또한 이에 반하는 판단을 할 수 없다는 <모순금지효>가 발생한다.

PART • 05

3. 기판력의 범위		① 주관적 범위는 소송당사자 및 이와 동일시할 수 있는 승계인이다. 판례는 보조참가인에게도 미친다고 보았다. ② 객관적 범위는 동일한 소송물로서 판결의 주문에 포함된 것에 한하며, ③ 시간적 범위는 사실심 변론종결 시까지이다.
4. 취소소송의 기판력이 국가배상소송에 미치는지	1) 문제점	국가배상법상 위법개념과 항고소송의 위법개념이 동일한지에 대하여 견해가 대립한다. 따라서 처분의 취소를 구하는 취소소송의 판결 확정 후 국가배상청구소송이 제기된 경우 취소소송 판결의 기판력이 후소인 국가배상청구소송에 미치는지 문제된다.
	2) 학설	취소소송의 위법과 국가배상의 법령위반이 동일하므로 기판력이 미친다는 <전부기판력 긍정설>, 국가배상법상 위법은 '침해의 불법'이고 항고소송에서의 위법은 '행위규범위반'이므로 기판력이 미치지 않는다는 <전부기판력 부정설>, 항고소송의 인용판결 시 기판력이 미치고 기각판결 시 기판력이 미치지 않는다는 <제한적 기판력 긍정설>이 있다.
	3) 관련 판례	판례는 어떠한 행정처분이 항고소송에서 취소되었다고 할지라도 그 기판력에 의하여 해당 행정처분이 곧바로 공무원의 고의 또는 과실로 인한 것이어서 불법행위를 구성한다고 단정할 수는 없는 것이라고 판시하여 <전부기판력 부정설>의 입장으로 판단된다.
	4) 검토	행정소송법과 국가배상소송법의 취지를 고려하여 행정소송에서의 위법개념과 국가배상소송의 위법개념이 다르다고 판단된다. 또한 처분의 위법이 곧바로 공무원의 고의 또는 과실을 구성한다고 볼 수 없으므로 취소소송의 기판력이 국가배상소송에 미치지 않는다고 판단된다.
5. 사안의 해결		등록거부처분의 취소소송이 인용되었는지 기각되었는지 여부와 관계 없이 해당 기판력이 후소인 국가배상소송에 미친다고 봄이 타당하므로 서울행정법원의 판결이 서울지방민사법원의 판결에 영향을 미치지 않는다고 판단된다.

06 부지조성비용이 공사비 보상대상에 포함되는지

(3) 토지소유자가 자신의 토지에 숙박시설을 신축하기 위해 부지를 조성하던 중 그 토지의 일부가 익산－장수 간 고속도로 건설공사에 편입되자 사업시행자에게 부지조성비용 등의 보상을 청구한 사안에서, 잔여지에 지출된 부지조성비용은 그 토지의 가치를 증대시킨 한도 내에서 잔여지의 감소로 인한 손실보상액을 산정할 때 반영되는 것일 뿐, 별도의 보상대상이 아니므로, 잔여지에 지출된 부지조성비용이 별도의 보상대상으로 인정되지 않는다면 토지소유자에게 잔여지의 가격 감소로 인한 손실보상을 구하는 취지인지 여부에 관하여 의견을 진술할 기회를 부여하고 그 당부를 심리ㆍ판단하였어야 함에도, 이러한 조치를 취하지 않은 원심판결에 석명의무를 다하지 않아 심리를 제대로 하지 않은 상황이라면 이러한 경우 위법하다고 볼 수 있는지 법리를 검토하시오. 10점

Ⅰ. 물음 3에 대하여

1. 잔여지 가치하락 등에 관한 보상의 의의 및 취지		잔여지 가치하락 손실이란 동일한 소유자에게 속하는 일단의 토지의 일부가 취득되거나 사용됨으로 인하여 잔여지의 가격이 감소하거나 공사가 필요한 때 그 손실이나 공사비용을 보상하는 것을 말한다. 재산권에 대한 정당보상을 실현함에 취지가 있다.
2. 잔여지 가치하락 손실보상의 범위	1) 관련 규정 (토지보상법 제73조 제1항)	사업시행자는 동일한 소유자에 속하는 일단의 토지의 일부가 취득되거나 사용됨으로 인하여 잔여지의 가격이 감소하거나 그 밖의 손실이 있는 때에는 그 손실이나 공사의 비용을 보상하여야 한다. 손실의 보상은 사업완료일로부터 1년이 지난 후에는 청구할 수 없다.
	2) 관련 판례	판례는 보상하여야 할 손실에는 ① 가격형성요인이 변동됨에 따라 발생하는 손실뿐만 아니라 ② 형태, 구조, 사용 등에 기인하여 발생하는 손실과 ③ 수용재결 당시 현실적 이용상황의 변경 외 사용가치 및 교환가치상의 하락 모두 포함한다고 판시하였다.

	+ 접도구역 지정으로 인한 손실이 토지보상법상 손실보상대상인지	(1) 도로법 제53조 제1항은 "접도구역이 지정되는 경우 그 지정으로 인하여 접도구역에 있는 토지를 종래의 용도로 사용할 수 없어 그 효용이 현저하게 감소한 토지 또는 해당 토지의 사용 및 수익이 사실상 불가능한 토지의 경우 그 소유자가 일정한 요건에 해당하는 때에는 도로의 관리청에 그 토지에 대한 매수를 청구할 수 있다."라는 취지의 규정을 두고 있고, 제92조는 제1항에서 "이 법에 따른 처분이나 제한으로 손실을 입은 자가 있으면 국토교통부장관이 행한 처분이나 제한으로 인한 손실은 국고에서 보상하고, 그 밖의 행정청이 한 처분이나 제한으로 인한 손실은 그 행정청이 속하여 있는 지방자치단체에서 보상하여야 한다."라고 규정하면서, 제2항 및 제3항에서 손실의 보상에 관한 협의와 재결신청에 관하여 각 규정하고 있다. (2) 이러한 관련 법령의 문언·체계 및 취지를 살펴보면, 원고들이 주장하는 이 사건 잔여지의 손실, 즉 토지의 일부가 접도구역으로 지정·고시됨으로써 일정한 형질변경이나 건축행위가 금지되어 장래의 이용 가능성이나 거래의 용이성 등에 비추어 사용가치 및 교환가치가 하락하는 손실은, 고속도로를 건설하는 이 사건 공익사업에 원고들 소유의 일단의 토지 중 일부가 취득되거나 사용됨으로 인하여 발생한 것이 아니라, 그와 별도로 국토교통부장관이 이 사건 잔여지 일부를 접도구역으로 지정·고시한 조치에 기인한 것이므로, 원칙적으로 토지보상법 제73조 제1항에 따른 잔여지 손실보상의 대상에 해당하지 아니한다. (출처 : 대법원 2017.7.11. 선고 2017두40860 판결 [잔여지가치하락손실보상금청구])
3. 사안의 해결		가. 판례는 잔여지에 지출된 부지조성비용은 그 토지의 가치를 증대시킨 한도 내에서 잔여지의 감소로 인한 손실보상액을 산정할 때 반영되는 것일 뿐 별도의 보상대상이 아니라고 판시하였다.

	나. 사안의 잔여지에 지출된 부지조성비용은 대상 토지의 가치에 화체되었다고 봄이 타당하므로 사안의 경우 부지조성비용은 별도의 보상대상으로 인정되지 않고 잔여지의 가격감소로 인한 손실보상대상에 포함되었다고 봄이 타당하다. 따라서 이에 관한 심리를 하지 아니한 원심판결에 위법이 있다고 판단된다.

07 사적지정처분과 사업인정 하자의 승계

(1) 원고는 사적지정처분은 위법하다고 주장한다. 즉 문화재청장은 사전 유구조사 등을 실시하여 이 사건 공장부지에 풍납토성의 성벽이나 성곽 등의 존재를 확인한 후 사적지정처분을 하여야 함에도 불구하고, 사전 유구조사 등 문화재보호법에서 정한 절차를 준수하지 아니하고 이 사건 공장부지를 사적으로 지정하였으므로, 2차 및 3차 추가 사적지정처분은 위법하다고 주장한다. 위 각 사적지정처분과 이 사건 사업인정고시는 선행처분과 후행처분의 관계에 있는바, 위 각 사적지정처분의 하자로 인하여 후행처분인 이 사건 사업인정고시 또한 위법하다고 원고는 주장하고 있다. 사적지정처분은 항고소송의 대상이 되는 처분이며, 사적지정처분은 불가쟁력이 발생하였고, 원고는 사업인정 처분을 다투면서 사적지정처분의 위법을 주장하고 있다. 원고의 주장은 관철될 수 있는지 법리를 검토하시오. 20점

I. 논점의 정리

II. 물음 1에 대하여

1. 사업인정의 법적 성질		사업인정이란 공익사업을 토지 등을 수용 또는 사용할 사업으로 결정하는 것을 말한다. 판례는 일정한 절차를 거칠 것을 요건으로 수용권을 설정해주는 행정행위로서 <처분성>을 긍정하였다.
2. 사적지정 처분의 위법성 및 정도	1) 문제점	사안의 사적지정처분에 사전 유구조사 등 문화재보호법에서 정한 절차를 준수하지 아니한 절차상 하자가 있다고 판단된다. 이하 절차상 하자의 독자적 위법성 및 위법의 정도를 검토한다.
	2) 절차상 하자의 독자적 위법성	학설은 행정·소송경제와 적법절차원칙 측면에서 견해가 대립한다. 판례는 재량행위인 식품위생법의 청문절차의 하자 및 기속행위인 과세처분의 절차상 하자로 인한 처분의 위법성을 긍정하였다. 헌법상 적법절차의 원칙 및 행정소송법 제30조 제3항의 기속력 조항을 고려하여 절차상 하자의 독자적 위법성을 긍정함이 타당하다.

	3) 위법의 정도	판례는 행정처분의 하자가 중대하고 명백한 것인지는 그 법규의 목적, 의미, 기능 등을 목적론적으로 고찰함과 동시에 구체적 사안 자체의 특수성에 관하여도 합리적으로 고찰해야 한다고 판시하였다. 사안의 경우 내용상 중대하나 외관상 명백하다고 보기 어려운바 <취소사유>에 해당한다.
3. 하자의 승계 법리 적용 가능성	1) 의의 및 취지	동일한 법률효과를 목적으로 하는 일련의 행정행위에 있어서 선행행위의 위법을 후행행위의 위법사유로 주장할 수 있는 것을 말한다. 법적 안정성 및 국민의 권리구제 조화에 취지가 있다.
	2) 전제요건 충족 여부	① 선행·후행행위 모두 처분일 것, ② 선행행위에 취소사유가 있을 것, ③ 선행행위에 불가쟁력이 발생하였을 것, ④ 후행행위는 적법할 것을 요건으로 한다. 사안의 경우 ①, ②의 요건을 충족하므로 사적지정처분에 불가쟁력이 발생하였고 사업인정은 적법하다는 전제로 이하 검토한다.
4. 하자승계 인정 범위	1) 학설	학설은 동일한 법률효과를 목적으로 하는지 여부를 기준으로 하는 <전통적 하자승계론>과 선행행위의 불가쟁력이 발생하면 후행행위에 구속력이 미쳐 하자승계를 주장할 수 없다는 <구속력 이론>이 있다.
	2) 관련 판례	판례는 선후행행위가 동일한 법률효과를 목적으로 하지 않더라도 당사자의 수인한도를 넘는 침해로서 예측가능성이 없다고 판단되는 경우 예외적으로 하자승계를 긍정하였다.
	3) 검토	생각건대, 동일한 법률효과를 목적으로 하지 않더라도 국민의 재판받을 권리의 측면에서 수인가능성 및 예측가능성을 넘는 침해가 발생한 경우 하자승계를 긍정함이 타당하다.

5. 사안의 해결	가. 사적지정처분은 문화재보호법상 문화재 보존 및 보전과 관련한 문화재 관리를 목적으로 하고, 사업인정은 공익사업의 시행을 위한 수용권 설정을 목적으로 하므로 양자는 별개의 법률효과를 목적으로 한다. 나. 사안의 경우 2000년 이후 수차례 걸쳐 이 사건 원고의 토지들을 사적으로 추가 지정한 점, 2002년 풍납토성의 보존관련 기본계획을 통해 실시계획을 수립하고 협의취득절차를 진행해온 점을 고려하여 예측가능성 및 수인가능성을 넘는 손실이 있다고 판단되지 않는다. 다. 따라서 사적지정처분과 사업인정의 하자승계가 인정되지 않는바, 사적지정처분의 절차상 하자를 이유로 사업인정의 위법을 주장하는 원고의 주장은 관철될 수 없다.

08 잔여지수용청구 행사기간의 법적 성질, 수용청구의 상대방, 관련규정

(2) 원고가 그 소유의 전북 완주군 소양면 황운리 306 전 495㎡, 같은 리 306-2 전 494㎡, 같은 리 306-3 전 485㎡에 여관 건물을 신축하기 위하여 위 토지들을 그 부지로 조성하던 중, 위 토지들의 각 일부(이하 '이 사건 각 수용대상토지'라고 한다)가 익산 - 장수 간 고속도로 건설공사에 편입되자, 2002.3.11.경 사업시행자인 피고에게 잔여지인 같은 리 306 전 448㎡, 같은 리 306-2 전 345㎡, 같은 리 306-3 전 479㎡(이하 '이 사건 각 잔여지'라고 한다)의 매수를 청구하는 내용의 진정서(갑 제6호증의 2)를 제출하였다가, 같은 달 29일경 피고로부터 완주군청과 협의 후 보상 여부를 결정하겠다는 내용의 회신을 받은 사실을 알 수 있으나, 피고가 위와 같이 진정서를 접수하고 이에 대하여 회신한 것은 자신의 사업용지 취득 업무를 수행한 것으로 보일 뿐, 관할 토지수용위원회의 업무를 위임받아 수행한 것으로는 보이지 아니하므로, 그 진정서의 제출을 관할 토지수용위원회에 대한 잔여지수용청구의 의사표시로 볼 수는 없으며, 달리 원고가 이 사건 수용재결이 있기 전에 관할 토지수용위원회에 잔여지수용청구의 의사표시를 하였다고 볼 자료가 없다. 해당 사안에서 토지보상법 제74조 제1항의 잔여지수용청구권 행사기간의 법적 성질 및 잔여지 수용청구 의사표시의 상대방, 그리고 토지보상법 시행령 제39조상 요건을 검토하시오. 10점

Ⅰ. 물음 2에 대하여

1. 잔여지수용청구의 의의	동일한 소유자에 속하는 일단의 토지의 일부가 취득됨으로 인하여 잔여지를 종래의 목적에 사용하는 것이 현저히 곤란한 경우 토지소유자가 관할 토지수용위원회에 일단의 토지의 전부를 수용해 줄 것을 청구하는 것을 말한다.
2. 잔여지수용청구권 행사기간의 법적 성질	판례는 잔여지수용청구권의 행사기간은 '제척기간'으로서 토지소유자가 그 행사기간 내에 잔여지수용청구권을 행사하지 아니하면 그 권리가 소멸한다고 판시하였다. 잔여지수용청구권이 형성권임을 고려하여 행사기간은 <제척기간>으로 봄이 타당하다.

3. 잔여지수용 청구의 상대방	1) 관련 규정 (토지보상법 제74조)	사업인정 이후에는 관할 토지수용위원회에 수용을 청구할 수 있고 수용의 청구는 매수에 관한 협의가 성립되지 아니한 경우에만 할 수 있으며, 사업완료일까지 하여야 한다고 규정한다.
	2) 관련 판례 및 검토	가. 판례는 잔여지수용청구의 의사표시는 관할 토지수용위원회가 사업시행자에게 잔여지수용청구의 의사표시를 수령할 권한을 부여하였다고 인정할만한 사정이 없는 한 관할 토지수용위원회에 해야 한다고 판시하였다. 나. 토지보상법상 규정에 따라 관할 토지수용위원회를 원칙으로 하되 관할 토지수용위원회가 사업시행자에게 의사표시 수령권한을 부여하는 등 특별한 사정이 있는 경우 예외적으로 사업시행자에게 청구 가능하다고 봄이 타당하다.
4. 토지보상법 시행령 제39조 요건	1) 잔여지 판단기준	① 대지로서 면적이 과소하거나 부정형 등의 사유로 건축물을 건축할 수 없거나 현저히 곤란한 경우 ② 농지로서 농기계의 진입과 회전이 곤란할 정도로 폭이 좁고 길게 남거나 부정형 등의 사유로 영농이 현저히 곤란한 경우 ③ 교통이 두절되어 사용 또는 경작이 불가능한 경우 ④ 상기와 유사한 정도로 잔여지를 종래의 목적에 사용하는 것이 현저히 곤란한 경우를 의미한다.
	2) 잔여지 판단 시 고려사항	① 잔여지의 위치, 형상, 이용상황 및 용도지역 ② 공익사업 편입토지의 면적 및 잔여지의 면적 등의 사항을 종합적으로 고려하여야 한다.

09 징계의결의 절차상 하자

감정평가사 甲은 무형자산 가치를 전문평가하는 유능한 감정평가법인에 소속된 감정평가사이다. 그런데 무형자산 감정평가업무를 수행하면서 알게 된 신흥 벤처기업 乙의 회사영업 정보기밀을 평소 친분이 있는 지인에게 누설하였고 이 사실을 알게 된 신흥벤처기업 乙은 감정평가사 甲에게 강력하게 항의하는 동시에 국토교통부에 징계를 요청하였다. 이에 국토교통부장관은 감정평가 및 감정평가사에 관한 법률(이하 감정평가법) 제39조 및 동법 제40조가 정하는 바에 따라 감정평가관리 · 징계위원회(이하 징계위원회) 의결을 거쳐 6개월의 업무정지를 처분을 하였다. 그런데 징계위원회에 의결정족수가 부족하다는 사실을 해당 감정평가사 甲이 알게 되었다. 다음 물음에 답하시오. 20점

(2) 감정평가사의 징계 시에 징계의결 정족수가 부족한 상태에 그 징계의결을 유효하게 보고 행한 국토교통부장관의 징계처분은 합당한 것인지 여부와 권리구제 절차를 검토하시오. 10점

Ⅰ. 물음 2에 대하여

1. 업무정지처분의 법적 성질		감정평가사에게 감정평가업무 수행의 부작위를 부과하는 행정행위로 <강학상 하명>에 해당하므로 처분성이 인정된다. 감정평가법 제39조상 ' ~할 수 있다.'고 규정하므로 법 문언상 <재량행위>이다.
2. 징계의결의 하자	1) 징계의결의 절차상 하자	징계위원회의 의결은 국토교통부장관의 징계처분을 구속하며 일련의 절차에 해당한다. 따라서 정족수를 갖추지 못한 징계의결은 <절차상 하자>가 존재한다.
	2) 절차상 하자의 독자적 위법성 및 위법의 정도	국민의 재판받을 권리 및 행정 · 소송경제의 관점에서 절차상 독자적 위법성의 인정에 대한 견해가 대립한다. 판례는 재량행위인 식품위생법상 청문절차의 하자와 기속행위인 과세처분의 절차상 하자를 이유로 처분의 위법성을 긍정하였다. 행정소송법 제30조 제3항의 기속력 조항 및 헌법상 국민의 재판받을 권리를 고려하여 긍정함이 타당하다. 위법의 정도는 중대명백설에 따라 <취소사유>에 해당한다.

3. 권리구제 절차	1) 항고쟁송	업무정지처분은 감정평가법인등에게 감정평가업무 수행의 부작위를 명하는 하명으로 <처분성>이 인정된다. 따라서 행정심판법에 따른 행정심판 및 행정소송법에 따른 행정소송의 대상이며, 사안의 업무정지처분은 취소사유로 판단되며, 취소심판 및 취소소송으로 권리구제를 받을 수 있다고 판단된다. 만약 무효사유로 판단한다면 무효등확인심판 및 무효확인소송으로 다투어 권리구제를 받을 수 있을 것으로 생각된다.
	2) 국가배상 청구소송	국토교통부장관의 위법한 업무정지처분으로 감정평가사 甲이 손해를 입은 경우 국가배상소송을 통하여 권리구제를 받을 수 있다. 이 경우 국토교통부장관의 고의 또는 과실에 의한 위법행위 및 손해와 위반행위와의 인과관계가 인정되어야 할 것이다.

10 토지보상평가지침을 따르지 않은 감정평가의 위법성

토지보상평가지침을 따르지 않은 감정평가의 위법성	
1. 토지보상평가지침의 의의	토지보상평가지침은 한국감정평가사협회가 정한 토지보상평가에 있어서 기준이 되는 지침이다. 행정청 내부의 지침으로 행정규칙이며 이하 행정규칙의 법규성을 검토한다.
2. 학설	행정규칙은 내부공무원을 구속하는 국가기관이 제정한 법률로 대외적 구속력을 인정하는 <법규설>, 행정규칙은 단순 내부 사무처리규정으로 대외적 구속력을 부정하는 <비법규설>이 있다.
3. 관련 판례	토지보상평가지침은 한국감정평가사협회가 내부적으로 기준을 정한 것에 불과하여 일반국민이나 법원을 기속하는 것이 아니므로 법령상의 제한사항을 기타요인이 아닌 개별요인의 비교 시 반영하였다는 사정만으로 감정평가가 위법하게 되는 것은 아니라고 판시하였다.
4. 검토	한국감정평가사협회가 제정한 토지보상평가지침은 내부적인 사무처리준칙에 불과하므로 법적 구속력이 없다고 봄이 타당하다. 따라서 토지보상평가지침에 따르지 않았다는 사정만으로는 감정평가가 위법하다고 볼 수 없다.

11 표준지공시지가와 개별공시지가 비교

부동산 가격공시에 관한 법률상 표준지공시지가와 개별공시지가의 공통점과 차이점을 설명하시오. 10점

I. 표준지공시지가와 개별공시지가의 의의

1. 표준지공시지가의 의의	국토교통부장관이 부동산공시법에서 규정하는 절차에 따라 조사・평가하여 중앙부동산가격공시위원회의 심의를 거쳐 공시하는 표준지의 공시기준일 단위면적당 적정가격이다.
2. 개별공시지가의 의의	시장・군수・구청장이 국세, 지방세 등 각종 세금의 부과 및 관계 법령에 따른 지가산정의 기준으로 활용하기 위하여 시・군・구부동산가격공시위원회의 심의를 받아 결정・공시하는 관할구역 내 개별토지의 공시기준일 단위면적당 가격이다.

II. 공통점

1. 법적 성질상 공통점	1) 양자의 법적 성질	표준지공시지가와 개별공시지가 결정의 법적 성질에 대하여 견해대립이 있으나 양자 모두 국민의 권리・이익에 직접적인 영향을 미치므로 항고소송이 대상으로서 <처분성>이 긍정된다.
	2) 관련 판례	가. 표준지공시지가 결정과 수용재결과 관련한 판례에서 표준지공시지가 결정이 위법한 경우에는 그 자체를 행정소송의 대상이 되는 행정처분으로 보아 그 위법을 다툴 수 있다고 판시하였다. 나. 개별공시지가 결정은 과세의 기준이 되어 국민의 권리・의무 등 법률상 이익에 직접적으로 영향을 주므로 처분이라고 판시하였다.

2. 권리구제상 공통점	1) 양자의 권리구제 방법	표준지공시지가에 이의가 있는 자는 부동산공시법 제7조에 따라, 개별공시지가에 이의가 있는 자는 동법 제11조에 따라 이의를 신청할 수 있다. 또한 항고소송의 대상이 되는 처분으로서 행정심판 및 행정소송으로 권리구제 받을 수 있다.
	2) 관련 판례 등	가. 개별공시지가에 대한 이의신청을 거친 경우 행정심판을 거쳐 행정소송을 제기할 수 있다고 판시하여 개별공시지가에 대한 이의신청을 <강학상 이의신청>으로 판시하였다. 나. 표준지공시지가 이의신청에 대하여 중앙행정심판위원회가 종전의 재결례를 변경하여 강학상 이의신청임을 밝혔다.
III. 차이점		
1. 절차상 차이점		표준지공시지가는 국토교통부장관이 공시주체가 되어 감정평가법인등이 조사·평가하고 중앙부동산가격공시위원회의 심의를 거쳐 공시된다. 개별공시지가는 시장·군수·구청장이 공시주체가 되어 토지가격비준표를 기준으로 개별토지가격을 산정하여 시·군·구부동산가격공시위원회의 심의를 거쳐 공시하므로 절차상 차이가 있다.
2. 효력상 차이점		표준지공시지가는 토지시장에 지가정보를 제공하고 일반적인 토지거래의 지표가 되며, 국가 등이 지가를 산정하거나 감정평가법인등이 토지를 감정평가하는 경우 기준이 된다. 개별공시지가는 각종 세금의 부과, 그 밖의 다른 법령에서 정하는 목적을 위한 지가산정의 기준이 되므로 효력상 차이가 있다.

12 풍납토성 공익사업의 사업시행자 하자 여부, 사업시행방식 하자 여부

참가인 문화재청장은 2000년 이후 수차례에 걸쳐 풍납토성 인근지역 토지들을 사적으로 추가 지정하였다. 지금까지 풍납토성 관련 사적으로 지정된 면적은 379,984.3㎡이다. … 문화재청장은 2002.10. 풍납토성의 보존 · 관리 및 활용에 관한 기본계획을 수립하면서 … 풍납토성 지역을 모두 6개 권역으로 구분한 후 토성 등 중요유적, 백제문화층 등 핵심지역을 선별하여 보존에 집중하고, 그 외 지역은 규제 완화 등 주민 편의를 도모하는 등 권역 특성에 맞게 차별화된 보존 · 활용방안을 강구하는 것을 기본원칙으로 정하였다. 참가인 송파구청장은 위 각 기본계획에 따라 실시계획을 수립하고 2003.12.경부터 2017.1.경까지 사적으로 지정된 토지 중 623 필지 도합 276,686㎡에 관하여 협의취득절차를 진행하여 참가인 서울특별시가 위 토지들의 소유권을 취득 …

(2) 원고는 문화재보호법 제83조 제1항에 의하면 국가지정문화재를 수용하는 사업은 국가지정문화재 지정권자인 참가인 문화재청장만이 시행할 적격이 있으므로, 참가인 송파구청장은 국가지정문화재인 이 사건 공장부지를 수용하는 이 사건 사업의 시행자가 될 수 없다고 주장한다. 따라서 이 사건 사업인정고시는 사업시행자를 잘못 지정한 하자가 있다고 원고는 주장한다. 이 사건 사업인정고시는 사업시행자와 협의취득 주체가 상이하여 법률에 근거한 사업시행자에 의하여 공익사업이 수행되어야 한다는 원칙에 위배되는 것으로서, 형식적 사업시행자(참가인 송파구청장)와 실질적인 공익사업 및 토지취득의 주체(참가인 서울특별시 또는 문화재청장)가 불일치하고, 사업시행자인 참가인 송파구청장에게는 사업비 조달 등과 관련하여 사업수행의사와 수행능력이 없다고 원고는 주장하고 있다. 또한 이 사건 사업은 풍납토성 지역 전체의 복원 · 정비사업의 일부분에 불과하여 사업인정의 대상적격이 없으며, 원고의 이 사건 공장부지만을 사업대상지로 삼아 이 사건 공장을 이전시킬 목적에서 비롯된 '표적수용'의 성격을 띠고 있는바, 전체 사업 윤곽이 잡히지 않은 상태에서 특정 토지소유자를 축출할 목적으로 일부 토지만을 사업시행구역으로 하는 탈법적 사업인정은 허용될 수 없으므로, 이 사건 사업인정고시는 위법하다고 원고는 주장하고 있다. 원고의 사업시행주체의 하자가 위법하다는 주장과 사업시행방식의 하자가 있어 위법하다는 주장은 타당한지 검토하시오. 10점

Ⅰ. 물음 2에 대하여

1. 사업주체에 하자가 있다는 주장	1) 관련 판례	문화재보호법은 지방자치단체 등에게 지정문화재에 대하여 일정한 권한 또는 책무를 부여하고 있고, 해당 문화재의 지정권자만이 토지 등을 수용할 수 있다는 등의 제한을 두고 있지 않은바, 관리단체인 지방자치단체장도 국가지정문화재나 그 보호구역에 있는 토지 등을 수용할 수 있다고 판시하였다.
	2) 검토	사안은 실시계획을 수립한 송파구청장을 사업시행자라고 봄이 타당하다. 문화재보호법 취지상 관리단체인 송파구청장도 지정문화재 등을 수용할 수 있다고 봄이 타당하므로 사업주체에 하자가 있다는 주장은 타당하지 않다.
2. 사업시행방식에 하자가 있다는 주장	1) 관련 판례	판례는 공익사업을 수행하여 공익을 실현할 의사나 능력이 없는 자에게 타인의 재산권을 강제적으로 박탈할 수 있는 수용권을 설정하여 줄 수는 없으므로 사업시행자에게 해당 공익사업을 수행할 의사와 능력이 있어야 한다는 것도 사업인정의 한 요건이라고 판시하였다.
	2) 검토	사안의 풍납토성은 사업기간이 장기간이라는 특성, 사적지정 토지에 대하여 핵심지역과 그 외 지역으로 나누어 사업을 진행하는 점, 사업시행자인 송파구청장의 사업비조달방식에 하자가 없다는 점을 고려하여 사업시행방식에 하자가 있다는 주장은 타당하지 않다.

13 풍납토성 사업의 공공필요

(3) 수용목적과 관련하여, 이 사건 사업은 실질적으로 매장문화재를 발굴하고 인공 문화환경을 조성하기 위한 것일 뿐 문화재 원형 유지를 위한 보존·관리 목적은 존재하지 않으므로 이는 문화재보호법에 의한 공익사업이 될 수 없다고 원고는 주장한다. 학술연구 및 고증이 없는 서성벽 복원은 문화재의 진정성과 가치를 유지하는 사업이 될 수 없고, 백제시대의 강바닥 부분이나 유실된 성벽 부분을 인위적으로 복원하는 것은 과잉복원에 해당하여 사업의 필요성이 존재한다고 보기 어렵다고 원고는 주장한다. 이 사건 사업을 포함한 풍납토성 전체 복원·정비사업에 소요될 막대한 규모의 사업비, 풍납토성의 주변 환경, 문화재 잔존 상황 등을 고려하면 사업이 조기에 실현될 가능성이 없고, 학술연구 및 고증이 없는 상황에서 지하에 매장된 유적 발굴조사를 위한 사업을 조기에 완성할 필요성도 없는 반면 이 사건 사업 시행으로 인하여 이 사건 공장 운영 중단으로 야기될 원고, 원고 소속 근로자들 및 레미콘 운반차량 기사 등 관계인들의 생존권 침해의 정도 등을 고려하여 보면, 이 사건 사업인정고시는 사업으로 인하여 달성될 수 있는 공익과 침해되는 사익 간의 비교형량이 현저하게 불균형하여 비례의 원칙에 반하므로 위법하다고 원고는 보고 있다. 원고의 사업목적 및 필요성의 부존재 주장과 비례의 원칙 위배 주장에 대하여 타당한지 검토하시오. 10점

I. 물음 3에 대하여

1. 사업인정의 요건	① 토지보상법 제4조 각 호에 해당하는 사업일 것, ② 공공필요가 인정될 것, ③ 공공필요는 비례의 원칙에 따라 정당하게 이익형량되어야 할 것, ④ 사업시행자의 공익사업 수행능력과 의사가 있을 것을 요건으로 한다. 사안의 경우 풍납토성 관련 사업의 공공필요 및 비례의 원칙을 중심으로 검토한다.
2. 공공필요의 의미	판례는 공공필요는 <공익성>과 <필요성>으로 구성되고 공익성은 개별법의 입법목적, 사업내용, 그 사업시설에 대한 대중의 이용·접근가능성을 고려해야 하며, 필요성은 달성되는 공익과 침해되는 이익 간 비교형량을 통해 공익의 우월성이 인정되어야 한다고 판시하였다.

<table>
<tr><td colspan="2">3. 사업목적의 공공성</td><td>풍납토성은 문화재보호법상 국가지정문화재로 지정된 점을 고려하면 그 역사적 가치가 상당하다고 판단되므로 이를 복원 · 정비하는 사업은 그 공익성이 인정된다고 봄이 타당하다.</td></tr>
<tr><td rowspan="2">4. 비례의 원칙 위반여부</td><td>1) 비례의 원칙의 의의 및 내용</td><td>행정목적과 이를 달성하기 위한 수단 사이에는 합리적인 비례관계가 성립해야 한다는 원칙이다. ① 행정목적을 달성하는 데 유효하고 적절할 것(적합성의 원칙), ② 행정목적을 달성하는 데 필요한 최소한도에 그칠 것(필요성의 원칙), ③ 행정작용으로 인한 국민의 이익 침해가 그 행정작용이 의도하는 공익보다 크지 아니할 것(상당성의 원칙)을 내용으로 한다.</td></tr>
<tr><td>2) 검토</td><td>사안의 경우 국가지정문화재인 풍납토성 복원사업에 있어서 토지수용이 유효 적절한 수단이고, 해당 사업을 시행하면서 협의가 불성립됨에 따라 적법하게 수용재결 절차가 있었으므로 필요한 최소한도로 이루어졌고, 해당 토지 소유자의 이익 침해가 풍납토성 복원사업으로 달성되는 공익보다 크다고 판단되지 않으므로 비례의 원칙에 위반이 없다. 따라서 사업의 필요성이 인정된다.</td></tr>
</table>

14 행정심판법상 권리구제절차

경기도 양주택지개발지구 예정지에 20년 동안 주거용 건축물을 소유하고 있는 甲은 언제 공익사업이 될지는 모르지만 해당 주택에서 평안하게 잘 살고 있었다. 그런데 양주택지개발지구가 실제 공익사업이 행해지면서 한국토지주택공사가 공익 사업시행자로 선정되었고, 주택건설사업의 사업시행지구로 편입되면서 甲의 주택도 수용되었다. 사업시행자인 한국토지주택공사는 「공익사업을 위한 토지 등의 취득 및 보상에 관한 법률」 제78조에 따라 이주대책의 일환으로 주택특별공급(신혼부부 특별공급)을 실시하기로 하였다. 결혼을 한달 전에 하고 신혼생활을 하는 甲은 「주택공급에 관한 규칙」 제41조 제1항 규정에 따라 A아파트 입주권을 신혼부부 특별분양하여 줄 것을 신청하였다. 그런데 한국토지주택공사는 甲이 A아파트의 입주자 모집공고일을 기준으로 무주택세대주가 아니어서 특별분양 대상자에 해당되지 않는다는 이유로 특별분양신청을 거부하였다. 다음 물음에 답하시오. 30점

(2) 취소소송을 제기하기 전에 특별분양신청 거부에 대하여 행정심판을 제기하려는 경우, 甲이 제기할 수 있는 행정심판법상의 권리구제수단에 대하여 검토하시오. 5점

Ⅰ. 물음 2에 대하여

1. 행정심판의 청구	사업시행자의 위법한 특별분양신청 거부처분에 대해 취소심판, 무효확인심판, 의무이행심판을 청구할 수 있다. 다만 거부처분의 취소심판 가능성에 대한 견해대립이 있으며 보다 실효적인 권리구제를 위해 의무이행심판을 청구하는 것이 타당하다는 견해가 있다.
2. 집행정지 신청 (행정심판법 제30조)	거부처분의 집행정지 가능성에 대해 판례는 부정설을 취하고 있으나 보호될 법적 이익이 있는 경우 예외적으로 인정함이 타당하다. 따라서 이주대책대상자인 甲의 경우 거부처분의 집행정지로 보호될 법적 이익이 있다고 판단되므로 집행정지 신청을 긍정함이 타당하다.
3. 임시처분 신청 (행정심판법 제31조)	행정심판위원회가 처분이나 부작위로 인한 중대한 불이익 등을 막기 위해 직권 또는 당사자의 신청에 의해 임시지위를 부여할 수 있다. 다만 집행정지로 목적을 달성할 수 있는 경우 인정되지 않으므로 사안의 거부처분에 대한 집행정지 신청이 받아들여지지 않는 경우 임시처분이 가능하다.
4. 직접처분 신청 (행정심판법 제50조)	행정심판위원회가 처분의 이행을 명하는 재결 등을 하였음에도 해당 행정청이 재처분의무를 이행하지 않은 경우 당사자의 신청에 의해 위원회가 기간을 정하여 서면으로 시정을 명하고 시정명령을 이행하지 않는 경우 위원회가 해당 처분을 직접할 수 있다.

합격까지 박문각

박문각
감정평가사

강정훈
감정평가 및 보상법규

2차 | 스터디 암기장

제2판 인쇄 2024. 5. 16. | **제2판 발행** 2024. 5. 20. | **편저자** 강정훈
발행인 박 용 | **발행처** (주)박문각출판 | **등록** 2015년 4월 29일 제2015-000104호
주소 06654 서울시 서초구 효령로 283 서경 B/D 4층 | **팩스** (02)584-2927
전화 교재 문의 (02)6466-7202

저자와의 협의하에 인지생략

정가 16,000원
ISBN 979-11-6987-959-0

암기장

Memo